음양오행

초판 1쇄 인쇄일 2013년 5월 8일
초판 1쇄 발행일 2013년 5월 10일

지은이 배지홍
펴낸이 양옥매
편집디자인 신해니

펴낸곳 도서출판 책과나무
출판등록 제2012-000376
주소 서울특별시 마포구 월드컵북로 44길 37 천지빌딩 3층
대표전화 02.372.1537 **팩스** 02.372.1538
이메일 booknamu2007@naver.com
홈페이지 www.booknamu.com

ISBN 978-89-98528-23-2(03150)

이 도서의 국립중앙도서관 출판시도서목록(CIP)은 서지정보유통지원
시스템 홈페이지(http://seoji.nl.go.kr)와 국가자료공동목록시스템
(http://www.nl.go.kr/kolisnet)에서 이용하실 수 있습니다.(CIP
제어번호: CIP2013004476)」

*저작권법에 의해 보호를 받는 저작물이므로 저자와 출판사의 동의 없이 내용의
 일부를 인용하거나 발췌하는 것을 금합니다.
*파손된 책은 구입처에서 교환해 드립니다.

음양오행

배지홍 지음

책과나무

머리말

한 사람의 노력으로 음양오행의 근원을 찾기란 쉽지 않다. 무엇보다 좋은 스승이나 좋은 책을 만나는 것이 쉽지 않기 때문이다. 내가 전적으로 동양학을 이해할 수 있게 해 준 것은 전적으로 이정래 선생과 한동석 선생의 저서다. 두 분의 책이 없었다면 동양학에 대한 이해도 불가(不可)했거니와 본서(本書)의 출간(出刊)도 어려웠을 것이다. 다행히 연(緣)이 닿아 두 분의 책을 통하여 나름대로 이해하고 더불어 본서를 낼 수 있음에 참으로 감사한 마음이다.

본서는 지금까지 출간된 서적에서 설명이 미흡했던 부분에 대한 보완이라고 보면 될 것이다. 그러다 보니 일부 내용은 기존의 책에서는 볼 수 없었던 것들이다. 그것은 필자의 창작이 아니고 현재까지 설명이 부족했던 부분이 필자를 통하여 구체화된 것이다.

동양학을 공부하면서 필자가 추구한 것은 원리 자체다. 명리(命理)를 공부하다 뭔가 잘못됐다 싶어 음양을 공부하기 위해 《우주변화의 원리》를 접했고 나중에 《의역동원》과 《의역한담》, 《동의요체진전》까지 공부하게 되었다. 이정래 선생은 한의에도 능통하여 열거한 3종의 책에 한약의 원리까지 나오지만, 한약 부분을 제외한 총론 부분에서만 이해를 구하였다.

선생은 《의역동원》에서 "하나를 통하면 백, 천, 만을 통한다" 하였다. 필자 역시 음양오행이 천체, 지구의 생명체, 주역, 운기를 통하여 얼핏 하나로 보이는 듯하여 감히 발간에 이르게 되었다.

역학은 낯선 단어, 새로운 사고방식을 요(要)하기 때문에 초학자들이 접하는 데 어려움이 있다. 그래서 처음 접하면 마치 가구 없이 이사한 것처럼 정리되지 못하고 머릿속에 흡수된 단어들이 어지러이 흩어져 혼란스러울 것이다. 그래서 최대한 개념을 쉽게 잡을 수 있도록 하였다.

단언컨대 본서는 필자의 개인적인 감정이나 즉흥적인 판단으로 쓴 글이 아니다. 모든 내용에는 분명한 근거가 있으며 본인만의 이론, 주장은 배제했다. 공부하면서 느낀 점은 고전 이론이 너무나 명확하고 단정적이어서 오히려 독자적인 이론을 세울 수 없다는 것이었다. 단지 바라보는 각도만 다를 뿐 결국에는 모두가 고전 안에 포함될 수밖에 없기에 나만의 이론이나 주장이 생길 수 없는 것이다. 필자 역시 단지 표현만 다르게 했다고 생각한다.

첫 장에서 마지막 장까지 같은 깊이로 일관되게 그리고 전체를 하나의 화살로 관통하고픈 마음으로 만들었지만 희망 사항이 되고 말았다. 혼자 공부하고, 자료 만들고, 정리하고, 글 쓰고…… 힘든 과정이었지만 보람된 시간이기도 했다. 한편으로 무형의 개념을 문자화하는 데 재능이 필요하다는 것을 절실히 느낀 시간이었으며, 부족한 필력이 많이도 원망스러웠던 작업이었다.

이정래 선생의 책에는 여러 인용구가 나오는데, 번거로움을 피하기 위해 이정래 선생의 책에 나오는 인용구를 그대로 옮기므로 독자들의 이해를 바란다.

끝으로 지금까지 지원해 주신 부모님께 고마움을 전하고 싶다. 자양분이 가득한 토양이 되어 항상 지지해 주시고 나약한 뿌리를 단단히 잡아 주신 데 감사를 드린다. 부모님의 희생으로 배움이 계속될 수 있었고 저술까지 할 수 있었으니 다시 한번 두 분에게 고마움을 표하고 싶다. 그리고 항상 나를 위해 기도하는 동생 가족과 캄보디아에서의 활동과 출판에 도움을 준 조카 상목, 광열이에게도 고마움을 전하고 싶다.

시작하기 전에

본서는 기존에 나온 이론을 최대한 쉽고 논리적으로 설명코자 하였다. 저술에 직접적으로 참고한 도서는 이정래 선생의 저서 3권 중에서 특히 《의역동원》과 한동석 선생의 《우주변화의 원리》이다. 하지만 내용 중에 일부 일관성이 부족하거나 마음에 와 닿지 않는 부분은 제외하였다. 처음부터 끝까지 근원을 달리하거나 연관성이 부족해 독자들에게 혼란을 야기할 수 있는 내용은 싣지 않았다.

서적 본래의 기능은 정보를 전달해 지식을 늘리고 사고를 폭넓게 하도록 돕는 것이라고 생각한다.
같은 사건이나 사물의 외양을 전달하더라도 보는 이에 따라 전달하는 언어나 기법 혹은 수단을 달리한다. 음악은 음표로 소리의 높낮이와 장단을 전달하고, 수학이나 물리학은 수나 기호로 그 과정을 전달한다. 역학은 음양이라는 단어로 사물의 변화를 전달한다. 특히 음표나 기호 같은 역할을 하는 것이 역학에서는 하도낙서와 괘(卦)라는 체계이다. 먼저 이런 개념을 가지고 대한다면 더욱 좋을 것이다.

역학의 발생은 2차원의 평면이 아니라 3차원의 공간을 대상으로 한 것이라 간단치가 않다. 변화가 발생하는 공간은 천지가 되기도 하고 때로는 작은 들풀이 되기도 한다. 천체와 자연물은 공간상 다를지라도 동일한 시간대에서 동일한 변화상을 보인다. 형체의 외적인 변화가 모든 것을 설명하지 못하며 내부의 기운도 마찬가지다.

사람 역시 육체와 정신으로 이루어지며, 육체와 정신의 변화는 별개(別個)이나 서로 영향을 주고받는다. 마찬가지로 사물의 변화에서도 형(形)과 기운이 같은 변화인 듯하면서 다른데, 이를 분별해 낸 고인(古人)들의 깊은 통찰력을 엿볼 수 있다.

역학이라고 하면 대체로 한자, 낯선 단어, 추상적인 표현 등으로 인식되며 난해하고 이해하기 어려운 학문으로 간주된다. 음양이나 주역의 역사가 수천 년이다 보니 현대인과 교감이 쉽지 않은 것이지 학문 자체가 근원이 없거나 황당한 것이 아니다. 만약 역이 미신이라면 우리가 접하는 한의학, 명리학 모두가 잘못된 것이다. 역학이 미신, 철학, 과학 중 어느 범주에 속하는지 알기 위해서는 우선 배경을 알아야 한다. 미신은 과학적 근거나 실체가 없는 것이고, 철학이라면 인간이나 자연에 대해 보편적 원리로 설명할 것이며, 과학이라면 실체의 검증을 통하여 진리를 추구하게 할 것이다. 역학이 어느 범주에 속하는지는 역학이 나아가는 방향을 정하는 것이므로 매우 중요하며, 결과에 이르면 큰 차이가 나게 된다.

역은 천체에 근원을 둔 엄연한 자연과학의 한 분야다. 역학을 철학으로 생각할지 모르나 시작은 분명 천체과학이며 이것이 발전하여 추상으로 자리 잡게 된 것이다. 다만 현대인이 시각적인 면과 물질적인 관념에 익숙하여 이를 제대로 보지 못할 뿐이다. 관념이라고 해서, 또는 증명이 안 된다고 해서 존재하지 않는 것은 아니다. 가청(可聽) 주파수를 넘어선 소리도 존재하듯 잡기가 쉽지 않은 곳에 있을 뿐이다.

역이 천체에 근원을 두었다는 것은 체(體)에 해당하는 틀은 천체의 구성에서 본받았다는 것이고, 용(用)에 해당하는 내용은 천체의 운행에서 본받았음을 말한다. 그러므로 역에 나오는 용어들을 천체에 대비하여 설명할 수 있어야 진정한 역학이라 할 수 있을 것이다. 본서는 이런 이유로 우선 천체에 대해 이해를 구하면서 이를 역에 대입하였다.

역이 일정한 공식 없이 무작위로 변한다면 사람들은 흥미를 잃을 것이다. 그리고 역학이 탄생할 수도 없었을 것이다. 변화 방식이 미로처럼 어지러이 얽혀 있지만 그 안에 분명한 길이 있고 답이 있다. 역학이 난해한 이유는 자연과 인간의 변화가 그만큼 복잡하다는 반증이다. 변화의 물꼬는 음양에서 시작하지만 나중에 열 번, 스무 번 분화되어 나타난다. 하지만 근원은 음양이므로 모두 다 일정한 경계를 넘지 못하며 넘을 수도 없다.

음양은 태극 안에서 일어나는 운동이다. 태극은 음양의 모든 것을 담고 있는 그릇일 뿐이므로 정(靜)한 상태이며, 동(動)하는 상(象)은 음양에 나타난다. 음양을 생각할 때면 우선 음과 양의 질량이나 운동량, 에너지량이 똑같음을 염두에 두어야 한다. 절대로 막연한 개념이 아니며 수치화한다면 아주 정확한 무게를 가지게 될 것이다. 음양은 운동의 종류를 나타내는 것으로, 음운동과 양운동을 의미하며 때로는 천지, 생성, 체용 등의 의미와 대체되기도 한다.

음양을 한 장(章)으로 분류하여 설명하였으나 동양학에서는 모든 부분에 음양이 개입된다. 이는 전체의 축이 되는 것이므로 음양이 빠지면 내용을 전개할 수 없기 때문이다. 음양은 직접적으로 명문화되어 나타나기도 하고 때론 암묵적으로 작용하기도 하여 항상 내용의 실체나 그림자로 자리한다. 이 때문에 본서의 내용이 폭넓으나 결론은 음양의 이해로 끝나게 된다.

본서의 많은 부분을 설명하는 데 음양체용도가 이용된다. 태양과 지구 편에서 시작하여 음양오행, 상수, 하도에 이르기까지 하나의 그림이 이용됨은 모든 내용의 근간(根幹)이 같기에 가능한 것이다. 음양체용도는 태양과 지구 사이에서 나타나는 햇볕의 변화량에서 출발한다. 아주 단순한 이치로 만들어졌으나 상당한 효용성이 있다. 그리고 이를 통해 천체의 변화가 곧 자연계의 변화임을 깨달을 수 있다.

하도를 정확히 알려면 음방(陰方)과 양방(陽方)의 차이를 알아야 된다. 이를 모르고서는 하도의 표피밖에 볼 수 없고, 하도가 입체적으로 되었음을 상상할 수 없다. 역을 아무리 오랜 시간 공부 하였더라도 이를 모르면 하도의 해석은 불가능하다. 하도는 상수(象數)로 이루어져 이것의 이해가 필수인데, 음양체용도를 이해하면 상수를 입체적으로 이해할 수 있다. 상수의 성질은 물론 질량(質量)까지 느낄 수 있으며 이는 경락으로 이어진다. 천체의 운행에서 비롯된 내용이 하도를 거쳐 경락까지 하나의 길에 있음을 밝히기는 이번이 처음일 것이다. 물론 동양학의 모든 것은 음양이라는 시스템 안에서 운영되기에 천체 운행과 경락이 이어질 개연성은 충분하나 이를 물증(物證)으로 밝히기는 쉽지 않은 일이다. 그동안 음양이라는 용어상 공통점은 있을지라도 실제 운영되는 부분은 논외였다.

하도의 이해가 경락으로 이어짐은 물론 가장 근거리에 있는 낙서의 이해에도 절대적이다.

서로 체용의 관계인데, 체용은 음양의 이해에도 필수이나 하도낙서에 있어서도 반드시 알아야 하는 개념이다. 이는 이해의 전제 조건이 되는 것이므로 체용에 대한 이해 없이 하도낙서를 대할 수 없다. 체는 하도, 용은 낙서가 되어 서로 시공간에서 일어나는 변화를 나타낸다. 하도가 무대라면 낙서는 그 안에서 일어나는 변화로서 하도보다 훨씬 동적이고 변화무쌍하다. 그렇다고 규칙 없이 행해지는 것은 아니며 엄격한 변화의 규율이 있다. 파고들면 파고들수록 고인들이 정립해 놓은 이론이 여러 분야가 어우러진 결과임을 알 수 있다. 현대적으로 분류하자면 천체과학, 자연과학, 운동에너지, 질량 등에 그들의 지혜와 통찰력이 더해져 일궈낸 위대한 업적이다.

이렇게 하도는 낙서의 변화 규율의 단서가 될 뿐 아니라 경락 체계에서도 찾을 수 있다. 지구의 모든 사물은 각기 다른 형태이나 변화의 상(象)은 동일하다. 그리고 그 중심에 있는 하도로 인간을 포함한 만물의 변화 규율에 관한 설명이 가능하므로 인체의 경락도 예외일 수 없다. 경락의 시종점을 하도에서 찾을 수 있다는 것이 신기하였지만 우연일지 몰라 고민하던 중 뒷부분에서 금화교역의 상을 발견하고 확신할 수 있었다. 이는 경락의 체계를 넘어서 하도낙서가 동일한 공간에서 일어나는 사물의 두 가지 형태의 변화를 밝히는 증거가 되기에 더욱 값진 것이다.
그리고 낙서의 해석에서 주저되는 부분이 있는데 이는 이치상으로 마땅히 그리되어야 하나 기존의 서적에서 찾을 수 없기에 과감히 나아갈 수 없었다. 하지만 경락의 체계는 누구도 부정할 수 없기에 해석에 일관성을 유지할 수 있었다.

경락의 체계는 두 가지로 구성되는데 체와 용이다. 족궐음간경을 보면 궐음은 체를 나타내고 간경은 목기(木氣)로서 상승의 기운을 나타내며 용에 대(한) 상이다. 이는 하도에서 볼 수 있고 운기에서 3이라는 상수를 통해 알 수 있다. 하도가 그랬듯 경락 역시 형(形)에 바탕을 두고 출발하나 그 내부는 상(象)을 통하여 나타내고 형과 상이 하나가 되어 완성을 이룬다. 이렇게 역학은 철저히 과학적인 근원을 가지는데 어찌 미신으로만 치부되는지 애통한 마음이다. 자신들의 부족함을 탓하지 않고 애꿎은 학문 탓만 해서는 안 될 것이다. 깊고도 깊은 고인들의 혜안을 꿰뚫지는 못하더라도 먼발치에서 바라보는 것만으로도 크나큰 영광이고 복된 것이다.

세상의 모든 것은 탄생으로 시작되고 죽음으로 끝난다.
이는 물(物)을 인지해야 존재를 인지할 수 있는
삼차원의 세상에 살기 때문이다.

각(覺)은 각(覺)으로만 받을 수 있다.
문자로는 전달하기 어렵다.

앞으로 천재가 나타나
천지(天地)라는 종(縱)의 관계뿐 아니라
사과와 모기가 영향을 주고받는
횡(橫)으로의 관계까지 밝히는
날이 오기를 기대한다.

Contents

제1장 역학에 대하여_17
- 우주의 범위   20
- 만물의 내용   22
- 변화 과정   23
- 역학과 천체   26

제2장 태양에 대하여_29
- 천체로서의 태양   32
- 태양열의 변화   34
- 태양의 상(象)   35

제3장 지구에 대하여_37
- 지구의 성질   39
- 지구의 질(質)   40
- 형질과 에너지   41
- 변화의 연구 대상   43
- 결론   45

제4장 태양과 지구의 관계_47
- 태양과 지구의 관계   49
- 태양과 지구의 운행   53
- 지구의 기온   60
- 음양체용도의 정남북   64
- 음양체용도의 좌우측   68

제5장 지축의 경사_71
- 지축의 정립   76
- 지축의 경사   77
- 지축의 경사로 인한 문제점   79
- 지지에 나타난 경사와 정립의 차이   81
- 경사와 정립의 비교   85

제6장 음양_89
- 음양의 기본 의미   91
- 형체와 현상   92
- 수화(水火)   94
- 체용(體用)   96
- 생성(生成)   99
- 음양 운동의 결과   101
- 결론   103

제7장 오행_105
- 오행의 내용   106
- 오행 각론   108
- 상생과 상극   118
- 결론   122

제8장 하도_123
- 하도의 체와 용　　　　　129
- 상수(象數)　　　　　　　131
- 하도의 외부　　　　　　135
- 하도의 내부　　　　　　138
- 하도와 음양체용도　　　142
- 중앙 토　　　　　　　　144
- 하도와 음양오행　　　　146

제9장 하도와 경락_147
- 12경락의 유주(流走)　　149
- 12경락과 하도의 비교　155

제10장 선천도_159
- 태극(太極)　　　　　　　161
- 음양(陰陽)　　　　　　　163
- 사상(四象)　　　　　　　164
- 팔괘(八卦)　　　　　　　166
- 선천도와 음양체용도　　167
- 건곤(乾坤)　　　　　　　168
- 선천도의 좌우측　　　　171
- 결론　　　　　　　　　　174

제11장 낙서(洛書)_175
- 낙서의 이해　　　　　　177
- 금화교역(金火交易)　　　184
- 결론　　　　　　　　　　186

제12장 후천도_187
- 후천도의 내용　　　　　188
- 후천도의 해석　　　　　190

■ 선후천의 관계 193
■ 결론 199

제13장 천간지지(天干地支)_201
■ 천간(天干) 204
■ 천간과 오행 206
■ 지지(地支) 211

제14장 오운육기_219
■ 오운육기 220
■ 오행과 운기의 비교 232
■ 오운(五運) 234
■ 육기(六氣) 246
■ 운기상합(運氣相合) 264

제15장 오운육기(五運六氣)와 경락(經絡)_271
■ 육기와 경락(六氣와 經絡) 273
■ 경락의 구성 280
■ 경락의 금화교역 282
■ 경락과 오행침 284
■ 경락과 장부 286

제16장 운기와 의학적 관계_289
■ 운의 태과와 불급에 따른 질병 291
■ 기운(氣運)의 성쇠와 질병 295
■ 육기(六氣)년의 질병 310
■ 각년(各年)의 질병과 처방 313

제17장 역학을 넘어서_327

제1장 역학에 대하여

우주의 범위
만물의 내용
변화 과정
역학과 천체

역학이라는 학문은 한마디로 자연의 변화를 논한 것이다.
천체를 비롯하여 지구의 모든 자연물은 시간의 흐름에 따라 변하는데 이 방식을 논(論)한 것이 역학이다. 어찌 보면 지구의 탄생과 더불어 미리 입력된 프로그램인지도 모른다. 다만 그 변하는 방식이 단순한 듯 복잡하여 우리가 이를 쉽게 알 수 없는 것이다.

밤하늘에 반짝이는 별은 항상 움직이고…….
봄에는 싹이 나오고, 여름에는 꽃이 피고…….
사람과 동물은 탄생하여 성장하고…….
지구의 사물은 물론 천체도 한 자리에 고정되거나 변화되지 않는 것은 없다. 변화의 사전적 의미는 우리가 익히 알고 있으나 이것이 어떻게 단계적으로 진행되며, 역학과 어떤 식으로 연결되어 운영되는가를 알아 가는 것이 역학을 배우는 과정이다.

역학의 내용은 자연의 변화와 완전히 일치한다. 그것은 자연의 변화에서 역학이 탄생하였기 때문인데 봄에는 싹이 나오고, 여름에는 꽃이 피는 것 역시 문학적으로는 다양하게 표현할 수 있으나 역학에서는 이를 역학 고유의 용어로 대체하여 사용한다. 역학에서 제일 많이 사용되는 단어인 음양과 오행도 궁극적으로 변화를 설명하는 것이다. 이정래 선생은 "역(易)은 우주 만물(宇宙萬物)의 변화를 논한 것"이라 하였는데 이는 역학의 정의에 가장 적합한 표현이다.

역학은 자연과학임에도 철학이라는 엉뚱한 문으로 들어가면서 혼란이 시작된다. 자연에서 발생하는, 혹은 나타나는 현상을 설명한 것이므로 이론에 앞서 자연현상을 이해하는 것이 순리이다. 다만 오랜 세월 동안 역학에 인간의 관념이 덧칠해져 본래의 색을 잃어버렸는데, 우주 만물의 변화라는 문구는 순수하게 때 묻지 않은 자연 자체를 대상으로 한다.

역학의 정의가 "우주 만물의 변화"를 논한 것이라 하였으니 본론에 들어가기 전에 이 의미를 먼저 음미해 보도록 하자. 우주 만물의 변화라는 글귀가 처음 대하는 이에게는 막연할 것이나 이 책을 완독한 후에는 역학의 정의에 대해 가장 명확한 것임을 깨닫게 되리라 믿는다.

우주의 범위

 우주라고 하면 우선 생각나는 것이 거대함, 아득함, 무한대 등의 개념이다. 수백만 광년의 거리, 지구 수백 배의 행성 등 소박한 태양계에 사는 우리로서는 상상조차 어려운 우주의 모습이다. 이것이 우리가 일반적으로 떠올리는 우주에 대한 이미지인데, 역학의 정의 속에 우주가 포함되므로 이에 대해 경계선을 분명히 그을 필요가 있다.

 현세대는 인류 역사상 가장 발전된 과학 문명을 이루었으나 우주의 비밀을 밝힌 것은 아직도 피상적인 수준에 불과하다. 첨단 장비로 연구하는 지금도 우주에 대한 지식이 기초 단계인데 수천 년 전에는 특별한 장비는커녕 전적으로 시력에 의존해서 천체를 관찰했을 것이므로 지식 역시 지금보다 훨씬 부족했으리라 짐작된다. 아직도 태양계조차 완전히 모르는 상태인데 이를 벗어나 밤하늘의 이름 모를 별까지 연구한다는 것은 있을 수 없는 일이다.
 이런 이유로 역에서 말하는 우주의 범위가 현재 천체 과학에서 정의되는 광활한 우주가 아니고 좀 더 단순한 의미의 우주, 즉 지구가 영향을 주고받는 범위 정도라고 보면 될 것이다. 왜냐하면 수만 광년 떨어진 곳에 지구의 수백 배나 되는 행성이 있다 해도 지구에 영향을 주지 못하니 역에서 말하는 "변화"와는 관계가 없으므로 연구 대상에서 제외된다. 우주라고는 하지만 우리가 사는 지구가 변화의 중심이자 우주의 중심이 되고, 지구의 변화에 가장 큰 영향을 주는 태양과 황도상 만나는 별들 정도로 한정해도 큰 무리가 없다. 뒤에 나오는 내용을 보더라도 철저하게 지구에 영향을 주고받는 대상 위주로 이루어짐을 알 수 있다.

비록 극히 일부라고 해도 역학에서 우주라는 단어를 쓰는 것은 역학이 천체의 운행에서 근원하기 때문이다. 역학은 천체라는 실체를 배경으로 형성되었고 이를 바탕으로 역학 전반에 걸쳐 사고의 틀이 만들어진다. 뒷부분에 나오는 천체의 변화, 즉 별자리의 이동과 지구 자연의 변화는 불가분의 관계에 있다. 이를 깨우치는 것은 어쩌면 역학을 깨우치는 정도와 비례할지도 모른다. 또한 천체는 고정되지 않고 계속 운행함으로서 천체의 변화는 그대로 역의 내용으로 이어진다.

만물의 내용

역학에서 논하는 대상은 만물(萬物)인데 글자 그대로 어떻게 만 가지 사물을 일일이 설명할 수 있는지에 대해 생각해 보자.

지구 상에는 수많은 동식물이 각기 고유의 생리(生理)와 생존 방식으로 존재하는데 만(萬) 가지 사물을 종(種)이나 개체(個體)별로 일일이 설명하는 것은 현실적으로 불가능하다. 하지만 역학에서는 천체의 변화는 물론 자연의 변화 모두를 설명한다. 그것은 지구 상에 종류와 성질이 다른 수많은 사물이 모두 중력의 영향을 받듯, 역학도 모든 사물에 공통으로 나타나는 현상으로 설명하기에 가능하다. 즉 "만(萬)=일(一)"이 되게 하여 만 가지 사물에 나타나는 통일된 현상을 하나로 설명하는 것이 바로 역학이다. 이는 인위적이 아니라 그렇게 될 수밖에 없는 운명이다. 결국 "우주 만물=하나의 법칙"으로 귀결되는 무언가가 있으니, 역이 추구하고 우리가 추구하는 하나의 법칙을 지금부터 찾아갈 것이다.

변화 과정

 세상의 모든 것은 변한다. 일 초 일 분, 시간이 흘러감에 기차의 궤도처럼 정해진 순서에 따라 변해 간다. 이를 거시적(巨視的)으로 보면 탄생-성장-쇠퇴-사멸하는 순서이다. 변화는 성질, 모양, 상태 따위가 바뀌는 것인데 하나씩 알아보자.

 지구 자연계는 스스로 변하는 것이 아니고 천체의 변화에 대응하여 수동적으로 따른다. 봄이 되면 겨우내 갈색이던 산야에 푸른 싹이 나온다. 여기서 천체의 변화→봄→푸른 싹이라는 순서는 항상 지켜진다. 즉 자연계가 변하려면 천체의 변화가 선행되어야 하는데 이것을 일 년으로 만들어 보자.
 천체의 변화→봄 →탄생
 천체의 변화→여름→성장
 천체의 변화→가을→쇠퇴
 천체의 변화→겨울→사멸이 된다. 일년생 풀은 위와 같은 똑같은 변화를 매년 되풀이한다.

 이번에는 외적인 변화를 발생시키는 기운에 대해 생각해 보자.
 봄에 여린 싹이 흙을 헤치고 나오려면 에너지가 필요하며, 이는 식물이 스스로 만드는 것이 아니라 천체 운행에 의해 발생되는 에너지를 받아 표출하는 것이다. 천체 운행이라는 물리적인 변화가 식물의 싹에 변화를 유발하여 상호 인과관계를 갖는데, 이것은 천체의 운행=자연의 변화=역학이 항상 궤(軌)를 같이 하기 때문이다.

지구의 모든 생명체는 "탄생, 성장, 노화, 죽음을 거쳐 다시 흙으로 돌아가는 과정" 중에 있다. 이러한 순환에서 어떤 생명체도 예외일 수 없는데, 만약 예외가 있다면 보편적인 자연법칙이 될 수 없다. 이 과정을 좀 더 체계적으로 만든 것이 역이며 그 내용은 음양이다. 즉 탄생·성장·노화·죽음이라는 일반명사는 역학에서 음양이라는 용어로 대체된다. 음양은 음과 양이라는 두 개의 의미로 오행에 적용하여 설명할 수 있고, 혹은 오행을 음양으로 바꾸어 설명할 수도 있다. 그러나 많은 부분에서 음과 양이 복합적으로 작용하다보니 변화 방식이 단순하지 않다는 데 어려움이 있다.

때때로 음은 무엇, 양은 무엇 하며 독립된 것으로 생각하는 경우도 있는데 두 음절이 하나가 될 때 생명을 가지며 절대로 음과 양을 분리하여 생각할 수 없다. 동양학의 시작과 끝은 음양이고 이 책도 처음부터 끝까지 음양이 여러 음률을 타면서 나타난다. 음양은 절대성을 가지고 역학 전체를 지배하는 용어이며 기반이다.

역학은 자연 그 자체로 탄생, 성장, 노화, 죽음이 불교에서 말하는 생로병사(生老病死)나 역학 혹은 한의학에서 말하는 생장화수장(生長化收藏)이나 다를 바 없다. 그러므로 하나의 공식만 제대로 알면 우주 만물에 두루 적용할 수 있다. 이렇게 역은 전체를 하나로 묶을 수 있는 만물의 공통적인 자연현상을 논한 것이므로 우주 만물의 변화상이라고 하지만, 결국은 하나의 법칙에 귀속될 수 있는 것이다. 이 4단계는 생물체에만 한정된 것이 아니라 하루, 계절, 일 년이라는 시간적인 것과 동서남북이라는 공간적인 것도 포함한다.

변화에는 외적인 형(形)이 바뀌는 것뿐 아니라 내부의 기운도 포함된다. 물리적인 변화와 화학적인 변화 모두가 역의 내용인데 물리적인 변화는 사물의 형체가 변하는 것이고, 화학적인 변화는 형체 안에서 일어나는 기운의 변화이다. 그리고 오운육기처럼 눈에 보이지 않는 기운도 포함되는데, 역학은 수치로 나타내는 학문이 아니므로 때로는 물리와 화학적인 변화의 경계를 긋기가 애매한 부분도 있다.

역학과 천체

　이렇게 역학이 우주 만물의 변화, 좁게는 자연의 변화상을 논한 것이라면 무엇에 근거한 것인지를 알아야 할 것이다. 근원이 없다거나 미약하다면 학문으로 인정받기 어려울 것이므로 이에 대한 확실한 근거가 필요하다. 그리고 역이 우주의 변화에 대해 논한 것이라 하였으니 역과 우주가 결합된 설명이 있어야 한다. 그리고 우주는 관념이 아닌 실체의 세계이므로 역의 추상적인 내용이 우주의 실체와 연결될 때 역의 진실성이 더해질 것이다. 뒤에서 설명하겠지만 역은 천체뿐 아니라 인체와도 연결되어 이정래 선생이 말한 "의역동원(醫易同源 : 의학과 역학의 뿌리는 하나라는 것)"이 증명된다.

　천체와 역학은 피할 수 없이 하나로 엮어지게 되나 역학이 태동하던 시기에는 천체에 대한 이해가 많이 부족했으리라 짐작되는바 전 우주적인 관점이 아닌, 지구를 중심으로 극히 제한된 부분에서 연결되었으리라 추측된다. 그리고 당시 물리학에 대한 기록이 없으므로 천체와 역의 연결이 천체의 운행 자체와 연결되었으리라 짐작되고, 뒤에 나오는 태양 편에서 별자리와 지구의 변화가 동일하게 변하는 것을 보면 역의 형성이 천체와 연결되나 지극히 상식적인 선에서 이루어짐을 알 수 있다.

천체의 운행은 역학의 근간(根幹)이므로 이론에 앞서 천체의 운행에 대한 이해가 우선임에도 이를 등한시하고 이론만 부각시킴으로서 실체 없는 학문으로 전락하기도 한다. 또한 역학이 천체의 운행에 기초한 것이라는 단정적인 명제가 있음에도 불구하고 역학과 천체의 운행을 제대로 연결한 내용을 찾기 어렵다. 자연과학의 어떤 분야도 자연에 앞서 과학이 먼저 탄생될 수는 없다. 자연이라는 실체가 연구 대상이 되어 점차 발전하여 과학이라는 학문이 정립되었듯, 역학도 천체 운행을 통하여 연구한 현상을 역의 고유 언어로 표기한 것이다. 따라서 역에 앞서 천체 운행에 대한 이해가 우선 되어야 하며 이를 통하여 역의 원리나 구성에 대한 기본적인 바탕을 이해할 수 있게 된다.

1. 실체와 증명

역학에서 가장 큰 문제는 증명이 어렵다는 것이다. 누구에게나 인정받는 학문이 되려면 객관적인 방법으로 증명될 수 있어야 한다. 예컨대 고전에 나오는 문구 하나를 두고 제각각 해석하는 것도 증명할 수 없기 때문이다. 역학의 기원은 자연임에도 고인(古人)들이 관념 쪽에 무게를 두고 오랜 세월 연구함으로써 자연과 관념의 균형이 무너졌으리라 짐작된다. 혹은 천체의 운행에 대한 지식이 부족해서 이론에 무게가 실린 것인지도 모르나 자연이라는 실체를 통한 역학의 해석이 지금까지 논의되어 온 이론들의 의문점을 한꺼번에 해결해 줄 것이다. 천체 운행에서 역학을 도출해 내면 더 이상 추상적인 학문이 아니라 자연과학에 가까운 학문임을 알게 될 것이다. 그리고 전달자와 피전달자 모두가 공유할 수 있는 제3의 객체가 있으므로 그만큼 공유(共有)의 폭이 커지게 되어 전달자의 내용이 낭비 없이 전해질 수 있다. 또한 역학 용어는 대체로 추상적이라 전달자와 피전달자가 정확한 초점을 맞추기 어려웠는데 이를 해결해줄 중간 매체 역할을 천체가 하게 된다. 천체의 운행은 역학의 형성에 관여되는 이유뿐 아니라 실체를 통한 증명을 가능하게 해 주므로 역학의 형성에 관여된 것 이상으로 중요한 의미를 지닌다.

2. 자연현상과 역학 용어

이상의 내용을 보면 천체의 운행이 만물의 변화로 이어지고, 이것을 문자화한 것이 역이므로 결국 역은 자연과학에 기초한 것임을 알 수 있다. 그리고 자연현상에 대해 천체과학과 역학에서 표현한 언어가 다를 뿐 내용까지 다른 것이 아니므로 자연현상에 대한 이해는 역학의 이해로 연결된다. 흔히 알고 있는 음극생양(陰極生陽), 양극생음(陽極生陰)도 역학 고유의 내용이 아니라 뒷부분에 나올 동지와 하지의 이치를 이해하면 자연현상에서 유래했음을 알 수 있다. 이로써 하나의 현상에 대한 표현은 달라도 실체가 다른 것이 아니므로 객관적인 결론을 얻을 수 있게 된다.

제2장 태양에 대하여

천체로서의 태양
태양열의 변화
태양의 상(象)

역학에 대한 설명을 본격적으로 하기 전에 의사 전달에 대해 먼저 생각해 보자.

의사 전달의 수단은 언어, 문자, 기호, 도해(圖解), 음표, 공식 등 수없이 많다. 인간의 가장 기본적인 의사 전달 수단은 언어지만, 전문적인 내용은 언어만으로는 한계가 있다. 그래서 또 다른 전달 매체인 기호나 공식 등 여러 수단이 등장하게 된다.

역학서에서 뜬금없이 전달 체계에 대하여 논하는 것은, 전적으로 필자의 개인적인 의견이지만 전달 체계가 제대로 될 때와 그렇지 않을 때 전달자와 피전달자 간의 소통이 시간적으로나 내용적으로 엄청난 차이가 있기 때문이다. 이미 역학서에 전달의 극대화를 위하여 역학만의 기호인 주역의 괘(卦)나 천체나 운기를 설명할 때 도해를 이용하였다. 본서의 초반에 태양이 나오는 것은 전달 체계에 대한 방법을 새로이 하고자 하는 시도에서다.

인류가 만든 전달 체계는 수없이 많겠지만, 뒤에 나올 하도낙서야말로 전달 체계의 극(極)이다. 한 면에 수많은 내용을 담을 수 있다는 것이 경이로우며 사람의 두뇌로는 창조할 수 없는 내용임을 깨닫게 된다. 이것은 전달에 있어 상징성을 극대화했기에 가능한 것이며 전달 체계를 잘 이용하면 언어를 뛰어넘을 수 있음을 보여 주는 예이다. 필자는 이러한 전달 체계의 중요성을 느껴 최대의 효율을 내도록 본서를 만들고자 하였다. 이러한 방법 중 하나가 바로 태양, 지구를 이용하는 것이다. 필자와 독자가 이미 공유하고 있는 지식을 토대로 내용을 전하면 전달자의 의도를 그대로 전할 수 있다. 한 면에 모든 이치를 전하는 하도낙서와는 비교할 수 없으나 천체의 운행과 이에 상응하는 지구의 변화를 이해하면 물질의 변화뿐 아니라 추상적인 의미까지도 이해할 수 있도록 하였다.

이런 과정을 거쳐 역학에서 필요로 하는 개념을 만들어 가는 것이므로 태양의 물리적인 작용은 물론 추상적인 개념인 상(象)도 어렵지 않게 대할 수 있게 된다. 이런 시도를 하는 것은 필자의 경험상 실체를 통한 접근이 보다 이해하기 쉽고, 특히 태양에서 시작된 하나의 끈이 음양오행을 포함하여 하도낙서, 천간지지, 오운육기, 경락까지 이어지기 때문이다. 태양에서 시작된 개념은 태양에서 끝나는 것이 아니고 역학의 마지막까지 연결된다는 점에서 대단한 효용 가치가 있다.

결론적으로 무언가를 전달하려면 지식의 정도와 관계없이 전달 체계도 고려해야 한다는 것이다. 아무리 뛰어난 내용이라도 전달이 제대로 되지 않거나 일방적인 전달이라면 내용만큼 인정받기 어렵기 때문에 전달 체계도 내용 이상으로 중요하다. 하도낙서는 만물의 변화상을 보여주나 내용이 너무 심오해서 현재까지 제대로 해석되지 않고 있다. 그 이유에는 하도낙서의 전달 체계에 대한 이해 부족도 포함된다. 이런 점을 염두에 두고 태양을 비롯하여 천체의 여러 모습에 대해 알아보자.

천체로서의 태양

여기서는 태양에 대해 천문학에서 다루는 깊은 부분까지는 언급하지 않는다. 태양의 하드웨어적인 기능을 통하여 역에서 요구하는 사고로의 전환을 목적으로 하는 것이지 태양 자체를 연구하는 것은 아니기 때문이다. 다만 태양의 물리적인 기능과 지구와의 관계에서 나타나는 현상이 역학에서 어떤 틀로 형성되는지를 알고자 하는 것이다.

태양 하면 우선 뜨거운 열을 생각할 수 있다. 수십억 년 동안 태양은 무심히 열을 발산할 뿐이지만 그로 인해 지구가 받는 영향은 엄청나다. 지구의 모든 생명체의 삶에 태양열은 필수적인 요소로 하찮은 미물에서 고등동물에 이르기까지 직간접적인 영향을 받으며 살아간다. 열은 태양의 이미지, 기능, 역할을 가장 뚜렷이 드러내는 부분이며 태양 자체의 물질적인 가치보다 열이라는 작용으로서의 가치가 더욱 크다는 것을 알 수 있다. 뒤에 나오는 내용은 열의 물리적인 작용과 더불어 열이 가지는 상(象)을 중심으로 전개된다.

세상의 모든 것은 서로 연결되어 있다. 외부의 영향을 받지 않고 홀로 독립하여 살 수 있는 것은 존재하지 않는다. 역학도 마찬가지로 전체가 하나의 틀이고 이를 형성하는 주요 부분은 태양과 지구임에도 이를 제대로 잇지 못하면 토막 난 지식이 되기 쉽다. 태양열을 가장 먼저 논하는 것은 변화가 처음 시작되고, 지구 자연계에 영향을 끼치며 자연과 불가분의 관계에 있기 때문이다.

여기서 태양열과 변화의 관계에 대해 생각해 보자. 사물이 변화하려면 에너지가 필요한데 이를 나누어 보면 변화하는 사물과 여기에 가해지는 에너지, 즉 "사물의 본체 + 에너지"의 결합이다. 지구는 사물의 본체에 해당하고 태양은 변화시키는 에너지의 역할을 한다. 태양열은 마치 발전소의 전기처럼 단순하지만, 전기로 인해 여러 형태의 에너지가 발생하고 이로 인해 현재 인류가 위대한 업적을 이룩했듯이 태양열이 자연에 끼치는 영향은 우리의 상상을 뛰어넘는다.

태양열의 변화

 태양이 변화에 관여할 수 있는 것은 열의 작용 때문인데 어떤 방식으로 관계되는지를 보자.
 지구는 매일 약 1도씩 태양 주위를 도는데 이로 인해 태양열의 증감(增減)이 생겨 계절이 발생한다. 지구는 일 년 동안 잠시도 한 곳에 멈춰 있지 않고 쉼 없이 움직이며, 위치(계절)에 따라 지구에는 그에 상응하는 변화가 나타나고 이는 그대로 역학의 내용으로 연결된다. 공전은 태양열의 변화로 이어지며 열량(熱量)의 변화는 곧 기운의 변화이다. 태양열은 지구 사물의 변화에 영향을 주는 최초의 변화 인자(因子), 즉 시발점이 되므로 역학에서 시작(始作), 선행(先行) 등의 의미를 지닌다.

 사계절의 발생은 지축의 경사 때문이다. 즉 지구의 동일한 위치에서 계절별로 태양열의 증감이 발생하는 것은 지면에 닿는 밀집도가 달라서이다. 태양 주위를 지구가 돌아 계절이 발생하는데 역학에서의 인식은 하늘이 변하는 것으로 본다. 햇살이 강약(强弱)으로 바뀌는 것을 고인(古人)들은 하늘의 변화로 인식했고, 이를 토대로 역학의 내용이 형성된다.

태양의 상(象)

아침이 되어 날이 밝아지면서 하루가 시작되고, 봄이 되어 날씨가 따뜻해지면서 만물의 활동이 시작된다. 그러나 시간적으로는 자정이 지나면 하루가 시작되고, 1월1일이 되면서 새해가 시작되나 자연이 실질적으로 활동하는 것은 아침과 봄이다.

천체 운행에서 새해는 동지에 시작되나 초목의 싹은 봄에 나온다. 태양열이 겨울의 냉습(冷濕)한 대지를 온성(溫性)으로 변화시켜 초목이 자랄 수 있는 환경을 우선 만들어야 된다. 때문에 싹이 나오기 훨씬 전인 동지에 태양열은 봄을 향해 새로운 여정을 시작한다. 이를 태양열의 생(生)의 작용이라 하며 이는 천(天)에서 이루어지고, 그 결과 땅위에서 만물이 탄생하므로 성(成)은 지(地)로 표현된다. 그리고 항상 생이 먼저 작용하므로 시간적으로 선(先)에 해당하고, 물체에 작용하여 변화를 유도하므로 용(用)이라 하기도 한다. 태양열의 작용이 생(生), 천(天), 용(用)이란 용어와 대체되는 것은 역학에서 아주 중요하며 끝까지 연결된다.

역학의 많은 부분이 천체 운행이라는 실체의 변화를 토대로 구성되므로 태양에서 비롯되는 상(象)은 천지, 생성에 국한되지 않는다.

뒤에 나올 체용(體用), 생수(生數)/성수(成數)는 태양의 상(象)에서 한 단계 더 발전된 것이다. 이것이 역학에 녹아 있는 것을 제대로 느껴야 상수(象數)로 이루어진 하도 낙서의 이치를 깨우칠 수 있다. 이렇게 태양은 실체로서의 역할 못지않게 상(象)으로서의 작용도 대단히 중요하다.

역학의 상(象)과 형성되는 과정을 찾는 작업은 태양, 지구, 지축의 경사등에서도 계속되는데 이의 목표는 하도와 낙서를 이해하기 위함이다. 하도 낙서는 열 겹의 상으로 싸여 있어 아직까지 참 모습을 드러내지 않고 있다. 하지만 천체의 이해는 하도 낙서에 이르는 첩경이므로 이후에 나오는 내용에 대해서도 소홀함이 없어야 될 것이다.

제3장 지구에 대하여

지구의 성질
지구의 질(質)
형질과 에너지
변화의 연구 대상
결론

지구가 우주에서 차지하는 비중은 하찮을지 모르나 지구의 환경을 조성하는 데는 필수적인 요소를 가지고 있다. 지구의 에너지로만 자연에 영향을 줄 수는 없으나 천체와 결합하여 현재와 같이 동식물이 서식할 수 있는 적합한 환경이 이루어진다.

특히 지구에 가까이 있으면서 직접적으로 영향을 주는 태양과 에너지 면에서 비교할 수는 없지만 지구를 태양과 같이 별도의 장으로 다루는 것은 태양과 동등한 무게감을 가지기 때문인데 이는 물질적인 면이 아닌, 상(象)으로써 완전히 대비되기 때문이다. 지구도 실체를 넘어 형이상학적인 개념이 도출되며 태양과 지구의 관계를 아는 정도만큼 역학의 지식도 풍부해진다. 태양이 열(熱)을 발산하는 반면 지구는 차가운, 즉 한(寒)의 성질과 질(質)을 가짐으로서 태양과 비교되는데, 하나씩 살펴보자.

지구의 성질

태양과 대비되는 지구의 특징은 한기(寒氣)를 가진다는 점이다. 현재 지구의 기온은 지구의 한(寒)과 태양의 열(熱)이 중화를 이룬 결과이다. 덕분에 지구의 생명체가 살기 적합한 기온이 된 것인데 만약 태양열이 없다면 지구는 얼음으로 뒤덮이게 되어 생명체가 존재할 수 없게 된다. 지구의 빙하기는 어떤 이유로든 지구에 닿는 태양열이 적어서 발생한 것이며, 이는 지구가 기본적으로 한기(寒氣)라는 것을 보여준다.

태양과 지구를 결합하면 태양은 열, 지구는 한이므로 한열이라는 조합이 탄생하고 이는 음양의 상징이 된다. 그러나 단순히 차갑고, 뜨거운 서로 상반된 기운이라는 이유만으로 음양이 정해지는 것은 아니다. 이는 음양이 가지는 포괄적 의미에서 한 부분에 불과하나 상징성을 보면 전체가 되기도 한다. 한열이라는 물리적인 성질은 나중에 음양, 오행, 건곤, 태극에 이르기까지 다양한 모습으로 화(化)하며 역학 전반을 이끌어 간다. 덧붙이자면 한열은 기운의 성질을 설명하지만 때때로 물리적인 기운으로 작용도 하며 서로의 목표가 되는 등 여러 가지 변형된 모습으로 나타난다.

지구의 질(質)

 지구를 구성하는 물질 중 하나인 흙은 만물이 생장할 수 있는 기반인데 이 역시도 태양과 상반되는 부분이다. 하늘의 수많은 별들 역시 모두 형질을 가지나 생물이 존재하기 위해서는 부수적인 여러 환경이 적절해야 한다. 태양의 질(質)은 열기를 발산하기에는 적합하지만 생명체가 살 수 있는 여건은 갖추지 못했다. 그리고 형질도 생존에 필요한 여러 인자로 구성되어야 하며 몇 가지 요소로만 편향된다면 이 역시도 생명체가 존재하기 어렵다.
 지구는 햇볕으로 인해 극단적인 한기(寒氣)에서 벗어났을 뿐 아니라 물과 산소를 비롯하여 여러 인자와 풍부한 먹잇감이 있어 생명체가 존재할 수 있다. 그리고 흙은 생명체가 존재하는데 적당한 환경을 제공하는 것은 물론 중화하는 기운으로 토(土)라는 역할도 한다.

형질과 에너지

지구의 공전으로 계절이 바뀌고 자연은 각 계절에 맞게 변화하는데, 하늘이 계절의 변화를 유발하면 땅은 이에 맞게 변한다. 즉 변화를 주는 에너지인 태양열과 물질을 만드는 요소인 지구의 흙이 결합되어야 물질의 변화라는 실체를 볼 수 있다.

이렇게 태양과 지구가 만나야지 변화가 발생할 수 있으며 어느 한쪽의 존재만으로는 변화가 일어날 수 없다. 만약 태양만 존재하면 변화를 일으킬 인자는 있으나 변화시킬 대상이 없고, 반대로 지구만 존재한다면 암흑과 빙하로 뒤덮인 변화할 수 있는 물질(物質)은 있으나 변화시켜 줄 인자가 없어 어떤 변화도 볼 수 없다.

그림처럼 태양이 단 두 개의 빛만 방출한다고 가정하자.

A는 지구에 닿지 않고 그대로 우주의 빈 공간으로 흘러가고, B만 지구에 닿는다면

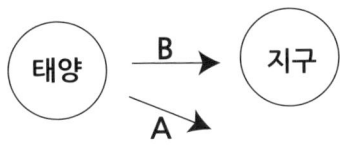

- 땅에 닿으면 땅이 따스하게 되고
- 얼음에 닿으면 얼음이 녹고
- 식물에 닿으면 식물에 변화를 일으키고…….

A는 무엇인가에 닿을 때까지 빛으로만 존재할 것이나, B는 지구에 닿으면서 열을 가진 빛으로서는 소멸되나 그 대상에게 변화를 일으키고, 대상에 따라 변화의 모습은 다르다. 그림과 같이 지구상의 변화는 항상 [先.태양열의 작용 →]後.지구상의 변화라는 형태로 이루어진다.

지구는 본체(本體)로서 모든 변화가 발생하는 근본 바탕이다. 본체는 역학에서 다루는 변화의 연구 대상 이전에 모든 생물이 살아가는 공간이며, 모든 생명의 형질이 되는 수분과 인자(因子)를 제공하여 어머니의 젖줄과 같은 역할을 한다. (본)체는 스스로 변화할 수 있는 에너지는 없고 변화가 일어나는 질(質)을 가진 무대다. 외부의 에너지 (기운)를 받아야지 변화할 수 있으며 스스로는 변화할 수 없는 수동적인 입장이다. 우리에게 보이는 자연의 변화는 지구 자체의 기운으로 이루어지는 것이 아니다. 외부의 기운인 태양열과 합해져야 가능하다. 태양과 지구의 관계를 보면 태양은 변화를 유발하는 작용(作用)을 하고, 지구는 변화를 수용하는 본체로서 태양과 지구의 체용이 합일(合一)이 될 때 사물이 탄생하고 존재할 수 있다.

변화의 연구 대상

역은 우주 만물의 변화를 논한 것이라 하였고, 만물에 적용되는 변화의 법칙은 하나라 하였으므로 실제 사물에 적용할 수 있어야 될 것이다. 이제 어떤 사물이 변화의 연구 대상으로 가장 적합한지를 생각해 보자.

지구에 존재하는 동식물의 종(種)은 헤아릴 수 없이 많으나 역에서 말하는 변화에 가장 잘 부합하는 것은 식물이다. 인간을 포함한 동물은 이동이 가능하므로 기후의 변화를 그대로 받아들이지 않고 변화의 폭을 최소화한다. 하지만 식물은 이동이 불가능하여 탄생지가 사멸(死滅)지가 되므로 기후변화를 그대로 받아들일 수밖에 없다. 따라서 염열(炎熱)에서 혹한(酷寒)에 이르기까지 자연의 변화를 그대로 수용하여 형질(形質)이 변하므로 천체 기운의 변화를 직접적으로 보여준다. 천체의 변화에 대응하여 겨울이면 겨울에 맞게, 봄이면 봄에 맞게 변화한다. 기운은 무형이므로 100% 정확한 관찰이 불가능하고 오로지 외부로 드러난 변화(행동)를 통해 기운의 성질을 추측할 수 있다. 이러한 점에서 겨울과 봄에 변형된 식물의 모습을 통해 식물에 전해진 기운의 성질을 관찰할 수 있기에 역에서 식물이 가지는 의미는 특별하다.

이런 이유로 역에서 변화 내용을 식물의 변화에 빗대어 표현할 때가 많으며, 식물은 일 년 동안 행해지는 다섯 가지 기운(오행)의 변화에 대응하여 한 치의 오차 없이 형질(形質)의 변화를 보여준다. 태양과 지구의 물리적인 변화는 기운의 변화가 되고, 기운의 변화는 지상의 모든 사물에 가해지나 기운의 내용을 가장 순수하게 받아들여 천기(天氣)에 응(應)하여 변화하는 것은 식물이며, 응함이란 100의 힘이 가해질 때 100이 반응하여 나타나는 것이라 할 수 있다.

결론

　지구는 거대한 땅덩어리고 그 위에 물이 있고 공기가 있다. 그리고 인간을 포함한 동식물이 살고 있다. 동식물이 생존하기 위해서는 먹이가 필요하고, 먹이를 만들어 내기 위해서는 끊임없는 변화가 필요하다. 그 변화의 단위는 순간이 되기도 하고 하루, 한 달, 혹은 종(種)에 따라 십 년, 백 년이 되기도 한다.

　시간의 지속(遲速)에 관계없이 모두 변하는 것은 분명한 진리이다. 우리에게 보이는 것은 여러 원소(元素)가 뭉쳐진 시간일 뿐 시간이 지나 분해되면 흙이 되어 형상이 사라진다. 인간을 포함한 모든 사물은 지구 상에서 신기루처럼 존재하는 흉내만 낼 뿐 영원불멸의 존재가 아니다. 지구는 나그네처럼 왔다가 사라지는 모든 생명체에게 한순간의 무대가 되어 줄 뿐이다. 영원한 것은 아무것도 없으며 지금 이 순간이 영원할 것 같은 환상만 있다.

　만물의 변화에는 일정한 규칙과 질서가 있다. 규칙과 질서가 없으면 생물은 존재할 수 없다. 그 변화하는 규칙이 음양이며 지구의 자전과 공전을 포함한 모든 활동으로 인해 사물이 변화할 수 있는 환경이 만들어진다. 끊임없이 변화해야만 지구가 살고 지구가 살아야만 지구에 생명체가 존재할 수 있게 된다.

　이상에서 본 바와 같이 지구는 한(寒)의 성질과 지(地 : 토지)라는 물질을 가지고 사물의 생장에 작용하며 동시에 지구에 사물이 생존하는 공간도 제공하는 것을 알 수 있다. 역에서는 이 다양한 작용 중 어느 하나도 소홀히 다루어지는 것이 없다.

　지구가 지(地)의 작용과 사물의 생존 공간이 되는 것은 이해하기가 쉬우나 한(寒)을 가지고 지구의 변화에 작용한다는 것은 깊이 생각해 보지 않았을 것이다. 하지만 지구는 엄연히 한(寒)을 가진 주체로 태양과 비견되며 태양이 변화의 시작이라면 지구는 변화의 마지막을 장식한다. 이 점을 명확히 인식해야 나중에 체와 용 부분에서 혼란이 없으며, 한(寒)을 가지고 변화에 작용하므로 때로는 용(用)으로서의 역할을 하기도 한다. 이렇게 지구는 경우에 따라 체 혹은 용의 역할을 하므로 음양은 정해진 것이 아니고 상대에 따라 음양이 정해짐을 알 수 있다.

제4장 태양과 지구의 관계

태양과 지구의 관계
태양과 지구의 운행
지구의 기온
음양체용도의 정남북
음양체용도의 좌우측

앞에서 태양과 지구를 분리하여 설명하였는데 이 장에서는 둘이 만나 어떤 영향을 주고받는지 그리고 어떤 결과가 나오는지를 보자.

역학 내용 중 많은 부분이 태양과 지구의 관계에서 비롯되는 상(象)을 토대로 구성된다. 태양과 지구의 관계는 탄생과 성장, 시작과 종점, 에너지의 근원과 변화의 발생 무대 등 여러 방면으로 생각해 볼 수 있다. 태양은 열(熱)을 가진 항성(恒星)으로, 지구는 한(寒)을 가진 행성(行星)으로 지구가 태양을 공전하는 과정에서 여러 변화가 발생하고 그 결과가 지구 상에 나타나는 형태이다.

역학이 우주 만물에 관한 것이라지만 주 대상은 태양과 지구로 귀결된다 해도 무리는 아니다. 그리고 여기에 우리가 미처 생각하지 못한 많은 비밀이 숨어 있는데, 이를 토대로 역학의 틀이 완성되는 과정을 하나씩 보자.

태양과 지구의 관계

1. 한열(寒熱)

　태양과 지구가 상대적인 관계로 맺어지는 것은 한열 때문이다. 한열은 물리적인 성질 이상으로 상징하는 바가 무궁무진하다. 역학에서는 음양이라는 한 단어로 압축되며 이는 형(形)과 상(象)을 모두 내포한다. 뿐만 아니라 생성(生成), 체용(體用), 천지(天地) 등을 비롯해 이외에도 여러 갈래로 나뉘는데 우선 순수한 한열의 모습만 보도록 하자.

　한열은 모든 변화를 주도하여 지구 생명체의 활동에 직접적인 영향을 미친다. 태양열은 하늘에서, 한기는 땅에서 발산되어 둘은 하늘 밑, 땅 위라는 공간에서 혼합되어 온갖 변화를 만들어 내고 인간과 동식물은 그 영향하에 살아간다. 일 년간 지구에서 조합되는 한(寒), 열(熱)의 크기는 동일하지만 지축의 경사와 공전 때문에 한과 열의 질량이 변하게 되어 지구의 자연계가 변한다. 이로 인해 자연계는 생장과 죽음이라는 순환으로 이어지므로 결국 모든 변화의 주체는 한열이다.

　여기서 한, 열의 일반적인 성질을 알아보자.

한(寒)은 사물의 활동을 위축시키고 심한 경우 성장을 멈추게 하며 부피를 작게 하는 반면, 열(熱)은 사물을 활동적으로 만들고 부피를 크게 한다. 차가운 성질은 사물의 발전을 더디게 하므로 역에서는 이를 음(陰)이라 하고, 동정(動靜)에서 보면 "정(靜:고요할)"에 해당하고, 반대로 뜨겁게 되면 사물은 활발하게 움직이므로 이를 양(陽)으로 표현하고, "동(動:움직일)"이라 한다. 둘 다 자연의 움직임을 보고 만들어진 상(象)이다.

이것은 이론도 아니고 철학도 아니고 지극히 자연적인 현상이다. 한열은 차갑고 뜨거운 것으로 누구나 감각으로 구별할 수 있으며 지식이나 지혜도 필요치 않다. 하지만 단순한 내용에서 출발하여 음양, 체용, 생성 등 많은 내용으로 발전한다. 그러나 태양과 지구의 관계에서 발생하는 변화 현상이 하나이듯 한열이라는 기운이 앞으로 여러 용어로 대체되어도 내용은 변함이 없다.

2. 생(生)과 성(成)

사물은 정해진 목표를 향하여 끊임없이 변한다. 씨앗은 꽃을 피우려 하고, 꽃은 씨앗을 만들려고 한다. 자연계는 천체의 변화에 따르는 수동적인 입장이며 일단 변화가 시작되면 일정한 궤도-규칙을 따른다.

사물이 변화하려면 우선 변화하려는 마음이 있어야 하는데 그 의지를 생(生)이라 하며 변화가 이루어진 상태를 성(成)이라 한다.

그러므로 자연의 변화는 항상 생에서 시작되고, 성에서 끝을 맺는다. 의지가 없으면 목표를 이룰 수 없다는 이치다. 이는 태양과 지구의 관계뿐 아니라 우리의 일상에서도 마찬가지다. 모든 행동은 의지가 실행될 때 행동으로 나타난다. 어떠한 경우도 생보다 성이 앞설 수 없으므로 자연이 변화함에 열이라는 인자를 제공하는 태양은 생(生)에, 이것으로 질(質)을 만드는 지구는 성(成)에 비유된다.

생과 성은 상수(象數)에서 생수(生數)와 성수(成數)의 형태로 나오는데 이것 역시 같은 이치다. 1에서 10까지 생수와 성수로 나누어져 여러 형(形)과 상(象)을 가지나 근본 이치는 태양과 지구, 한열과 동일하다. 생은 성보다 우선하므로 양(陽)이 되고, 성은 생을 따르는 것이므로 음(陰)이 된다.

3. 천간(天干)과 지지(地支)

천간지지의 구성은 앞에서 말한 여러 개념이 혼합된 것으로 이 역시도 태양과 지구의 관계로 짐작할 수 있다. 태양과 지구의 실체적인 면과 대표되는 기운, 공전하면서 변화하는 모습 그리고 지구 상에 나타나는 사물의 변화 등 모든 것을 포함하는 것이 천간지지이다. 간지(干支)를 단순히 용어로 이해하는 것보다 한과 열, 생과 성, 기(氣)와 질(質), 주체와 객체 등 하나의 틀로 이해하면 보다 쉬울 것이다.

실제로도 천간(天干)은 사물을 만들기 위한 에너지, 의지 등의 의미이며 지지(地支)는 사물을 완성하는 의미이다. 천간은 십간으로 10가지의 기운인데, 이는 종류가 많은 것일 뿐 근본적인 내용은 앞의 것과 동일하다. 즉 양(陽), 생(生)이라는 천(天)으로서의 공통된 부분과 각 기운별로 고유의 작용이 있으므로 이 둘을 합하면 된다. 그리고 지지는 기운(에너지)을 받아들여 사물을 형성하는 것이므로 이 역시도 음(陰), 성(成)이라는 지(地)의 공통된 작용과 각 지지별로 지니는 고유한 기운을 더하여 이해하면 된다. 태양과 지구는 반드시 한 쌍이 존재해야 태양의 의지와 지구의 실행이 나타나 변화의 시종(始終)을 볼 수 있듯, 천간지지도 반드시 한 쌍이어야 함은 똑같은 이치이다.

4. 내용의 종합

　태양 : 열, 변화의 주체, 생(生), 천간이 되고
　지구 : 한, 변화의 객체, 성(成), 지지가 된다.

　이러한 결과는 인위적인 조합이 아니고 자연 그대로의 모습을 옮겨 놓은 것이다. 학습의 결과가 아니라 자연의 일상을 주의 깊게 살펴보면 누구나 알 수 있는 것들이다. 태양과 지구에 속하는 내용을 몇 가지만 설명하였지만 이를 횡(橫)으로 펼치면 끝없이 이어질 것이나 모든 것은 한과 열, 그리고 태양의 생과 지구의 성으로 귀결되고 모두가 음양이라는 하나의 이론 안에서 운용됨을 보게 된다.

태양과 지구의 운행

 천체의 현상을 이해하면 역학도 이해할 수 있으므로 지구의 운행과 이에 대응하여 나타나는 현상을 보자.

1. 지구의 공전
 지구는 1년을 주기로 공전하는데 이때 발생하는 변화는 음양오행과 결부된다. 우리가 익히 알고 있는 태양과 지구에 대해 일반적인 내용을 한번 되새겨 보자.

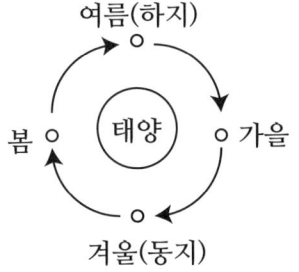

a. 지구가 태양 주위를 한 바퀴 도는 데 1년 걸린다.
b. 1년 동안에 봄, 여름, 가을, 겨울이라는 사계절이 나타난다.
c. 지구는 지축이 23.5도로 경사진채로 태양 주위를 돈다.

2. 겨울의 의미
 그림과 같이 지구가 정북에 위치할 때가 동지(冬至)이다.
 역(易)에서 동지가 갖는 의미는 대단한데 새해는 양력으로 1월 1일이지만 태양과 지구의 관계에서 보면 실질적인 해가 바뀌는, 즉 새해는 동지이다. 동지는 일 년 중 하루의 일조량이 가장 적은 날이며 지축과 태양이 일직선이 된다.

동지는 자연계가 변화하는 시작점이고 동시에 역학에서도 변화의 시작점이다. 변화의 시작점은 변화가 발생하기 전이므로 전체 변화의 기준이 되고 이에 견주어 변화의 정도를 가늠하게 된다.

동지에 나타나는 현상은 하나이나 자(子), 시종(始終), 수장(收藏) 등 이에 빗대어 쓰는 용어는 여럿인데 하나같이 중요하다. 하지만 변화의 틀만 정확히 이해하면 모든 것을 하나로 묶을 수 있으므로 천체 운행의 중요성이 다시 한번 강조되는 대목이라고 할 수 있다. 반대인 하지도 마찬가지다.

그림을 보면 가을에서 겨울로의 이동은 태양 빛이 감소하고 겨울에서 봄으로의 이동은 태양 빛이 증가하는 중간 지점에 동지가 위치하므로 가을(태양 빛 감소)-동지-봄(태양 빛 증가)이 된다. 동지는 하강-최저점-상승하는 중간에 있음으로서 운동 방향이 바뀌는 위치에 있다.

동지는 태양 빛이 가장 적은 날이므로 가장 추운 날이어야 하나 지구의 복사열이나 대기의 흐름 등으로 실제는 한 달 정도 뒤인 대한(大寒)이 대체로 가장 춥다. 하지만 순수하게 일조량만 보면 동지가 일 년 중 가장 적으며 이의 의미는 다음과 같다.
(태양열의 다소(多少)를 변화의 기준으로 하지만 실제 기온을 기준으로 해도 이치는 같으므로 문제 될 것이 없다.)

  a. 한극(寒極 : 가장 추운)이 되며
  b. 음극(陰極 : 가장 수축된)이 되는 지점이며
  c. 운동 방향이 바뀌고
  d. 동지에서 음극생양이 되며
  e. 동지를 기점으로 동지 이전의 양은 완전히 소멸된다.
  f. 정남 역시 태양과 지축이 일직선이 되는데 동지와는 반대에 위치한다.

3. 봄으로의 이동

 지구가 공전하여 정동(正東)에 오면 춘분이다. 정동은 동지와 하지의 중간이고 또한 한과 열의 중간이므로 기온 역시 중간인 온(溫)이 된다.

 봄은 겨울과 여름의 한가운데 위치하는데《의역동원》에 보면 반승(半升)이라 표현하여 절반쯤 올라간 모습이다. 봄은 겨울에서 멀어지는 과정이고, 멀어질수록 기온이 올라가며 여름인 정남에서 최고가 된다. 봄은 물리적으로 지구에-삭제 태양 빛이 증가하여 겨울과는 다른 환경이 되고 자연계는 이에 맞는 변화를 하는데 정리하면

  a. 겨울의 환경 : 생물은 추위로부터 자신을 보호하기 위해 본능적으로 표면적을 최소화하여 체내의 열량 소모를 적게 한다. 이를 위해서는 웅크린 자세, 수축된 상태, 원형의 모습이다. 수축된 상태에서는 활동을 제대로 할 수 없으므로 활동량이 최소가 된다.

  b. 봄의 환경 : 봄이 되어 따뜻하게 되면 수축된 상태가 조금은 이완되며, 자연계는 동면(冬眠)에서 깨어나 새로운

활동을 시작한다. 사물이 활동하므로 봄이 되는 것이 아니고, 태양열의 증가로 온기(溫氣)가 생하여 지상에서의 활동이 가능한 것이다. 정북인 동지에서 새로운 해가 시작되지만, 자연계의 실질적인 활동은 봄에 시작된다.

4. 여름으로의 이동

하지는 일 년 중 일조량이 가장 길어 양극(陽極)이 된다. 공전궤도에서 발생하는 태양열의 변화를 보면 봄(태양열 증가 단계)-하지(태양열 최고점)-가을(태양열의 감소단계)가 되므로, 하지를 기점으로 상승-최고-하강하는 형태다. 하지의 물리적인 현상 역시 용어만 달리하여 역의 내용에 그대로 대입되며 중요한 의미를 가진다.

a. 정남은 하지로서 지구가 받는 태양열이 최고가 된다.
b. 정확히 일 년의 절반이 지난다.
c. 동지에서 가장 먼 지점이다.
d. 운동 방향이 바뀐다. 정북과 마찬가지로 정남에서도 운동 방향이 바뀌는데, 가장 더운 곳에서 다시 가장 추운 곳으로 이동하는 출발점이 되는데 이 역시 변화의 기준이 된다.
e. 양극생음(陽極生陰)이 되는 곳이다. 정남은 최고의 열이 발생하는 지점이면서 동시에 최초의 음(陰), 즉 한(寒)이 생하는데, 실제 천체의 운행에서 볼 수 있다.
f. 정남은 정북과 정반대이므로 기온이 반대, 즉 한열이 바뀌며 여기서 여러 내용이 파생된다.
g. 여름이 되면 초목은 최고로 성장[승(昇)]한 이후 발산(發散 : 전

후좌우로 퍼지는 것)을 한다. 그리고 모든 생물은 체내의 열을 낮추기 위해 자세를 최대한 펼치는데 이는 동일한 질량이 퍼지는 것이므로 단위당 밀도는 낮아지므로 이 역시 발산이다.

5. 가을로의 이동

양극인 정남을 지나면 태양열이 감소하기 시작한다. 그러다 정서에 이르면 더욱 감소하여 기온은 서늘하게 되고, 사물의 활동도 조금씩 위축되기 시작한다.

a. 정서(正西)는 추분이다.
b. 정남과 정북의 중간 지점이다.
c. 정남의 무더위가 서늘함으로 변하여 기온은 량(凉)으로 바뀐다.
d. 정서를 지나면 기온은 더욱 떨어져 추운 날로 향한다.
e. 가을은 봄처럼 한열이 반반인 구조이다. 하지만 봄은 겨울의 추위에 태양열이 증가하는 것이며, 가을은 여름의 더위에 지구의 한기가 증가하는 것이라 내용은 다르다.
f. 기온이 서늘해지면 더위 때 최대로 펼치는 모습과는 달리 체온을 유지하기 위해 사물은 어느 정도 자세를 거두어들이는 형태, 즉 조금 수축하게 되는데 이를 수렴(收斂)이라 한다.

6. 정북으로의 회귀

정북(正北)에서 출발한 지구는 다시 정북인 동지로 되돌아와 하나의 주기(週期)를 마친다. 한 주기는 태극, 음양오행, 시간, 공간, 방위 등 여러 의미를 가진다.

운행 결과로 알 수 있는 것은

a. 원점인 정북으로의 회귀를 통해 지구의 공전이 일정한 규칙에 의해 반복적으로 운행됨을 알 수 있다.
b. 일 년 365일 발산되는 태양열은 변함없으나 공전으로 계절과 기온의 차이가 발생한다.
c. 동지는 일 년이 시작되는 지점이며, 동시에 일 년이 끝나는 종점으로 운동 방향의 전환점이다.

- 변화의 기준점은 정북이고, '정북 → 정남'은 기온이 상승하고 생물의 활동이 증가하다 정남에서 최고조가 된다. 반대로 '정남 → 정북'은 기온은 내려가고 생물들의 활동 역시 줄어들다 정북에서 최고로 수축하게 된다.

- 기준(출발점)이 꼭 정북이어야 하는 이유는 정북인 동지를 기준으로 해(태양)가 바뀌며, 식물의 생장도 여기에 맞추어지기 때문이다. 공전궤도 중 동지가 아닌 다른 지점을 기준해도 물리적인 변화는 같겠지만, 동지가 지닌 의미까지는 포함할 수 없으므로 반드시 동지가 되어야 한다. 지구가 정북과 정남에 위치할 때는 지축의 선(線)이 태양과 정확하게 일직선이 되는데, 관찰자-지구-태양의 순서로 하여 정남북에 위치하는 순간에 본다고 가정하면 지축이 1자처럼 된다. 이를 완벽히 알아야 음극생양과 양극생음을 비롯해 여기서 파생되는 여러 내용의 이해가 가능하다.

7. 정북과 정남의 비교

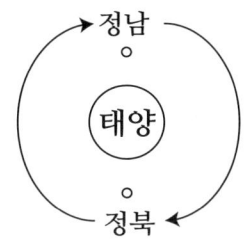

정북과 정남은 특히 중요하며 많은 부분에서 비교되고 서로 공통점을 가지는데 하나씩 보면

    a. 서로 정반대에 위치하고 서로에게 가장 먼 곳에 있다.
    b. 서로 간의 시작점이 됨과 동시에 종점이 된다.
  c. 정남북에서 운동 방향이 바뀌므로 둘 다 기준의 역할을 한다.
  d. 정북으로 회귀하기 위해서는 반드시 정북에서 멀어지는 운동과 정북에 가까워지는 운동, 즉 두 가지 운동을 해야 된다.

— 정북으로의 회귀는 일시무시(一始無始), 일종무종(一終無終)이라는 말과, 태극을 설명하는 근거가 된다.

《천부경》에 나오는 일시무시/일종무종은 "하나의 시작이 있으나 시작이 아니고, 하나의 끝남이 있으나 끝남이 아니다"라는 의미인데 올해의 시작은 길게 보면 작년의 이어짐이고, 올해의 끝남은 내년으로 이어져 다른 한 해를 시작하므로 주기는 끝없는 연속이다. 태극은 음양을 모두 포함하는데 지구가 공전하는 1년이라는 주기 자체가 바로 태극이며 일 년의 주기 안에 발전과 쇠퇴라는 음양이 들어 있으므로 태극을 설명하는데도 부족함이 없다. 또한 불교의 《반야심경》의 일부 내용과도 상통하고 자연계의 순환에도 그대로 적용되어, 천체의 운행과 자연의 변화 그리고 이를 나타낸 글귀가 모두 하나같음을 알 수 있다.

지구의 기온

 지구의 기온이 형성되는 과정은 뒤에 나오는 주역의 하도, 선천도와 직접 연결된다. 하도낙서의 이치를 깨우치는 것은 아주 어려운 일이나 주역이 자연의 변화를 설명한 것이므로 주역을 대하기 전에 자연의 이치를 먼저 이해하면 보다 쉽게 접할 수 있다.

 본서에서 지구의 기온을 설명하는 부분이 어쩌면 전체 내용의 정점일지 모른다. 왜냐하면 지구의 기온을 설명하는 그림(음양체용도)이 뒤에 나오는 음양오행과 주역의 하도, 선천괘에 그대로 적용되기 때문이다. 지구의 기온이 변하는 과정과 식물의 성장 그리고 선천도가 형성되는 과정에 한 치의 오차도 없음을 알게 되면 공부하는 데에 많은 시간이 절약될 것이다. 그리고 조금만 보태면 상수(象數)까지 완벽히 이해할 수 있으며 특히 그림으로 설명되므로 조금도 의심의 여지가 없다고 믿는다.

 지구의 기온이 형성되는 과정을 동지에서 하지까지 월별로 그려보면 다음과 같다.

 * 흑색=한(寒), 백색=열
  - 편의상 1월부터 나오는데 실제는 동지부터이다. 흑색 부분은 한

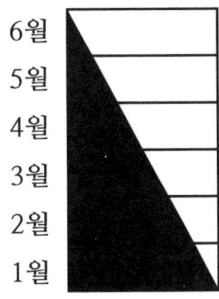
(寒)이고 위의 백색 부분은 열(熱)이다. 1~6월까지를 보면 한은 좌편에, 열은 우편에 자리한다. 1월에 완전히 검은 부분은 태양열이 가장 적은 동지이며 동지를 지나면서 햇살이 증가하므로 백색이 조금씩 커지게 된다.

이것을 반원형으로 그려 보면 다음과 같다.

- 동지는 태양열이 가장 적어 일 년 중 흑색으로만 되는 유일한 날

이다. 그러나 더욱 정확히 하면 지축과 동지가 일직선이 되는 한순간이 완전한 흑색이다. 이의 시간은 계산이 가능하며 이 순간이 일 년의 기준이 된다. 동지를 지나면 날이 갈수록 일조량이 증가하는데 그림에서 보면 1~6월은 한(寒)이 기본 바탕이고 그 위에 열이 가해지는 모습이다. 바깥쪽이 흑색인 이유는 하지에 시작된 한기가 동지에서 완성되어 겨울의 주된 기운이 되고 천지를 지배하기 때문이다. 반대로 안쪽이 백색인 것은 동지를 지나면서 쉽게 느낄 수는 없지만 양이 생하여 숨은 듯이 성장하기 때문이다.

1월에서 6월까지는 한이 기본이 되고 그 위에 열이 가해지는 형태인데 달리 말하면 한이라는 체에 열이라는 용이 더해지는 것이다.

이번에는 하지에서 동지까지 월별로 그려 보자.

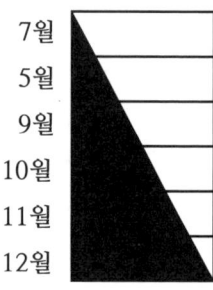

- 그림은 7월부터이나 햇살이 가장 긴 날은 하지로서 6월 22일 경이 된다. 하지는 일 년중 햇살이 가장 길어 양극(陽極)이 되며, 하지 역시 일 년 중 유일하게 백색으로만 되는 날이다. 하지를 지나면서 태양열은 차츰 감소하고 반대로 한이 증가하다 동지가 되면 다시 온전한 한(寒)이 완성된다.

- 백색이 좌, 흑색이 우에 있는 것이 맞는 것처럼 보일 수도 있는데 출발점이 반대이므로 하지에서 보면 같은 형태이다.

- 이를 반원형으로 그려 보면 다음과 같다. 이치는 같으나 흑백색의 위치가 다른데 하지에서 동지로 가는 시간은 열에 한이 더해지는 것이므로 똑같은 이치이다.

- 역학에서 전체 기준은 동지이며 하지는 적어도 절반의 기준 역할을 할 자격이 있다. 하지라는 물리적인 역할도 있지만 하지가 상(象)하는 부분도 동지 못지않게 중요하다.

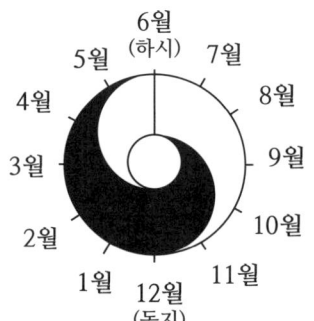

두 조각을 붙여 보면 다음과 같은 원형이 된다.

이 그림을 음양체용도라 이름 붙였다. 이것이 탄생하는 과정은 바로 역학의 기초와 틀이 완성되는 것이므로 대단히 중요하다. 지금까지 역학은 눈에 보이지 않는 추상적인 언어로 전달됐으나 음양체용도가 탄생함으로서 많은 부분이 실체적인 이미지를 통하여 검증된다. 음양체용도는 음양, 태극을 비롯하여 역학의 전반적인 내용을 하나로 묶을 수 있으므로 가치가 남다르다고 생각한다. 특히 주역의 근본인 하도낙서를 깨우치는 데 결정적인 역할을 하므로 이 그림의 내용을 정확히 이해하면 역학의 절반은 이해했다 해도 과언이 아니다.

 * 여기서 잠시 개인적인 이야기를 하자면, 필자는 이 그림을 만들고 무척 흡족해했는데 자료를 찾던 중 이미 래지덕(來知德, 1525~1604)이라는 중국인이 만들었던 것을 발견할 수 있었다. 발견한 시점이 책을 절반 정도 완성했을 때여서 여러모로 조금은 실망하였으나 한편으로 어찌 시공간을 뛰어넘어 똑같은 생각을 할 수 있었는지 신기할 따름이었다. 그가 이 그림을 "태극하도"라 하여 주역의 하도를 설명하는 것도 필자의 의도와 완전히 같음을 알 수 있었다.
 이러한 내용 또한 필자가 래지덕의 저서를 직접 본 것은 아니고 모 교수의 논문을 통해 간접적으로 알 수 있었다. 그래서 래지덕이 주장하는 내용을 정확히 알지는 못하나 그림이 같은 것만 해도 이미 상당 부분 같은 생각을 했으리라고 여겨졌다. 필자가 이 그림을 최초로 만들었다 할 수 없으므로 원조명은 태극하도라 하고 차명으로 음양체용도라 하기로 한다. 음양체용도는 음, 양, 체, 용이라는 개념을 포함하며 나중에 개별적으로 쓰이기도 하므로 이해를 돕기 위해 쓰임새를 따라 이름 붙였다.

음양체용도의 정남북

이상의 내용을 음양체용도를 통해 살펴보자. 지구가 정북에 위치한 경우를 음양체용도에서 보면 그림과 같이 하단이다. 앞과 마찬가지로 흑색은 한(寒), 백색은 열(熱)을 나타내며 정북에 해당하는 부분을 그림과 같이 크게 3등분 해 보자. 정남, 정북이 되는 것은 반드시 지구의 공전과 연계해야 정확한 의미를 알 수 있으며 공전을 모르면 추상적으로 될 소지가 있다.

1. 정북

정북은 동지로서 우측 / 정북 / 좌측으로 나누어 생각해 보자.

a. 우측

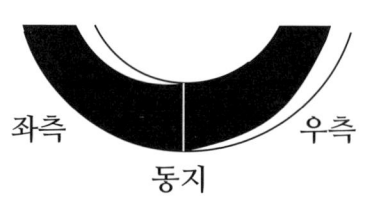

그림에서 우측은 정북(동지)이 되기 직전이며 흔히 한 해가 저물어 간다는 표현을 쓰는 시기이다. 정북에서 최초로 생한 일양이 한 바퀴를 돌아 정북에 가까이 갈수록 실낱같이 가늘어지다 정북에 이르면 완전히 사라진다. 우측의 양은 좌측의 양과 위치가 다른데 우측은 동지에서 생한 일양, 새로운 해가 사라지는 것이다. 좌우측의 흑백 비율은 같으나 위치는 반대인데 이는 한열의 크기는 같으나 차원이 다르기 때문이다.

b. 동지

정북은 동지인데 정북을 기점으로 실질적으로 한 해가 시작된다.
- 완전한 흑색은 동지로, 순수하게 한(寒)으로만 되는 순간이고
- 음(陰)이라는 체가 발현(發顯, 외부로 드러나는)되는 순간이며
- 음극(陰極)이라 일 년 중 음이 가장 큰 순간이기도 하다.
- 정북은 그림 전체에서 최저점인데 우측은 하강, 좌측은 상승을 하므로 정북에서 운동 방향이 전환된다. 하강-제로(0)-상승은 마치 괘종시계의 시계추가 우에서 좌로 움직이는 것과 같은 모습이다. 시계추는 연속으로 움직이지만, 중간에 반드시 "0"라는 운동의 전환점이 있음을 생각해야 한다.

- 동짓날에 양(陽) 속에 숨어 있던 음이 밖으로 그의 모습(체)을 드러낸다. 양 속의 음이 밖으로 나오는 것은 운동 형태가 바뀌는 것이며 토의 기능이 작용한다. 동지일의 토는 있는 듯 없는 듯하여 존재를 알기 어려우나 명문화되지 않았다 하여 작용까지 없는 것은 아니다.

c. 좌측

정북의 우측과 좌측이 질량은 같아 보이나 흑백 부분의 위치가 다른데 이것은 전혀 다른 차원이다. 우측은 새해에 시작된 해가 완전히 사라지는 것이고 좌측은 새로운 해가 등장하는 것이다.
- 정북은 최저점이 되며 최저와 최고의 공통점은 둘다 극이라 더 이상 같은 방향으로 나아갈 수 없어 자연스럽게 방향이 바뀌게

된다. 좌측은 정북이라는 극점을 통과하여 시작점이 되고 여기서 동지에서 새해가 떠오르듯 처음으로 양이 나타나는데 이것은 음극생양을 실체를 통해 설명하는 부분이다.

- 정북에서 지축과 태양이 완전한 일자[1]를 이룬다면 이 지점부터는 약간 어긋나기 시작하면서 백색이 나타나게 된다. 동지에서 일조량이 최저가 되었다가 정북을 통과하는 순간부터 조금씩 증가하는데, 이는 모두 천체 운행에 근거한 내용이다.

2. 정남

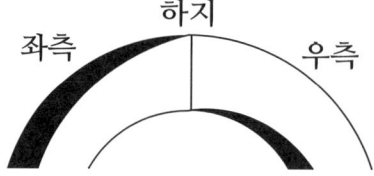

이번에는 지구가 정남에 위치한 경우를 보자. 정남은 하지로서 이 역시 좌측과 정남 그리고 우측으로 나누어 보자.

a. 좌측

좌측은 흑색 부분이 가늘어지다가 마지막에 사라지는데 이는 음극인 정북에서 최대치가 된 음이 정남에서 완전히 사라짐을 나타낸다. 그리고 좌우측의 음은 질량이 같으나 서로 이어지지 않음을 통해 서로 다른 차원임을 알 수 있다.

b. 정남

정남을 기점으로 정확히 한 해의 절반이 지난다. 정남은 비유하자면 공을 위로 던졌을 때 최고점에 이르러 순간적으로 무중력상태가 되는 것과 같다. 공이 상승-정지-하강의 순으로 되는 과정 중 정지에 해당한다. 정남은 정북과 반대로 백색으로만 되는 순간이며, 순수한 열이며, 활짝 핀 꽃에 비유할 수 있다. 백색 부분을 달리 표현하면

- 완전한 백색은 하지를 나타내고
- 순수하게 열로만 이루어지는 순간이고
- 양이라는 체가 발현되는 순간이며
- 양극으로 양이 가장 큰 순간이기도 하다.
- 정남은 한순간이나마 순수하게 백색(양)으로만 된 상태인데, 정북에서 최고가 된 흑색(음)은 여기서 완전히 사라진다.
- 정남 역시 극이 되는 위치이므로 운동 방향이 바뀌는데 이 역시도 토가 작용한 결과이다.

c. 우측

정남의 극을 지나자마자 흑색 부분이 나타나 정북으로 갈수록 커진다. 정남이 순수한 열에 해당한다는 것은 지구가 일 년 중 최고의 태양열을 받는 순간을 말한다.(위도는 편의상 북위 45도를 기준한 경우이다) 우측은 바로 그 지점을 통과하게 되어 극보다는 기온이 낮아질 것이므로 음이 처음 나타나는, 즉 시생(始生)한다는 표현을 쓰며 이를 양극생음(陽極生陰)이라 한다. 우측에서 음이 나타나는 이유는 정북과 마찬가지로 정남을 지나면서 태양과 지축의 경사가 조금 어긋나기 때문이다. 흑색인 음은 계속 이어져 360도의 운행, 즉 일 년을 운행하다 사라지는데 이는 지구의 공전 주기와 같음을 알 수 있고, 그 외 다른 것들도 유추해 볼 수 있다.

음양체용도의 좌우측

1. 좌측

- 좌측은 한이 열로 변하는 과정을 보여준다. 그림의 전체의 두께가 같은 것은 대기권내에 있는 한열의 총량이 사계절 내내 일정하기 때문이다. 좌측의 흑색은 정북에서 최고가 되었다가 정남에서 백색으로 바뀌는데 이는 사라지는 게 아니고 흑색인 한기는 백색인 열기로 화(化)하는 것이다.

대기를 지배하는 한기가 봄에는 태양열로 인해 절반 정도 온기로 화(化)한 것이고 한여름이 되면 한기 전체가 완전히 열기로 바뀌게 된다. 한열은 기운이므로 동일한 공간에 동시에 존재할 수 있다. 기운은 형(形)이 없으므로 몇 종류일지라도 같은 공간에 존재하는 게 가능하며 강한 기운이 약한 기운을 눌러-극(克)하여- 자신의 기운으로 화(化)하게 하여 강한 기운이 대표적으로 나타나게 된다. 때문에 한 여름에도 한기는 작용하지만 강한 열기로 인해 없는 듯이 느끼는 것이다. 마찬가지로 겨울[동지]에 일양(一陽)이 생하지만 한기에 파묻혀 열기를 느낄 수는 없다. 그러나 한 여름, 대지에 있는 물의 기화, 만개한 꽃의 출발이 동지이며 변화의 최고점인 하지까지의 변화과정을 보여준다.

2. 우측

우측은 열이 한으로 변하는 과정이다. 백색인 열은 하지에 최고가 되어 주도적인 기온이 됨과 동시에 한기인 음(陰)이 출현한다. 하지는 열의 최고점이면서 동시에 한(寒)의 시작점인데 기운이 미약하여 영향을 느끼지는 못한다. 우측은 다시 원점인 북을 향해 가는 과정이고 갈수록 기온은 차츰 떨어져 추워진다. 이는 실제 지구의 공전에서 나타나는 현상이고 역학에서도 그대로 수용하여 이론으로 발전된다.

3. 좌우측

음양체용도의 좌우측을 보면 일 년이라는 하나의 주기에 두 개의 변화되는 모습, 두 개의 운동, 두 개의 극을 볼 수 있다. 그림에서 흑의 최고점에서 출발하여 백의 최고점에서 변화가 끝난 후 다시 백→흑으로의 변화를 통하여 원점으로 회귀한다. 하나의 주기에 두 개의 극이 포함됨을 이해하는 것은 대단히 중요하다. 이렇게 두 개의 운동이 하나의 주기를 가지는 것을 역에서는 음양이라 부르고 음양이란 반드시 하나의 조합, 한 쌍의 형태로만 존재함을 보여준다. 여기서 좌측의 과정은 상승, 발산, 꽃이 피고, 펼치고, +, 양...등으로 표현할 수 있고 우측의 과정은 하강, 수렴, 꽃이 지고, 접고, -, 음…등으로 표현할 수 있다.

 이 과정은 다른 책에서 표현되는 산합(散合), 일진일퇴(一進一退), 분산(分散)과 통일(統一)을 설명하는 부분이기도 하다. 단어는 달라도 모두가 동일한 현상에 대한 것이므로 운영되는 이치를 알면 혼란이 없을 것이다.

제5장 지축의 경사

지축의 정립
지축의 경사
지축의 경사로 인한 문제점
지지에 나타난 경사와 정립의 차이
경사와 정립의 비교

지축의 경사를 설명하기 전에 다음의 두 가지 예를 먼저 생각해 보자.

* 고양이가 담벼락에서 뛰어내리는데
1. 정상적인 형태(머리가 위에, 다리는 아래에 있는 일반적인 경우)로 뛰어내릴 때는 특별한 변화 없이 그대로 착지한다.
2. 조금 뒤틀린 모양으로 뛰어내릴 때는 정상적으로 착지하기 위해 몸을 움직여 중심을 잡아야 된다. 그렇지 않으면 몸이 상하게 된다.

* 팽이가 돌고 있는데
1. 정상적인 모습(지면과 직각인 경우)으로 도는 팽이의 경우 – 돌고 있는 모습 그대로가 팽이의 마음이다.
2. 23.5도 기울어져 도는 팽이의 경우 – 기울어진 팽이가 정상적인 팽이와 같이 되기 위해서는 1의 팽이와 다른 생리를 가져야 된다. 그렇지 않으면 쓰러져 버릴 것이다. 팽이는 생명이 없으므로 정상으로 회복하려는 의지를 지니지 못하나 지구의 생명체는 스스로 정상이 되기 위해 노력한다. 이러한 내용이 역학의 한 부분이다. 현재 역학이 혼란스러운 것은 정상과 비정상이 뒤섞여 있으나 이의 구별을 제대로 하지 못하는 데서 비롯된다. 어떤 것은 정상을, 혹은 비정상을 기준하여 설명하는데 이를 제대로 구별하지 않으면 혼란에 빠지기 쉽다.

– 역학에서 지축의 경사는 대단히 중요하다. 지축의 경사가 역학에 영향을 미치는 것은 어느 정도 알려져 왔으나, 사실은 역학 전반에 관여될 정도로 뿌리가 깊다. 단언컨대 지축이 경사지지 않았다면 흔히 동양학이라 일컫는 주역, 명리, 한의학 등은 탄생하지 않았거나 아니면 아주 간단했을 것이다.《우주변화의 원리》를 보면 "지축이 경사되지 않고 또한 우주에 모순 대립이 없다고 하면 여기에는 철학도 변화도 없다. 그러므로 지축이 경

사겨서 갑토운이 수행(首行)하는 이때가 바로 철학과 변화의 최성기(最盛期)인 것이다"[1]라고 하였다. 모순, 대립이라는 표현은 체용이 다른 것을 빗댄 것이며 위 그림에서 고양이가 몸을 비트는 행위, 팽이의 외형과 내부 기운이 다른 것을 말하는 것이다.

- 태초에 지구의 모든 자연물은 지축의 정립에 맞춰져 성장하게끔 프로그래밍 되었을 것이다. 이것이 모든 변화에 있어 기준 중의 기준이다. 하지만 언제, 어떤 이유로 지축의 경사가 바뀌었는지는 모르나 지축이 기울어지면 변화 역시 왜곡되는데 만약 이러한 왜곡을 바로 잡지 못하면 지구의 자연은 정상적인 변화를 하지 못하여 사멸하게 될 것이다. 아마도 조물주는 이런 상황을 예측해서 경사에 맞는 프로그램을 입력해 놓았는지도 모른다. 지축의 경사로 인한 영향, 변화의 내용을 알게 된다면 신(神)의 프로그램을 살짝 엿보는 것에 버금갈지도 모른다. 지축의 경사가 가지는 의미는 상상 외로 대단하며 본서에서 논하는 여러 내용도 지축이 정립되면 아마 한 페이지의 설명으로 족할지도 모른다.
- 주역을 보면서 놀라웠던 것은 이미 수천 년 전에 지축이 경사진 것을 알았을 뿐 아니라 그로 인해 자연계가 어떤 영향을 받고 어떻게 대처하는지 그리고 마지막에는 영향에 대한 공식까지 만들었다는 것이다. 학문의 시작이 이러하니 지축의 정립과 경사가 어떤 차이가 나며 어떤 형태로 지구에 영향을 주는지를 정확히 알지 못하면 이 공부를 해도 확실한 개념을 가지기 어렵다. 지축의 경사에 대한 이해 여부는 역(易)이 무형의 추상으로 흐르느냐 아니면 유형의 실체로 가느냐를 가르는 분기점이 될 정

---

1) 한동석, 《우주변화의 원리》, 대원기획출판, 2001, p.103

도로 중요하다.

- 이 부분은 본서의 제일 마지막에 실려야 될 것이나 독자(분)들이 지향해야 될 목표를 미리 알게 하기 위해 여기에 싣게 되었다. 이것은 필자의 개인적인 판단이나 감상이 아니며 뒷부분에서 오랫동안 다루면서 증명할 것이다. 설명은 숫자로 나오므로 객관적인 평가가 가능하고 주역의 근본 내용을 이루는 것이기도 하며 침구 부분에서 증명되기도 한다.

- 지축의 경사 역시 천체의 운행에서 먼저 이해를 구한 후 지구에 어떤 변화를 유발하는지를 알고 이를 역학과 연계해야 된다. 지축의 정립과 경사는 첫째 지축의 상황에 따라 달라지는 변화 내용, 둘째 변화의 정도와 이때 자연계가 대응하는 방법도 알기 위함이다. 특히 낙서의 금화교역과 인신상화 부분은 지축의 경사가 끼치는 영향을 알아야 완벽한 이해가 가능하다. 여러 책에 낙서와 인신상화가 지축의 경사로 인한 것이라고 나오는 것만 봐도 알 수 있듯 역학이 태동하던 시기나 발전하는 과정에서 이미 이에 대해 충분히 연구했던 것으로 짐작된다. 아득한 과거에 이미 지축의 경사를 알고서 이를 역학에 응용한 고인들의 지혜에 감탄하지 않을 수 없으며 이 내용을 이해하면 역학이 얼마나 과학적인지 알 수 있다.

- 지축의 경사는 자연의 변화가 체용이 다르게 되는 결정적인 이유다. 주역에서 하도낙서가 별도로 존재하고 천간지지와 오운육기가 다르게 되는 것이 바로 지축의 경사 때문이다. 자연계는 지축이 정립되었을 때 가장 균형 있게 발전하지만 지축의 경사로 인해 이러한 균형이 무너지면서 이를 바로 잡기 위한 내용이 역학의 이면에 숨어 있다. 이것이 자연의 외적인

변화를 논한 음양오행과 하도보다 내면의 기운을 논한 낙서와 운기가 더 어려운 이유이다.

- 태양과 지구는 한 쌍의 조합을 이루어 여러 변화가 발생하는데 지축의 경사는 이러한 변화를 더욱 극대화한다. 만약 지축이 경사지지 않았다면 변화의 폭은 지금보다 훨씬 작았을 것이나, 이 경사가 공전 과정에서 발생하는 변화를 지축의 각도만큼이나 증폭하는 역할을 한다.

지축의 정립

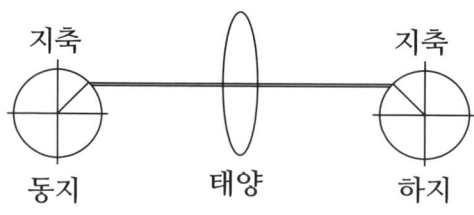

지축은 23.5도 경사져서 공전하는데 정립과 경사에 어떤 차이가 있는지 관찰해 보자. 기준이 있어야 변화의 정도를 알 수 있으므로 정립부터 보고 경사졌을 때의 차이를 알아보자.

이해를 돕기 위해 그림처럼 북위 45도 지점을 기준해서 지축의 정립을 생각해 보자. 지축이 정립되면 여름과 겨울뿐 아니라 사계절 내내 지구가 받는 햇볕의 양이 같아 계절의 변화가 없게 된다. 계절별로 단위당 받는 햇볕의 차이가 없으므로 사시사철 기온의 변화가 거의 없고 밤낮의 시간도 거의 같을 것인데 이는 인간이 그리는 꿈의 지구가 될 것이다.

일 년 동안 일조량의 차이가 없다는 것은 한열의 차이가 없다는 것이고 이는 기운의 차이가 없음을 말한다. 따라서 지구의 기온은 지금처럼 한극(寒極), 열극(熱極)이 없을 것이고 이를 지지와 연관해서 보면 토가 사정방에 위치하므로 경사 때와 달리 토(土)가 중심이 되는 지구가 될 것이다.

지축의 경사

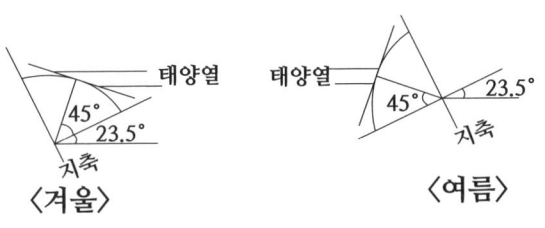

그림처럼 23.5도 경사지게 되면 여름과 겨울에 받는 햇볕 양이 달라 계절이 발생한다. 북위 45도를 기준으로 보자. 그림의 비교처럼 여름은 45도+23.5도=68.5도의 경사에서 햇볕을 받으므로 각도상으로 지축의 정립 때보다 단위당 약 1.5배의 햇볕을 더 받게 된다.

겨울은 45-23.5=21.5도가 되어 지축의 정립 때보다 단위당 약 50% 정도의 햇볕 밖에 받지 못한다. 지구는 거의 원형이므로 지구 자체가 받는 태양열의 총량은 경사 때나 정립 때나 같으나 경사로 인해 계절별로 큰 차이가 난다.

- 지축의 경사로 인한 각도의 변화

여기서 다시 한번 음양이 생하는 시점에 대하여 생각해 보면

정북→정남 = 68.5에서 23.5를 향한 과정으로, 음극생양은 68.5도에서 68.4999…가 되면서 양(陽)이 생(生)하게 되고,

정남→정북 = 23.5에서 68.5를 향한 과정인데, 양극생음은 23.5

도에서 23.5111…이 되면서 음(陰)이 생(生)하게 된다.

	지축의 정립	일조량	지축의 경사	일조량
여름	45도	100	68.5도	150
겨울	45도	100	21.5도	50
차이		변화없음		약 50~150%차이

지축의 경사로 인한 문제점

- 지축이 경사지게 되면 계절별로 한열의 차이가 심하게 되는데 여름은 정립 때보다 더 더워지고 겨울은 더 추워진다. 한열은 기운(에너지)이므로 지축의 정립 시와 경사 시 식물이 받는 한과 열이라는 기운은 다르게 된다. 이쯤에서 이러한 모순된 환경을 식물이 어떻게 대처할 것인가 하는 문제가 대두하게 된다. 먼저 염두에 두어야 할 것은 식물은 성장할 때 순전히 외부의 기운에 의존한다는 점이다. 인간을 비롯한 동물은 이동할 수 있으므로 기후변화를 100% 수용하지 않으나 식물은 기후변화를 자연 상태 그대로 수용할 수밖에 없다. 지축의 경사로 여름은 약 150%의 햇볕, 즉 기운을 더 받으므로 성장을 더하게 되고 겨울은 정립 시보다 약 50% 정도의 햇볕만 받으므로 한기가 너무 강해져 수축이 과도하게 되어 봄에 정상적인 성장이 어렵게 된다.

- 식물은 이러한 모순된 환경에 대처해야 생존할 수 있으므로 동물과는 생존법이 다르게 된다. 동물은 이동하므로 외기(外氣)-한열의 변화-를 최소화하나 이동이 불가능한 식물은 내부의 기운을 조절하여 이러한 문제를 해결한다. 그러므로 역학의 내용은 천체의 운행을 중심으로 이의 영향을 받는 지구의 생물체,

특히 식물의 변화 과정을 토대로 연구하면 이해가 쉬운 것이다. 식물은 외기의 변화에 대응하여 성장하나 내부는 다르게 되는데 이것이 체와 용이 다른 이유이다.

역학의 내용이 식물의 성장을 통하여 그 내용을 추측하는 것이 용이하나 그렇다고 동물이 완전히 배제되는 것은 아니다. 인간의 신체도 하도낙서에 나오는 상을 그대로 가지므로 동물 역시 천체 운행의 영향을 그대로 수용한다.

- 이에 대해 《우주변화의 원리》에 나온 구절을 보면 "대우주는 천기소생이므로 음양이 균등하게 작용해서 수명과 정신은 만전을 기할 수 있는데 반하여 소우주인 인간은 지기(地氣) 위주의 소생(所生)이므로 항상 형(形)에 대한 저항력이 부족해서 정신과 수명에 차질(蹉跌)이 생기게 되는 것이다"[2]라고 하였다.

 우주가 수천억 년을 지난 현재까지도 존재할 수 있는 것은 나름대로 정해진 운행 원리가 있을 것이니, 이를 천기소생이라 하는 것이며, 인간의 생리는 이와 달리 음양의 균형이 맞지 않아 육체와 정신의 조화로움을 잃게 되는데 이는 지기(地氣)소생 때문이라는 것이다. 이 모든 것이 지축의 경사 때문인데 이의 영향은 인간과 지구의 모든 자연계에 미치게 되어 변화의 양상이 달라지는 것이므로 역학 역시 이 영향으로 복잡하게 된 것이다.

---

2) 한동석, 앞의 책, p.114

지지에 나타난 경사와 정립의 차이

지축의 경사와 정립의 차이점은 지장간(支藏干)을 통해 보면 정확하다. 지장간은 천간의 기운이 저장되어 있으며 오행별 기운의 내용이 수치로 나와 있어 객관적인 비교가 가능하다.

땅은 스스로 기운을 창조하는 것이 아니고 천간이라는 하늘의 기운으로 변하는 것이므로 지지에는 하늘의 기운인 천간이 들어 있다. 이런 천간을 월별로 얼마나 가지고 있는가를 나타내는 것이 지장간이며 현재 지장간은 지축이 경사진 상태를 기준하여 만들어졌다. 월별 지장간에 들어 있는 천간을 수치로 나타낸 것이 다음의 도표이다.

월별로 기운(오행상)의 크기를 보면 가장 강한 것은 사정방(四正方)에 위치한 4개의 지지다.

· 자[임수 : 10/계수 : 20] = 수30
· 오[병화 : 10/기토 : 9 정화 : 11] = 화21
· 묘[갑목 : 10/을목 : 20] = 목30   · 유[경금 : 10/신금 : 20] = 금30

分類 (분류)	寅	卯	辰	巳	午	未	申	酉	戌	亥	子	丑
餘氣 (여기)	戊 7	甲 10	乙 9	戊 7	丙 10	丁 9	戊 7	庚 10	辛 9	戊 7	壬 10	癸 9
中氣 (중기)	丙 7		癸 3	庚 7	己 9	乙 3	壬 7		丁 3	甲 7		辛 3
正氣 (정기)	甲 16	乙 20	戊 18	丙 16	丁 11	己 18	庚 16	辛 20	戊 18	壬 16	癸 20	己 18

이상과 같이 사정방에 위치한 자오묘유에서 오(화)를 제외한 나머지 목, 금, 수의 합은 각각 30이며 토의 기운인 축미진술은 각각 18로 목화금수보다 약하다. 이는 깊이 새겨 봐야 할 부분인데 중화(中和)의 기운인 토가 약하다는 것은 중화는 하되 완벽하지 못함을 뜻한다.

나머지 지장간에서 이처럼 하나의 기운이 30(화는 21)이 되는 것이 없는데 이로써 사정방의 힘이 얼마나 강력한 것인지를 알 수 있다. '목화금수(30/21/30/30) 〉 (18)축미진술'이 되는데 이는 정상적인 생리가 작용하지 못하고 질병에 걸린 부조화의 상태가 된다. 이것은 이론에서 그치지 않고 실제 자연계에서 기운이 발휘되고 있으며 지구의 자연계는 이 영향 속에 살아가고 있다.

1. 사정방(四正方)의 의미

내용에 앞서 우선 사정방의 의미와 중요성을 알아둘 필요가 있는데, 사정방은 전체 기운의 핵심이다. 사정방은 글자 그대로 방위상 정확한 동서남북을 말하며, 현재 사정방에 위치한 자오묘유는 가장 순수한 기운으로 가장 강력한 힘을 가지고 있다. 이는 지장간의 수치를 통해서 알 수 있으며 현재 지구의 여러 환경을 주도하고 지구의 모든 것에 영향을 미친다. 즉 기운, 기온, 성격, 경향 등을 지배하며 인간도 알게 모르게 이 영향을 받을 수밖에 없다. 현재의 역학은 지축이 경사진 것에 기초하여 형성된 것이므로 사정방에 위치한 목화금수 위주로 되며, 이것은 자연계의 변화뿐 아니라 역에도 많은 영향을 미친다.

2. 현재의 사정방

지지의 사정방에 자오묘유, 즉 순수한 목화금수가 자리하는데 이의 가장 큰 문제는 토가 이보다 약하여 중화 기능이 제대로 작동하지 못한다는 것이다. 토의 기능이 부족하면 어떤 식으로든 문제가 생기며 이런 모순된 상황은 그대로 역에 투영되어 현재의 역학이 형성된 것이다. 이로 인해 현재의 역이 다소 복잡하게 되는데 자연계는 이런 상황을 나름대로의 방법으로 헤쳐나가 생장한다.

3. 지축의 정립과 지지

지축이 정립되면 사정방에 토가 자리하여 보기에도 좋을 뿐 아니라 토의 강력한 힘은 목화금수를 충분히 제압하여 중화할 수 있다. 정립된 상태에서 토의 기운은 각각 30이 되어 오행 중 가장 강하다. 이는 나머지 목화금수가 토를 극하지 못하게 되어 지구의 자연계뿐 아니라 여러 분야에 영향을 미치게 된다.

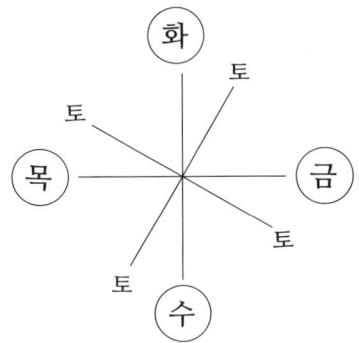

경사와 정립의 비교

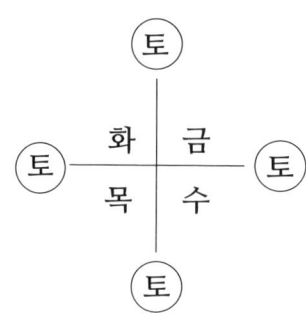

지축의 경사와 정립의 관계에서 핵심 내용은 사정방에 위치하는 지지가 어떤 것이냐 하는 문제다. 지축의 경사와 정립이 지구 상에 미치는 영향은 전혀 다른 차원이다. 정립이 되면 현재의 사고로는 상상할 수 없는 전혀 다른 패러다임이 탄생될 것이다.

경사 시와 정립 시의 차이는 단순히 계절의 발생, 기온 문제로 국한되지 않는다. 대기는 육기가 끊임없이 작용하고, 인체의 육기는 대기와 교감하므로 당연히 인체에도 영향을 미친다. 기는 형(形)을 성(成)하고, 동시에 기질(氣質)에도 영향을 주므로 인체는 육체적, 정신적 영향을 받게 된다. 이것은 우리가 전혀 생각하지 못하는 분야로까지 확대될 수 있다.

1. 자연계

지축이 정립되면 계절의 변화가 없어져 지금처럼 극과 극으로 치닫는 한열의 변화가 없게 되는데, 기온은 기운으로 이어지므로 지구의 생명체도 모순된 환경에서 벗어나 생장에 있어 새로운 방식을 찾을 것이다. 그리고 적도를 중심으로 남북극이 대칭하여 같은 위도에서는 기온이 같아지는 조건이므로, 지금처럼 남반구과 북반구의 계절이 다른 현상도 사라지고, 대류도 심하지 않을 것이며, 자연조건도 지금보다 완만하고 부드러워질 것이다. 지축이 경사지면 식물은 생장에 있어 체용을 달리하는데 이런 불합리는 사라지고, 하도만으로 모든 변화를 설명할 수 있으므로 낙서(洛書)도 사라질 것이다. 낙서의 금화교역에 이런 내용이 있으며, 인체의 경락에서도 금화교역의 상(象)이 있음을 통해 지축의 경사가 인간과 자연계에 얼마나 큰 영향을 미치는지 알 수 있다.

2. 인격

사람의 인격 역시 자연계의 영향을 벗어날 수 없는데 현재는 지지의 사정방에 있는 목화금수의 지배를 받고 있다. 국가와 사회는 수많은 개인의 집합체이므로 개인의 성향을 알게 되면 전체의 성향을 알 수 있다.

현재는 목화금수라는 기운의 성향을 지닌 인간들의 집합체이므로 항상 내부에 알력이 존재하고 화합이 안 되어 미봉합 상태로 살아가는 구조이다. 이는 토의 기능이 약해서 중화가 제대로 안 되기 때문이다. 이런 이유로 언제 어디서든 목화금수 중 특정 기운이 발전하면 언제든 서로 충돌하여 폭발하게 된다. 세계 곳곳에서 발생하는 나라 간, 지역 간, 인종 간, 종교 간의 분쟁이 끊이지 않는 것에서 증거를 찾을 수 있다. 하지만 교육이나 수련을 통하여 인간 스스로가 토에 가까워지는 것은 가능하기에 대체로 교육받은 사람들이 보다 절제된 행동을 하는 것은 자신의 감정을 스스로 중화할 능력을 갖추기 때문이다.

반대로 정립 시에는 사정방에 토가 자리하여 목화금수를 지배하므로 인격이 균형을 이루게 되어 개인은 물론 사회, 국가 간도 지극히 조화로워질 것이다.

3. 질병

　인체의 장부인 오장육부도 오행으로 분류된 기운을 가지고 자연계처럼 목화토금수라는 기운의 지배를 받고 있다. 이는 《내경》이나 《사암침》에서 언급했듯이 매년 기운이 다름으로 인해 발병하는 질환이 다른 데서 근거를 찾을 수 있다.

　질병과 치료에 있어 보다 중요한 것은 질병이 발생하지 않는 것이다. 성경에 언급된 수백 살까지 살았던 기록에서 보건대, 의료 수준이 높지 않았을 시절에 장수할 수 있었던 것은 치료보다 질병의 발생이 적었던 이유일 것이다. 이는 정립에서 보듯 토가 완벽히 중화 작용을 하게 되면 목화금수라는 기운이 토에 압도되어 질병으로 발전되기 전에 중화되기 때문이다. 여기서 인체의 내구성을 생각해 보면 아무리 질병이 발생하지 않는다 하더라도 내구성이 짧다면 이 역시 장수에 걸림돌이 될 것이니, 현재는 대체로 50세만 넘어 가면 신체 곳곳에 문제가 생기기 시작한다. 하지만 토기(土氣)가 지배하게 되면 영양과 기운의 공급이 원활하게 되어 인체의 내구성 역시 좋아지게 될 것이다. 정립시는 이렇게 토기(土氣)의 완전한 중화 작용으로 인체의 내구성뿐 아니라 질병 역시 중화되기에 질환 발병률도 낮아져 장수할 수 있다.

4. 사상

　이제마의 《사상체질》은 대체로 인간을 외적인 형태로 구분하였는데, 외형은 내부 기운이 작용한 결과이다. 형태(形態)는 기운의 성향이므로 형(形)을 보고 기운의 성향을 구분하는 것은 상당히 수긍할만한 내용이다. 지금처럼 각 개인마다 기운의 성향이 뚜렷한 것도 지축의 경사로 인한 것인데 이 역시 토의 중화 작용이 충분히 발휘되지 못하기 때문이다. 중화되지 못한다는 것은 기운 간 강약이 있다는 것이고 인체라는 제한된 공간에 강(強)이 있으면 반드시 약(弱)이 있게 되는 것이므로 신체상의 특징으로 나타나 사상체질을 이루게 되는 것이다.

결론적으로 사정방에 자오묘유가 자리할 경우와 진술축미가 자리할 경우의 차이는 상상하지 못할 정도로 크다. 지축의 정립은 인간에게 신체적, 정신적, 영적으로 긍정적인 변화를 일으킴은 물론 자연계에도 대단한 변화를 유발할 것이다. 사람들은 《내경》에 나오는 것처럼 음양화평지인(陰陽和平之人)이 될 것이라 짐작되고, 자연계의 변화도 지극히 조화롭고 아름답게 되지 않을까 생각해 본다. 나아가 기후와 인체, 인격에 영향을 주게 됨은 물론 사회와 국가 나아가 국제 관계까지 영향을 줄 것이다. 이것은 상상의 비약이 아니고 자연과학적인 연구로 충분히 예측 가능한 것이다.

반면 지축의 경사는 정립과 같은 생리를 유지하기 위해 체용을 달리하지만 불행히도 완벽치 않다. 화(火)가 과(過)하여 이를 정상으로 되돌리기 위한 방법이 자연계에 숨어 있으며, 이러한 내용이 바로 하도, 낙서, 운기의 이론인 것이다.

이상으로 천체와 관련된 내용은 모두 마치게 되는데 천체 내용을 이해 못하면 이어질 내용에서도 이해하기가 어려울 수 있다. 천체 운행에 나타나는 현상은 음양오행에 그대로 대입이 가능하므로 다음 장은 지금까지의 내용에 용어만 달리하여 반복되는 형태가 된다.

뒷부분의 모든 내용은 음양이 외줄에서 펼치는 묘기와 같아서 여러 동작이 나와도 모두가 같은 외줄임에는 변함이 없다. 음양은 하나의 단락에서만 설명되는 것이 아니라 모든 부분에 관계된다. 하도낙서, 상수, 오운육기 등에 그대로 응용되므로 음양에 대한 개념은 확실해야 된다.

제6장 음양

음양의 기본 의미
형체와 현상
수화(水火)
체용(體用)
생성(生成)
음양 운동의 결과

음양은 상(象)을 표하는 것이라 설명이 쉽지 않은데 음양에 대한 완벽한 설명은 하도에 담겨 있다. 자로 잰 듯이 정확하고 간결하지만 내용은 난해하여 쉽게 해독(解讀)할 수 있는 대상이 아니다. 이 장에서는 하도에 들어가는 입문 정도로 생각하고 보도록 하자.

- 음양부터 본격적인 역학의 내용으로 들어간다. 음양은 천체 운행과 이에 수반되는 자연현상을 기초로 형성된 것이다. 지구는 자전과 동시에 공전하므로 천지의 기운은 매시간, 매일, 매월, 매년 달라지는데 이러한 변화의 내용을 전달함에 새로운 언어, 사고가 필요하여 등장한 것이 음양이다.

- 음양은 자연에서 발생하는 보편적인 현상에서 형성된 개념임에도 이를 관념에서 구하려 하기 때문에 설명이 복잡하고 제각각이다. 본서는 천체 운행을 먼저 논하여 천체라는 실체가 변하는 것을 근거로 음양을 설명하므로 좀 더 쉽게 이해할 수 있도록 하였다. 천체 운행에서 이미 음양에 대한 틀이나 개념은 모두 나왔으며 단지 용어화되지 않았을 뿐이다. 이 장에서는 앞의 내용에 음양이라는 단어만 더하게 된다.

- 음양이라는 두 음절이 가지는 의미는 정반대이다. 그래서 많은 이들이 무엇이건 반대되는 성질이면 음양으로 정의될 수 있다고 여길지도 모른다. 실제로 상/하, 주/야, 명/암, 여름/겨울 등의 상반된 개념이 음양으로 구별된다. 하지만 모든 것을 음양으로 구별하는 것으로 끝난다면 별 의미가 없을 것이다. 상/하와 주/야가 음양으로 나뉘는 공통분모가 있을 것이며 이것을 발견할 수 있어야 진정한 음양의 의미를 알 수 있다.

음양의 기본 의미

음과 양은 대체로 동일한 무게감을 가지고 서로 반대되는 성질이나 사물로 인식하는 경우가 많다. 틀린 것은 아니나 이것이 음양의 전부가 아니다. 음양은 사물의 정적인 모습으로 구별하는 것이 아니고 동적인 변화 상태를 설명하는 것이다.

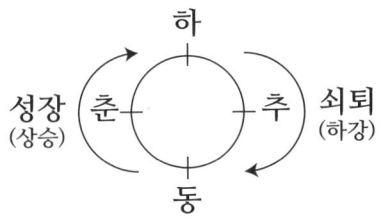

음양의 주된 내용은 "성장하고 쇠퇴한다"는 형식으로 이루어지는데 천체의 운행에서 찾을 수 있다. 다른 표현을 써도 되겠지만 이것이 음양의 의미를 전달하기에 가장 적합하다.

다른 표현을 보면
[명암(明暗)], [왕래(往來)], [승강(昇降)]······. 이런 식으로 수없이 많다.
음양은 "성장하고 쇠퇴한다"는 기본 원칙하에 이와 유사한 모든현상을 포함한다. 명암, 왕래, 승강은 각각 독립된 현상이지만 변하는 내용이 비슷하기 때문에 모두 음양이라 할 수 있다. 그러나 성장과 쇠퇴로 음양의 모든 것을 설명할 수 없는데, 이는 지축의 경사로 변화 양상이 복잡해 진 만큼 음양 역시 다양한 형태로 응용되기 때문이다.

■ 형체와 현상

 음양을 구별하는 보편적인 방법은 외부로 보이는 형체와 현상으로 하는 것인데 이는 정적(靜的)인 면에서 관찰한 것이다. 뒤에 나올 체용(體用)에서 보자면 순전히 체에 대한 것으로 사물의 한 면만으로 음양을 구분하는 것이다. 여기서는 사물을 변하게 하는 기운, 현상이 나타나게 하는 내부의 기운까지를 생각하는 것이 아니므로 완전치는 않으나 일반적으로 통용되는 내용들이다.

- 천지(天地) : 하늘과 땅을 보면 하늘은 양에, 땅은 음에 속한다. 하늘은 가볍고, 위에 있어 양이고 반대로 땅은 무겁고, 아래에 위치하므로 음에 속한다.
- 태양과 지구의 관계에서 태양은 양, 지구는 음에 속한다. 혹은 태양은 화(火), 지구는 수(水)에 해당하여 음양으로 구분한다.
- 상승과 하강의 관계에서 상승은 양, 하강은 음에 속한다. 상승은 발전하는 상(象)이고, 하강은 수렴(收斂) 혹은 쇠퇴하기에 음양의 관계이다.
- 계절로 보면 태양열이 증가하는 봄, 여름은 양, 반대로 감소하는 가을, 겨울은 음에 속한다. 춘하(春夏)는 열이 증가하므로 만물이 번성하고 추동(秋冬)은 열이 감소하여 만물이 수렴하므로

서로 대비된다.
　– 하루를 보면 낮은 양, 밤은 음에 해당하여 활동적인 낮에 비해 밤은 정적이라 이 역시도 음양으로 대비된다.

　이상에 열거한 구별 외에도 수많은 내용이 있을 것이나 하나하나는 음양의 예를 보여 주는 것일 뿐, 이 자체가 음양을 대표하지는 않는다. 그러나 전혀 다른 내용이 음양으로 구분됨은 무언가 공통점이 있는데 천지, 승강(昇降), 춘추(春秋)를 명사로만 보지 말고 이를 동사화하면 공통되는 부분을 찾기가 수월하다.

수화(水火)

음양은 한마디로 정의할 수 없는 것이라 가장 상징성을 띤 것을 대표로 하여 전달의 효용성을 높이고자 하는데 이것이 바로 수화(水火)이다. 음양이 지칭하는 대상이 너무 막연하므로 앞서 말한 성장과 쇠퇴라는 현상에 더하여 수화라는 물질을 등장시켜 좀 더 구체화한다. 나침반은 동서남북이라는 방위가 기준이 되듯, 수화는 음양의 기준이 될 수 있는 여러 요건을 갖추고 있으며, 물질로는 수화(水火), 기운으로는 한열(寒熱)로 쓰이는 이 낱말에서 많은 것들이 파생된다. 수화는 물리적인 면에서 시작하여 현상으로 발전하고 상(象)으로 끝을 맺는다.

- 음양은 수화(水火)로 상징되고, 수화는 음양을 펼치는 장(場)이며 기준이다. 수화는 현상, 시간, 공간 등 여러 방면으로 활용이 가능하다. 예를 보면 동지는 한기(寒氣)로 인해 사물이 수축되고, 발육을 제대로 할 수 없으며, 하지에는 열로 인하여 발산과 최고의 성장을 하는데 음양은 이렇게 상황에 따른 현상을 보고 논하는 것이다.

- 생(生)은 양이고 성(成)은 음이며, 체는 음이고 용은 양인 것처럼,

음양의 기본적인 개념과 전혀 다른 부분에서도 논해지므로 하나로 모든 것을 묶을 수 없다. 이외에도 우리가 미처 생각하지 못하는 변화의 양식도 있을 것이므로 음양을 틀로서 이해해야 옳다.

체용(體用)

체용도 한 줄로 정의될 수 있는 것이 아니니 운영되는 시스템을 이해해야 한다. 체용에서 체는 사물의 본체이고, 용은 체에 작용하는 기운을 말한다. 체용은 음양처럼 독립된 개체 간에 발생할 수도 있고, 동일한 개체에서 발생할 수 있다.

체용은 본체와 이를 변화시키는 기운이므로 체와 용이 작용하려면 서로 연관성이 있어야 함은 당연하다. 그래서 대체로 동일한 개체에서 발생하는 경우가 많으나, 공간적으로 분리된 경우라도 상호 연관이 있으면 체용의 관계가 된다.

식물의 외형이 성장하는 것은 체의 변화가 되고, 이에 영향을 주는 내부의 기운은 용이 되어 체용의 관계이다. 천지를 보면 천은 용이고 지는 체가 되어 체용의 관계인데 이를 하나의 개체라고 보기 어렵다. 천과 지는 상하로 분리되어 서로 독립된 것으로 보이지만, 천은 양이고 지는 음으로 넓게 보면 한 몸이다. 체용은 기운의 작용과 형질의 변화이므로 만약 서로 영향을 주고받지 않는 완전한 독립체라면 체용 관계가 성립되지 않는다. 체용도 음양으로 구분하며 하도의 이해에 꼭 필요하지만, 개념만으로는 이해가 어려우므로 식물의 생장 과정을 통해 알아보자.

1. 음체양용(陰體陽用)

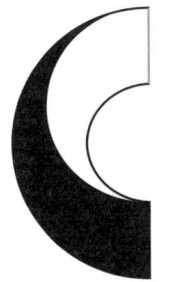

南.하지.午.火

北.동지.子.水

음양과 체용을 결합하면 음체(陰體), 양체(陽體) / 음용(陰用), 양용(陽用)이 된다.

음체는 음의 형체이고, 양체는 양의 형체이며, 음용은 음의 기운이 작용함이고, 양용은 양의 기운이 작용함을 말한다.

비유하면 음체는 동지에 지하에 파묻혀 있는 씨앗을 말하고, 양체는 하지에 만개한 꽃이며, 음용은 한기가 에너지로 작용하는 것이고, 양용은 열기가 에너지로 작용하는 것이다.

음체양용에서 음체는 씨앗이고, 양용은 열기가 씨앗에 작용하여 변화시키는 역할을 한다. 그림에서 체용(흑백)의 크기 변화는 천체의 변화에 응하여 씨앗에서 만개한 꽃으로 성장하는 모습을 보여준다.

2. 양체음용(陽體陰用)

양체는 만개한 꽃이고 음용은 한기가 에너지로 작용한다.

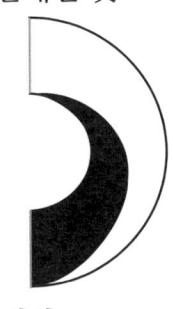

만개한 꽃

씨앗

씨앗에서 출발한 변화는 꽃이 되면서 그 목적을 달성하며 시점은 하지인데 이는 양극(陽極), 정오(正午), 정남(正南)의 의미도 포함한다.

하지가 되면 성장, 발산하려는 내부의 기운이 소진되고 운동 방향이 바뀌며 여기서 새로운 에너지가 작용한다. 동지에서 하지로 가는 과정과 하지에서 동지로 가는 과정이 다르듯 씨앗의 발전과 꽃의 발전에 필요한 에너지의 질과 목적은 달라진다.

그림을 보면 하지에서 흑색인 음기(陰氣)가 생하여 북으로 갈수록 두꺼워지는데 이는 꽃이라는 양체 속에 씨앗을 맺으려는 기운이 최초로 생하여 북으로 갈수록 성장하는 모습이다.

이상에서 씨앗이 성장하여 꽃이 되고, 꽃이 다시 씨앗을 맺는 과정은 이단계(二段階)로 분리된 운동이며, 기운도 양용과 음용으로 분리된 것임을 알 수 있다. 씨앗, 즉 수(水)에서 만개한 꽃인 화(火)로 되었다가, 화(火)에서 다시 수(水)가 되는 것을 볼 수 있으며, 음양을 수화(水火)운동이라 하는 이유를 보여주는 한 예이다.

- 하지에 음이 생하는 것은 두 가지 의미가 있다. 하나는 앞의 설명처럼 씨앗의 목적이 드러나는 것이고 다른 하나는 만개한 꽃이 시드는 것이다. 화무십일홍(花無十日紅)이라는 말처럼 활짝 핀 꽃은 내부의 기운이 다한 것이므로 시들 수밖에 없고, 시간이 흘러 한겨울에 이르면 죽음으로 이어져 생명체에서 퇴출된다. 퇴출된 양체(陽體)는 음양 운동을 통해 다시 흙이 되고 흙은 다른 사물의 한 부분이 된다. 그러므로 생(生)의 방향이나 사(死)의 방향이나 모두 무상(無常)한 것이며 색즉시공, 공즉시색인 것이다. 이것은 하도의 선천괘를 넓게 해석한 것이다. 좁게 하면 지구의 공전과 식물의 성장 과정이 되나, 넓게 보면 흙과 생명체의 관계가 되며, 곤(坤)은 만물을 생하는 의미의 토로서 정북에 위치하는 이유가 되는 것이니 정북은 오행상 수(水)이나 이치를 알면 토가 자리해도 전혀 어색하지 않다.

생성(生成)

여기서 생성이라는 개념을 하나 더 얹어서 생각해 보자.

생성(生成)은 사물이 만들어지는 것인데 이를 위해서는 먼저 의지가 생(生) 한 후에 사물이 이루어지는, 즉 성(成)이 완성된다.

그러므로 항상 생이 우선하고 다음에 성이 따라 온다. 이런 이유로 생성에서 생이 첫음절에 오는 것인데, 비슷한 예로 천지도 천이 먼저 행동하면 지가 따라 오는 것이고, 음양은 음이라는 공간, 대상이 있어야 양이 작용할 수 있기 때문에 각각 첫음절에 오는 것이다. 생성의 관계는 형체와 에너지, 시작과 결과, 의지와 실행, 태양과 지구, 음과 양 같은 관계다. 생성을 체용에 대입해 보면 체(體)는 성(成)에, 용(用)은 생(生)에 해당한다. 성(成)은 사물의 형태로서 기운의 영향으로 변화하는 수동적인 상태이고, 생은 사물을 변화시키는 에너지, 힘, 기운이다. 생(生)은 작용, 의지, 노력의 의미인 용(用)이 되고, 성(成)은 반드시 생이 더해져야 변화될 수 있으므로 체(體)가 된다.

- 그림 좌측의 흑색 부분은 음체이며 성(成)에 해당하는데 성의 변

화는 생에 의해 이루어진다. 한겨울의 씨앗은 성으로서, 생에 해당하는 열이 있어야 변화될 수 있는데 만약 지구가 빙하기여서 추위가 계속된다면 씨앗은 봄이 되어도 발아하지 않는다. 열이라는 생(生)이 없으면 사물은 완성될 수 없는 것이다.

동지에 탄생한 생은 하지에 완전함(성)을 이루는데 이는 동지의 의지가 하지에 이르러 결실 맺는 것이고, 목표를 이루었기에 동시에 의지인 생도 사라진다.

- 우측은 백색이 성이고 흑색은 생이다. 성이 완전히 이루어지는 하지는 동지에서 출발한 생(生)의 역할이 끝나며, 양→음으로의 운동이 전환되는 시점이기도 하다. 상식적으로도 꽃이 무한대로 성장할 수 없고 일정한 성장 후에는 멈추고 이후 시들게 되는데, 최고로 성장하는 시점이 양체(성)이다.

- 생성은 변화에 필요한 두 가지 인자를 분리하여 설명한 것으로 철학적인 내용이 아니라 이 역시도 자연계에서 발생하는 현상이다. 그림에서 생성의 크기가 방위마다 다른데 각 방위에서 생성의 크기와 성질을 논한 것이 상수(象數)이다. 상수는 생성의 개념을 수로 나타내어 생수(生數)와 성수(成數)로 나누어 설명한 것으로므로 하도에서 다시 논한다.

음양 운동의 결과

음양이 음운동, 양운동이라는 하나의 주기를 온전히 행하는 것에 어떤 의미가 있는지 보자.

1. 주기

음양은 일정한 시간, 주기를 가진다. 무한대의 시간에서 행해지는 것이 아니고 제한된 시간 안에서 이루어진다. 역에서는 대체로 1년이라는 주기에서 발생하는 지구 상의 변화를 설명하며 변화의 결과 다시 원점으로 돌아온다. 하지만 일 년은 하나의 예일 뿐 한 시간, 하루, 한 달...등도 얼마든지 음양의 주기가 될 수 있다.

2. 원점

원점은 주기에 대한 보충적인 설명인데 주기란 똑같은 현상이 계속 되풀이 되는 것으로, 이렇게 되려면 반드시 본래의 자리로 돌아와야 한다. 즉 변화의 결과는 출발점에서 시작하여 다시 출발점으로 돌아오는 것까지를 말한다. 지구의 1년은 365일이 한 주기가 되듯, 동지에서 다시 동지로, 씨앗은 다시 씨앗으로 되돌아온다. 좀 더 넓게 보면 모든 사물은 흙에서 사물로 화(化)하고, 언젠가 다시 흙으로 화하는 것도 하나의 주기이다.

3. 반복

  음양 운동의 결과로 원점으로 회귀한 후 똑같은 운동을 반복하는데, 여기에도 일정한 규칙이 있다. 자연과학에서 인간이 발견한 수많은 법칙을 수리적인 공식으로 만들 수 있었던 것은 바로 사물의 운동이 일정한 규칙을 가졌기에 가능했다. 음양 역시 일정하고도 반복적으로 되풀이되므로 법칙으로의 탄생이 가능하다. 자연이 해마다 반복됨은 세대가 계속 이어진다는 것이고 이는 음양이 무한대로 반복되는 실증이다. 뒤에 나올 오행과 하도를 보면 음양은 사계절에 맞게 규칙적으로 변함을 볼 수 있다.

4. 두 개의 운동

  음양은 항상 음적인 운동과 양적인 운동 이 두 운동이 조합되어 하나의 완전함을 이룬다. 멀리 간 것만큼 되돌아오고, 올라 간 것만큼 내려오는 것. 이렇게 원점으로 되돌아오기 위해서는 (+)운동을 한 것만큼 반드시 (−)운동을 해야 된다. 음양은 운동, 질량, 에너지가 정확히 반대되는 두 가지 형태로 구성된다. 양운동은 발산, 음운동은 수렴이라는 것이 수치화되지 않았을 뿐 정확한 질량과 에너지, 방향이 포함된 운동으로 선천팔괘에서 상(象)을 볼 수 있다.

결론

　음양을 상하(上下)에 비유하면 상으로의 운동과 하로의 운동이 끝난 후 다시 원점으로 돌아오고, 좌우에 비유하면 이 역시도 운동 후에는 원점으로 돌아오는 것이다. 발산하는 운동은 원점에서 멀어지는 것으로써 양이 되고, 수축하는 운동은 원점에 다가가는 운동으로 음이 되어 음양은 항상 같은 크기로 서로 반대 방향으로 운동하며, 크기가 같으므로 다시 원점에 돌아오게 된다.
　이렇게 사물은 일정한 주기를 가지고 규칙적인 운동을 하며, 주기가 끝나면 원점으로 돌아 와서 똑같은 과정을 무한히 반복한다. 이 과정은 지구의 공전과 자전, 종(種)에서 종(種)으로, 흙에서 흙으로 우주가 존재하는 한 영원히 계속된다.
　변화는 형체의 물리적, 화학적 변화 모두를 포함하는 것이므로 단순한 의미의 음양에서 운동하는 상(象)까지 더해서 생각해야 된다.

　역학의 모든 내용은 음양을 뿌리로 발전한 것이다. 내용에 따라 뿌리, 줄기, 가지, 꽃망울이 되기도 하지만 어느 것도 나무 자체를 벗어날 순 없다. 때문에 음양은 역학의 어느 분야건 직간접으로 관계되기에 이의 이해가 없이는 학문의 발전을 이루기 어렵다.

음양만 잘 이해해도 자연의 모습을 제대로 볼 수 있다. 풀 한 포기에도 인간이 범접할 수 없는 우주의 원리가 들어 있고 그 속에 인간이 살고 있다. 현대 과학이 아무리 발전했다 해도 잡풀에게 생명을 불어 넣을 수 없고 잡풀이 존재하기 위해서는 거미줄 같이 복잡한 주위의 환경이 필요하다. 음양을 알면 자연이 얼마나 경외(敬畏)롭고 아름다운지 그리고 자연 앞에 인간이 얼마나 미미한 존재인지도 알게 된다.

제7장 오행

오행의 내용
오행 각론
상생과 상극
결론

오행의 내용

음양과 오행이 논하는 대상은 천지자연의 변화로서 동일하다. 다만 표현하는 방식에 있어 음양은 2단계, 오행은 5단계로 한다는 점이 다르다.

앞서 설명한 대로 음양의 주된 내용은 "성장하고 쇠퇴한다"는 것이었다. 오행도 같은 내용이나 좀 더 세분화되어 성장을 상승과 발산이라는 2단계로, 쇠퇴를 수렴(收斂)과 수장(收藏)이라는 2단계로 나눈다.

양 – 상승, 발산
음 – 수렴, 수장

이므로 접으면 음양이고 펼치면 오행이 된다.
성장은 양(운동)이고 쇠퇴는 음(운동)이 되는데, 음양을 오행으로 나누면 양에 해당하는 것은 목/화이고 음에 해당하는 것은 금/수며, 중간의 토는 중화 작용(운동 전환)을 하여 모두 다섯으로 구분한다. 같은 양에 속하지만 목/화를 구분하고, 같은 음이지만 금/수로 구분하는 것은 기운의 성격이 조금 다르기 때문이다.

지구의 모든 생명체는 탄생과 동시에 오행을 거치면서 성장.발육 쇠퇴하는 것은 이해하기 쉬우나, 자연계에서 퇴출된, 즉 죽음을 맞이한 생명체가 오행을 거치는 것에 대해서는 소홀한 것 같아 각론에 앞서 설명해 보고자 한다.

지구의 모든 사물은 돌고 도는 것이라 지구의 탄생 이래 수많은 동식물들이 탄생하고 사멸하였지만 그 흔적을 찾기 어렵다. 과거에 생존했던 모든 생물체는 흙으로 돌아가 다시 다른 사물의 형질이 되는데, 우리 몸을 구성하는 성분 역시 모두 재활용된 것들이다. 내 몸의 어떤 원소(元素)는 과거 원시인 살의 한 부분이었을 수도 있고, 꽃의 한 부분이었을 수도 있고, 독수리의 한 부분이었을 수도 있는 것이다.

이것이 색즉시공 공즉시색(色卽是空 空卽是色)이며 부증불감(不增不減)의 한 예(例)이다. 이처럼 지구는 거대한 재활용 공간이기도 한데, 그래야만 지구가 살 수 있고 식물이 살 수 있고 사람이 살 수 있다. 지구가 존재하기 위해서는 변해야 하며 그 과정을 설명한 것이 오행이다. 오행이라는 사이클을 통하여 새로운 생명체가 만들어지기도 하고 멸(滅)하기도 하여 지구를 지켜가는 것이다. 지구에 오행이 운영되는 방식은 한 점 쏠림 없이 모든 사물에게 공평하게 적용된다.

오행 각론

1. 수(水)

　수는 방위상 북이고 계절로는 겨울이며, 씨앗은 지하에서 새로운 활동을 준비하는 시간이다. 씨앗은 다가올 여름의 화려함을 꿈꾸며 차가운 겨울을 지내고, 가을에 시든 꽃은 땅에 떨어져 토에 의해 분해되어 흙으로 화(化)하여 다시 원점으로 돌아가기 시작한다.

- 수는 변화의 출발점이라 아직 변화되기 전의 상태이므로 순수한 원형(原形)의 모습이다.

- 흑색은 수에서 가장 두꺼운데 이는 한성(寒性), 수축력(收縮力), 원형(原形) 등의 모습이 전체적으로 가장 강한 시기이기 때문이다. 상식적으로도 추우면 몸을 움츠리고, 활동도 둔해지는데 한기(寒氣)는 기운을 사물의 내부로 향하게 하므로 이런 결과가 나온다. 또한 겨울의 혹독한 추위를 이기려면 외부를 단단히 하여

내부의 열을 지켜야 되는데, 이는 하지의 자연현상과 대비된다.
- 수는 흔히 오원질의 하나인 물로 해석하는 경우도 있는데 그림에서 수는 조금이나마 양을 포함하고 있어 생(生)의 요소도 있으므로 수를 물로만 해석하게 되면 뒤에 나올 오운육기에서 이해하기가 어려울 수도 있다.

- 그림에서 수는 외부에 흑색 부분이 많아 음체이나 내부에 조그만 양이 있어 용(用)의 역할을 한다. 외형은 순수한 음의 덩어리, 변화되기 전의 순수한 모습이나 내부는 양을 지녀 겉과 속이 다른 상(象)이다. 내부의 양은 너무 약해서 외형을 변화시킬 정도는 아니므로 씨앗의 형태는 그대로 유지되며, 미약하나마 변화의 시작은 동지이다.

- 역에서 모든 사물은 1에서 시작하여 1로 끝나는데 이는 모든 사물은 수에서 시작하여 수로 끝남을 의미한다. 모든 사물의 시종(始終)은 수가 되며 1은 내부의 조그만 양이다.

- 수(水)의 이동
자연계에서 발생하는 물의 순환에 대해 생각해 보자. 수(水), 즉 물은 자연의 생존에서 태양 못지않게 중요한 요소이다. 자연의 변화는 물의 이동과 밀접한 관계가 있으므로 물의 이동을 이해하는 것은 자연의 변화와 오행을 이해하는 또 다른 방편이다.
음양체용도를 보면 흑색은 지표면에 있는 물의 양(量)이고, 백색은 기화된 상태로 대기 중에 있는 양이다. 동지에서 흑색이 가장 두터운데 이는 일 년 중 지표면에 있는 수량(水量)이 가장 많기 때문이다. 물이 있는 곳은 지표와 대기 둘 중 하나인데 이는 한열과 밀접한 관계가 있다. 지표의 수량은 한기(寒氣)의 크기와 비례하며, 열기(熱氣)의 크기와 비례하여 대기 중의 수량도 증가한다.

춘분이 되면 흑백의 비율이 절반씩이고 춘분을 지나면 기화되는 양이 더 많다. 이것은 봄에 지하에서 지상으로 싹이 나오는 것(상승)과 비슷하다. 하지에는 기화되는 양이 최고인데 이때는 비가 되어 내려온 물조차 뜨거운 열 때문에 다시 증발하기 바쁘다. 기화가 가장 많은 여름은 꽃이 만발하는 것과 시기적으로 일치한다.

추분을 지나면 기화되는 양보다 지표면의 수량이 점차 많아진다. 기온은 점차 떨어지고 대기 중의 습도도 낮아지며 식물에 공급되는 수분도 적어져 조(燥)하게 되는데 대기 중의 습도가 내려가는 것과 동일하다.

겨울이 되면 대기 중의 수분은 거의 다 지표에 내려오므로 그림처럼 다시 흑색이 많아지는데 이때 식물은 지하에서 씨앗의 형태로 머문다. 이처럼 물이 상승하는 비율에 맞게 식물도 상승하고 반대로 물이 하강하면 식물도 쇠퇴하는 것을 볼 수 있다.

2. 목(木)

겨우내 땅 속에 묻혔던 씨앗은 봄에 기지개를 켜고 새로운 삶을 위한 활동을 시작한다. 동지에서 일양이 생하나 거대한 지구가 따뜻해지려면 더 많은 양(陽)과 시간이 필요하므로 봄이 되어야 비로소 활동할 정도의 기온이 된다.

- 목은 나무 자체를 일컫는 것이 아니라 나무에서 볼 수 있는 상승하는 모습에서 비롯된 것이다. 봄이 되면 온 산과 들에 새싹이 솟는다. 씨앗이 스스로 판단하여 지상(地上)으로 나오는 것이 아니고 겨우내 수축하던 수기가 물러나고 상승하는 목기가 내부에 생하는 것을 그대로 따르는 것이다.
씨앗이 꽃을 피우려면 먼저 성장해야 하며, 성장하려면 상승해야 되는데 이 역할을 목기가 한다. 씨앗은 천지에 넘쳐 나는 목기를 받아들여 그대로 행하는 것이기에 마치 약속이라도 한 듯 지상으로 싹이 나온다.

- 《의역동원》에 따르면 목은 양에 속하고 반승(半升)이라 했는데, 그림을 보면 절반의 기운만 발휘되고, 절반만 성장한 모습이다. 씨앗이나 꽃처럼 하나의 기운으로 이루어진 것이 아니므로 반승이라 표현한 것이다.

- 이정래 선생이 모든 변화는 일기(一氣)의 변화라 하였듯이, 봄에 새롭게 목기가 탄생하는 것이 아니고 수기에서 목기로 기운이 바뀌는 것이다. 싹이 나오고 꽃이 되는 것 모두 하나의 씨앗에서 출발하는 것과 같은 이치다.

3. 화(火)
여름은 기온이 최고치까지 상승하고 식물 역시 최고로 성장하여 모든 것을 드러내며 활짝 핀다. 봄의 목기는 더 이상 작용하지 않는데 만약 목기가 계속된다면 식물은 끝없이 상승할 것이다. 하지만 여름이 되면 목기는 화기(火氣)로 화(化)하여 상승을 이어 발산하게 된다.

- 화는 활짝 핀 꽃에 비유되는데 씨앗은 만개한 꽃으로 화(化)하는 것이 목표이며, 만개한 꽃은 씨앗을 만드는 것이 목표이다. 이것은 하나의 개체에서 이루어지는 변화이나 목표점은 두 개가 된다. 만약 씨앗의 목표가 씨앗이라면 굳이 오행을 거치지 않고 바로 수에서 수로 변할지도 모른다.

- 꽃의 밀도는 낮은데 이는 씨앗의 밀도와 비교된다. 가벼운 것은 위로 뜨고 무거운 것은 아래로 내려가고, 흩어지면[산散. 가볍고, 뭉치면]합습. 무겁고, 뜨거운 것은 올라가고, 차가운 것은 내려가는 이치를 그대로 따른다. 즉 하늘에 뜬 것은 가볍고, 땅에 뭉친 것은 무거운 것이므로 만개한 꽃은 천(天)에, 씨앗은 지(地)에 비유된다.

- 만개한 꽃은 씨앗이 자랄 수 있는 최대의 성장을 말하므로 양(陽)의 운동은 화에서 끝나게 된다. 더 이상 자랄 수 없다는 것은 더 이상 양의 기운이 없음을 말한다. 외적인 형체는 화(火)에서 최대가 되나 내부의 기운은 제로가 되는 시점이다.

- 그림에서 화(火)는 두꺼운 백색 밑에 조그마한 흑색이 있다. 올

라간 것은 다시 내려올 수밖에 없으므로 흑색인 음은 하강(下降)을 뜻한다. 수에서 가장 멀리 간 상태인 화에서 다시 수로, 만개한 꽃에서 다시 씨앗으로 되돌아가기 위해 방향을 바꾸는 시점이 화이고 조그만 흑색—일음(一陰)—의 출현이 이를 의미한다.

- 체로 볼 때는 가장 큰 상태여서 양체(陽體)가 되고, 기운으로 볼 때는 제로에서 음기(陰氣)가 생하므로 여기서 양극생음(陽極生陰)이라는 현상이 나타난다.

4. 토(土)

　오행에서 가장 중요한 작용을 하는 것은 토이며 동시에 특징적인 기운이 잘 드러나지 않는 것도 토이다. 토는 중화(中和)하는 기운으로서 모든 변화를 이어준다. 마치 배관의 이음새를 통해 방향을 바꾸듯 토를 통하여 변화의 방향을 바꾸게 된다. 토의 중화란 사정방의 한가운데처럼 어느 쪽으로도 기운이 편향되지 않은 상태를 말한다. 토는 시간적으로 여름과 가을의 중간이고, 공간적으로는 중심에 작용하여 회전하는 물체가 일정한 거리를 유지하며 돌 수 있게 하는 역할을 한다. 한→열, 열→한은 바로 바뀔 수 없고 온도계가 영상에서 영하로 내려갈 때 항상 0도를 지나는 것처럼 토를 지나지만, 토는 많은 부분에서 간과되기 쉽다.

- 어떤 책에서는 목화금수가 토라는 무대에서 작용하기 때문에 토가 중심이 된다고 했는데, 오행을 풀어 보면 목 and 화 and 토 and… 가 된다. and의 좌우에는 문법상 같은 무게감의 단어가

와야 된다. 목/화가 기운으로 작용한다면 토 역시도 기운으로 작용하는 것이 당연하다. 오행이 행해지는 무대는 토가 아니고 지(地), 정확히 하면 천지(天地)에서 행해진다. 지(地)라고 하는 것도 부족한 까닭은 첫째로 천이 존재하지 않는다면 지는 2차원의 평면밖에 될 수 없고, 둘째로 모든 변화의 출발은 천에서 먼저 시작되므로 항상 천과 지(地)가 동시에 존재해야 변화가 가능하기 때문이다. 물질은 있으나 변화의 기운이 없는 지(地)와, 기운을 가지고 무언가에 영향을 끼쳐 변화를 발생시키는 토(土)를 정확히 구별해야 한다.

- 土와 地를 구분함에 토는 기운이고, 地는 사물의 성장에 필요한 인자를 말한다. 때론 水와 같은 역할도 하는데 土地가 합하여 지구 상의 모든 물질을 중화하고 다시 흙으로 만드는 작용을 하므로 토지는 때로는 기운으로 때로는 물질로서의 의미를 지닌다. 토의 작용을 좀 더 구체적으로 보면

a. 운동 방향의 전환

토는 목화라는 양(陽)의 팽창 운동을 중지시키고, 운동 방향을 전환하여 금수(金水)라는 음(陰) 방향으로 무리 없이 넘어가게 한다. 천간에서 토는 중간에만 있는데 천간은 기운의 형태라 토의 필요성이 덜하기 때문이다. 지지는 형(形)의 변화라 토의 기능이 중시되어 수→축토→목→진토→화→미토→금→술토가 되어야 한다. 사물의 한 주기(週期)에 나타나는 변화의 종류는 여럿이며 각각의 변화 사이에 토가 자리하여 서로 연결해 준다. 토가 유일하게 방향을 전환하게 할 수 있으므로 전체적인 조화를 이룰 수 있다. 만약 토가 없

다면 목기를 가진 사물은 끝없이 상승만 할 것이고, 화기를 가진 사물은 발산만 하는 식으로 되어 변화를 통해 원점으로 돌아오지 못하므로 결국 사물이 순환할 수 없다. 일방통행만 하는 대표적인 것이 태양인데 태양은 오로지 화만 가지고 토가 없기에 끝없이 한 가지 일-화(火)만 발산하는 것이다.

b. 화(化)하는 작용

화(化)는 성질과 모양이 전혀 다른 것으로 바뀌는 것인데 운동 방향의 전환과 화(化)하는 작용은 비슷한 면이 있다. 토기(土氣)가 모든 것을 화(化)한다는 것은 앞서 말한 자연에서 퇴출된 것을 다시 흙으로 만드는 것이다. 인체는 음식물이 소화되어 신체의 일부와 에너지로 쓰는데 이처럼 A에서 B로 전혀 다른 인자가 되는 것이다.

생을 마친다는 것은 자신의 고유 기운을 잃는 것이고, 이후로는 순수한 천지자연의 기운을 따른다. 이때 토가 작용하여 다시 흙으로 되돌리는 작업을 하게 되는데 이 역시 화(化)하는 것이다.

5. 금(金)

가을은 서늘한 계절로서 만물이 다시 원점으로 돌아가는 현상이 나타나는 시기이다. 음방(陰方)의 변화는 하지에 시작되나 기운이 미미하여 형(形)의 변화를 알 수 있는 것은 가을이다. 양방의 기운은 장하(長夏)에 이르러 그 힘을 상실하고 빈 공간은 금기로 채워진다. 금기(金氣)는 만물의 양(陽)적인 성장을 억제하는데 이를 거두어들이는 작용, 즉 수렴(收斂)이라 한다. 우주변화의 원리에서는 수렴을 통일작용이라 하였는데 의미는 같다.

여름과 겨울이 대비(對比)대듯, 금은 목과 비교할 수 있는데 목은 생의 발판이 되는 대지(大地)에서 상승하는 반면 금은 다시 대지를 향하여 하강한다. 천(天)은 화이고, 지(地)는 수라면 금은 하늘에서 땅으로, 초목은 성숙하였다가 다시 땅으로 돌아가기 시작하는 단계이다. 목의 발산은 천(天)을 향하므로 박(薄)하게 되는 상태고, 금의 수렴은 지(地)를 향하므로 후(厚)하게 된다. 봄의 초목은 연약하고 부드러우나, 가을의 초목은 성장하여 단단하다. 또한 기화된 물은 상승하는데 이는 물의 입자가 분산된 형태이고, 빗물은 입자가 다시 뭉쳐져 하강하는 것이므로 이 역시도 후박(厚薄)이 연상되는데 모든 것은 하나의 이치 안에 있음을 알 수 있다.

- 수렴은 또 다른 탄생을 위한 밑거름인데, 짧게 보면 사(死)의 단계이며 길게 보면 생(生)이 시작되는 단계이다. 가을에 초목의 색이 바래고 잎이 떨어지는 것은 체에 해당하는 것이고, 내부는 세대교체를 위한 준비로 씨앗이 한창 성장한다. 금기는 흔히 포양(包陽)한다 하는데 글자 그대로 음이 외부에서 양을 감싸므로 더 이상의 팽창은 정지하게 된다. 하지만 내부의 알곡은 가을 햇살로 성장하는데 봄 여름의 햇살과는 다른 작용이다.

- 음양체용도를 보면 목과 마찬가지로 흑백이 반반의 비율로 되어 기온은 온(溫)이 될 법도 하지만 가을의 기온은 서늘한 량(凉)이라 한다. 봄은 겨울의 한기에 따뜻함이 더해지는 과정이고, 가을은 여름의 열기에 차가움이 더해지는 과정이라 체용이 반대로 구성된다. 마치 웃음 속에 싸늘함이 묻어 있는 것 같은 계절

이며 가을의 이러한 면을 숙살지기(肅殺之氣)라 하여 대체로 부정적으로 묘사되나 이 역시도 자연의 한 부분으로 당장에는 살(殺)이 되나 길게 보면 생(生)을 위함이다.

상생과 상극

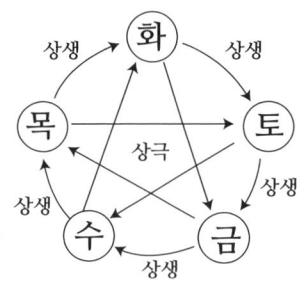

상생과 상극은 오행이 존재하는 데 필요한 규율이다. 흔히 하도는 상생, 낙서는 상극의 상(象)이라 하는데 그런 상이 나타나 있는 것은 사실이나, 본질이 상생상극을 설명하기 위함은 아니다. 하도는 자연의 흐름을 나타내는 것이지 상생만을 위한 설명서가 아니며 낙서에도 일부 상극의 상이 있으나 금화교역 부분에서 잠시 보일 뿐 전체적으로 상극을 설명하려는 목적은 아니다.

상생과 상극은 인체의 교감신경, 부교감신경과 같은 관계다. 만약 생(生)만 있고 억제하지 못한다면 끝없이 성장하다 파멸하게 될 것이다. 성장은 반드시 필요하지만, 무한대의 성장은 오히려 비정상이니 이를 억제하는 것이 상극이다. 상생상극은 상호 보완적인 관계이며 어느 하나라도 기능을 상실하면 탈이 나게 된다. 그렇기 때문에 상생상극은 음양처럼 한 쌍으로 붙어 있는 것이며, 동일한 질량으로 이루어져 힘은 같으나 작용하는 방향은 다르다.

목화토금수는 서로 생하고 극하는데, 목생화, 화생토 등은 목기가 화기로 화(化)하는 것이므로 목기=화기가 되어 질량은 동일하다. 인체의 기운은 지역, 매년의 운기, 음식물, 감정, 외기(外氣)에 따라 수시로 달라진다.

1. 상생(相生)

상생은 오행이 서로 생해 주는 것이다. 목생화, 화생토, 토생금, 금생수, 수생목하므로 결국 오행 모두가 맞물리게 되어 오행 중 하나라도 잘못되면 오행 전체에 영향을 주게 된다. 그림을 보면 오행은 편도로 이어져 되돌아갈 수 없다. 상생은 서로 생해주는 관계가 아니고 반드시 목→화→토→금→수의 순서로 생(生)하며 시간적인 흐름과도 맞물려 있는데 자연법칙상 시간은 거스를 수 없으므로 생은 항상 일방으로 행해진다. 상생 이론도 천체 시스템에 종속되는 것이므로 이를 중심으로 살펴보자.

a. 목생화

봄에 나온 싹은 위로 올라간 후 상승의 끝에서 화의 기운으로 연결된다. 싹이 지상에 나오자마자 개화(開花)되지 않고 일정한 높이까지 올라가야 가능하다. 개화, 즉 화기의 발산은 목의 상승이 있어야 되는 것이므로 목생화가 된다.

b. 화생토

화는 발산하는 기운이므로 상승이 다한 이후 사방으로 펼쳐지는데, 이때 수(水)부터 시작된 양(陽)의 기운은 전력을 다한다. 발산을 다하면 거리적으로 씨앗에서 가장 먼 곳까지 가게 되며 에너지는 완전히 소진된다.

하지에서 양체가 드러나면서 양기는 사라지고 순간적으로 운동에너지는 제로가 된다. 이때 양기소진-운동에너지 제로[양체발현]-일음(一陰)이 생(生)하는 과정에서 토가 작용한다.

그렇기 때문에 화기(火氣)의 다함은 자신을 위한 마지막 불꽃을 태우는 것으로 그 종점에 토가 등장하는 것이므로 화생토가 된다.

c. 토생금

토는 양과 음이 바뀌는 중간에 위치하여 새로운 기운인 음으로의 연결을 가능케 한다. 음은 수렴(쇠퇴)하는 것이며 첫 기운인 금이 출현한다. 화는 초목을 최대한 퍼지게 하고 토는 기운을 멈추고, 금은 능동적으로 기운의 발산을 막는다. 화기가 발산한다 함은 내부의 수분도 끊임없이 공급[상승.됨을 의미하는데 금기가 이를 막음으로서 수분은 원래의 자리로 돌아가게]하강. 된다. 초목과 대기는 수분이 감소함에 따라 점차 건조해지는데 이는 토의 중화가 있어야 하므로 토생금이 된다.

d. 금생수

금수(金水)는 모두 음방으로 동류의 에너지이다. 금에서 외부로의 발산을 억제하고, 수는 이를 더욱 응축한다. 겨울을 나기 위해서는 표면적을 최소화해야 하는데, 이는 금기의 작용을 발판으로 수기가 활동하는 것이므로 금생수가 된다. 또한 금은 목화가 이루어 놓은 노력을 수확하는 의미도 있어 과실, 씨앗의 결실을 나타내기도 하며 이 역시 금생수가 된다.

e. 수생목

지난해의 결실인 씨앗은 자(子)이지만 다음 해에는 모체(母體)가 되어 새로운 생명을 탄생시킨다. 봄에 나오는 싹은 씨앗을 기반으로 하므로 수생목이 된다.

2. 상극(相剋)

상생이 성장을 위한 것인 반면 상극은 과도한 성장을 억제한다. 목극토, 화극금, 토극수, 금극목, 수극화가 되어 견제하는 구조를 만들어 균형 있는 성장을 하게 된다. 인체의 기운을 수치화할 수는 없으나 제한된 양(量)인 것은 분명하므로 하나의 기운이 커지려면 다른 기운이 그만큼 감소해야 할 것이다. 이러한 기운 간의 불균형을 억제하여 정상을 유지하려는 것이 상극이다.

- 상극의 기운이 균형을 이루지 못하여 극하는 기운이 약하면 극을 받는 기운이 너무 커져서 균형이 깨지고, 극하는 기운이 강하면 극을 받는 기운이 너무 작아져서 균형이 깨지는 문제가 발생한다. 그러므로 극하는 기운 역시 정상이어야 한다. 상극의 관계도 상생에 준하여 생각하면 될 것이다.

결론

　지상의 물이 증발하여 하늘에서 구름이 되고, 다시 비가 되어 내리고, 동지에서 출발한 해는 다시 동지로 돌아온다. 오행은 창조주의 걸작이다. 솜사탕은 다시 설탕으로 돌아갈 수 없고, 불타는 휘발유는 다시 휘발유가 될 수 없다. 그러나 구름은 원래대로 물로 되고, 동지에서 출발한 지구는 다시 동지로 되돌아온다. 구름-물, 동지-동지의 과정에 시간이 흐르지만 왔던 곳으로 되돌아가므로 결국 시간의 흐름은 제로가 되며 이런 과정에 한열이라는 두 종류의 에너지만 작용한다.

　자연은 오행대로 끝없이 순환하므로 하나의 공식이 탄생할 수 있으며 천체, 자연, 인간은 모두 이의 지배하에 있다. 더하여 기운이 넘치지 않게 상극이 작용하여 운행에 흐트러짐이 없게 한다. 이렇게 오행은 상생으로 기운을 생(生)하고, 상극으로 조절하여 해마다 자연의 모습을 동일하게 유지한다.

제8장 하도

하도의 체와 용
상수(象數)
하도의 외부
하도의 내부
하도와 음양체용도
중앙 토
하도와 음양오행

- 하도(河圖)의 기원은 황하에서 용마(龍馬)가 등에 지고 나온 것을 복희(伏羲)씨가 보고 그 상(象)을 표현하여 그린 것이며, 상수도(象數圖)라고 전해진다.

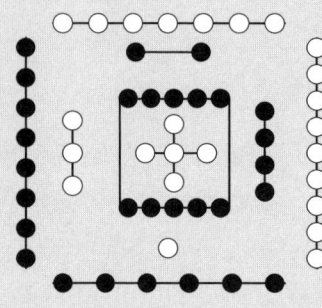

《의역동원》의 설명을 보면 "성인(聖人)인 복희(伏羲)씨가 이를 보고 천하의 진리가 함축된 하늘의 계시(啓示)인 줄을 알고 깊이 간직하고 연구한 후 이 이치를 후인(後人)이 알기가 어려울 것을 염려하여 이 수(數)의 상(象)을 보고 이미 설(說)한 팔괘(八卦)를 작(作)하였으므로 이를 일명 상수학이라고도 하여 동양 사상의 모든 핵심이라고 할 수 있는 주역 또는 이기학(理氣學)의 태동이라고도 하는 것이니, 모든 음양오행론의 연원(淵源)인 것이며 공자(孔子)의 말도 그 후에 속하는 설문(說文)이라 할 수 있는 것이다."[3] 라고 하였는데 간단명료하면서도 하도의 모든 것을 설명하고 있다.

- 인용구 중에 "천하의 진리가 함축된 하늘의 계시"라는 부분은 조금도 과장이 아니며 하도의 내용을 완벽히 이해했을 때 느낄 수 있는 감정을 표현한 것이다. 하늘의 계시는 천체의 변화와 이에 동반되는 자연의 변화를 말한다.

하도의 위대함은 그림에서 보듯 전달에 있어 문자를 전혀 사용하지 않고 최대한 간결하게 전하였다는 것이다. 수천 년 전에 이미 고도로 발달한 전달 체

---

3) 이정래, 《의역동원》, 동양학술원, 1993, p.59

계를 고안해 낸 것만으로도 머리를 조아릴 수밖에 없는 천재적인 발상이며, 인간의 두뇌로는 창조할 수 없는 경지이다. 흑백의 수와 방위를 이용하여 한 면의 그림에 천체 운행과 자연의 심층부(深層部)에서 일어나는 변화의 공통점을 감지해 낸 것에 찬탄(讚嘆)을 금하지 않을 수 없다.

하도는 천체의 운행, 음양오행, 체와 용, 방위, 시간, 생과 성의 모든 내용을 담고 있으며, 해석을 위해서는 현대의 천체 지식이 반드시 필요할 정도이니, 아득한 옛날에 더하여 새로운 전달 매체까지 고안해 낸 것은 그 어떤 찬사로도 부족하다. 그러기에 오늘날까지 해석이 불가(不可)한 것이 아니겠는가. 만약 문자로 전달되었다면 지금쯤 원본은 사라지고 왜곡된 사본들이 원본 행세를 하는 통에 우리는 그것을 진리인 양 논할지도 모를 일이다. 다행히 원본대로 전해진 것이 우리에게는 큰 행운이며 또 현대 과학의 발전으로 보다 쉽게 이해할 수 있음에 감사드려야 할 것이다.

- 하도는 어떤 서적에서도 찾을 수 없는 독특하면서도 완벽한 표현으로 자연의 변화를 설명하며 이는 음양오행과 결부된다. 그리고 하도의 이해를 위해서는 기존의 음양오행에 대한 이해보다 한 단계 더 깊은 이해를 요하며 식물의 형(形)과 기(氣)의 변화 모두를 생각해야 된다. 하도가 난해하다 하지만 이 역시도 천체의 변화와 이에 대응한 자연의 변화를 설명하는 것이므로 천인감응(天人感應), 천일합일(天人合一)의 내용이다.

- 하도의 내용은 자연의 보편적 변화에 대한 것이다. 천체의 변화, 식물의 변화 그리고 인체의 경락에 대한 상(象)도 포함한다. 낙서와 비교했을 때 하도는 체에 관한 것이므로 경락도 체에 대한 부분이 나오며, 용에 대한 부분은 낙서와 운기에서 다시 설명된다.

- 《우주변화의 원리》에서는 하도에 대한 정의를 "하도는 자연수가 통일하는 상이고 낙서는 자연수가 발전하는 상"[4]을 나타낸다 하였고, 《의역동원》에서는 "하도는 체(體)이고 낙서는 용(用)이다"라는 한 구절로 설명하고 있다. 이정래 선생의 설명이 명쾌하고 핵심을 파악한 것인데 하도는 체이며 기준이자 외적인 모습이고, 낙서는 용이며 변화이고 내적인 모습이다.
- 하도에 들어가기 전에 먼저 알아야 될 공식과 같은 것이 있는데 이것이 하도를 이해하는 데에 결정적인 단서를 제공한다. 이것은 철저히 자연의 원리에 따른 결과로 나온 것이므로, 이를 모르고서는 하도를 이해하기 어려우니 먼저 설명하기로 한다.

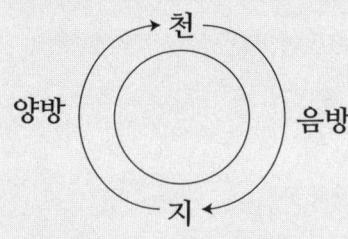

1. "천기(天氣)는 좌선(左旋)을 하여 상승(上昇)하되 하강(下降)을 하고 지기(地氣)는 우선(右旋)을 하여 하강(下降)하되 상승(上昇)하는 것이다(天氣左旋而下降 地氣右旋而上昇)"[5]

그림을 보면 천지는 상하로 나뉘는데, 천기가 좌선한다 함은 좌측이 방위상 북—동—남이 양방(陽方)이 되어 상승한다 한 것이고, 지기에 해당하는 음방(陰方)은 남—서—북이 되어 우선하여 하강하는 것이다. 이는 계절의 변화, 지구의 공전 방향과 같다.

- 음양체용도를 보면 천기는 좌측의 백색 부분을 말하며 이는 양(陽), 열(熱)로서 (천으로)상승하여 천에 이르러 최고조로 되었다가 이후에는 하

---

4) 한동석, 앞의 책, p.175
5) 이정래, 앞의 책, p.155

강한다. 지기(地氣)는 우측으로 돈다 했는데 우측의 흑색 부분을 말하며 천에서 지기가 시작하여 지(地)에 이르러 최고로 크게 된다.

- 천기, 지기라 일컫는 것은 음양체용도의 하지, 동지에서 생하는 음생(陰生), 양생(陽生)과 같으며 음양이 생하고 멸하는 것도 동일하다. 이는 지구의 기온이 상승, 하강하는 모습과 같으며 하지, 동지에서 운동 방향이 바뀌는 모습과도 같으니 하나의 이치가 백천만을 통한다는 말이 새삼 떠오르는 부분이다.

2. "양이 음중(陰中)에 있을 때는 양이 역행(逆行)을 하고, 음이 양중(陽中)에 있을 때는 음이 역행을 하며 양이 양중에 있거나 음이 음중에 있을 때는 곧 모두가 순행(順行)을 하는 것이니 이것은 진지한 이치인 것이며 도를 안찰(按察) 하면 가히 이해할 것이다."[6]

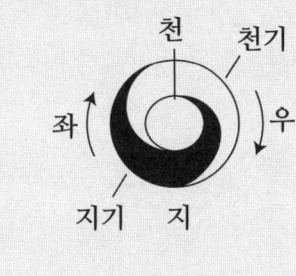

앞의 내용을 통해 좌측은 양방, 우측은 음방임을 알 수 있었으니, 다시 음양체용도를 통해 보자.

- "양(陽)이 양중(陽中)에 있을 때 순행(順行)한다" 함은, 양방(陽方)에 있는 백색(양)은 상승할수록 커지고, "음중에 있을 때 역행(逆行)한다" 함은 우측의 양은 하강할수록 작아지기 때문

---

6) 이정래, 《동의요체진전》, 동양학술원, 1996, p.144

이다.

– "음이 음중에 있을 때 순행한다" 함은 음방(陰方)인 우측에서는 하강할수록 성장하고, "양중에 있을 때 역행한다" 함은 양방인 좌측에서는 상승할수록 감소하기 때문이다.

– 양의 출발은 북이고 성장은 동이며, 음의 출발은 남이고 성장은 서이다. 질량은 일정하므로 하나가 증가하면 다른 하나는 감소해야 한다. 양방의 출발은 동지이며 동지에서 멀어질수록 양이 성장하고, 같은 이치로 음방의 출발은 남방인 하지가 되고 하지에서 멀어질수록 음이 성장한다. 이 대목도 이해가 쉽지 않으나 음양체용도를 통하면 실체를 보는 듯하므로 이해가 한결 수월할 것이다. 역학이 그동안 얼마나 필요 이상으로 추상적이었는지 알 수 있는 부분이기도 하다.

– 일 년이라는 하나의 주기에 질(質)이 다른 두 개의 운동이 있고, 천(天)/만개한 꽃/구름은 모두 상승하는 목기의 도움으로 이루어지고 지(地)/씨앗/시냇물은 금기가 작용하여 수기가 된 결과이다.

하도의 체와 용

하도의 내용은 음양체용도와 내용이 거의 같으므로 이를 먼저 보자.

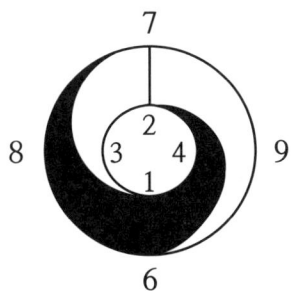

그림에서 양방(陽方)은 표음(表陰)/리양(裏陽)[바깥은 음, 안쪽은 양]으로 되어 리양이 표음을 양으로 변화시키는 것이고, 음방(陰方)은 표양/리음이 되어 표양을 리음이 음으로 변화시키는 것을 형상화한 것이다.

양방은 표가 음이고, 음방은 표가 양으로 모두 체를 나타낸다. 표는 사물의 형(形)이고 리는 내부에 잠복(潛伏)된 기운이다.

사물의 변화는 내부의 기운인 용(用)에 의한 것이므로 양방에서의 변화는 양이 주도하고 음은 변화되는 객체이며, 음방에서는 음이 변화를 주도하고 양은 변화되는 객체이다. 양방에서 위로 올라갈수록 음 부분이 작아지는데, 이는 그만큼 양이 많이 성장한 것으로 흑백의 비율은 음체(陰體)가 양화(陽化)[혹은 기화(氣化)]된 정도를 나타낸다. 반대로 음방에서는 양체(陽體)가 음화(陰化)된 정도를 나타낸다.

― 그림의 전체 두께는 일정한데 이는 이정래 선생이 말한 오행은

일기(一氣)의 변화라는 의미로, 체용의 비율이 달라도 질량은 동일함을 뜻한다. 양극(陽極)은 음체가 완전히 성장하여 양체로 변하는데 음체의 시작은 씨앗이고 양극은 만개한 꽃이 된다. 그렇기 때문에 양방은 음체의 변화 과정으로 씨앗에서 만개한 꽃으로의 성장이다. 반면 음방은 양체, 즉 만개한 꽃에서 씨앗이 생장하는 것인데 이를 퇴(退)라고 표현한다. 출발점, 기준점은 자(子)이므로 자에서 보면 양방은 상승, 즉 발전하고 앞으로 가는 것이라 진(進)이라 하고, 음방은 다시 자로 돌아오는 것이라 퇴(退)가 된다. 똑같은 성장이지만 음체와 양체의 시작점이 달라 양방은 순방향(順方向)이고 음방은 역방향(逆方向)이라는 말이 나오는 것이다.

상수(象數)

하도를 보면 사정방과 중앙에 있는 흑백의 수(數)로 구성된다. 하도의 각 수는 고유의 상징성을 가지는데 이를 상수(象數)라 한다. 하도를 이해하려면 1부터 10까지 각 수의 의미를 알아야 되는데 그 전에 일반적으로 구분하는 내용을 보자.

생수(生數) ; 1/2/3/4/5 = 양
성수(成數) ; 6/7/8/9/10 = 음
기수(奇數 홀수) ; 1/3/5/7/9 = 양
우수(偶數 짝수) ; 2/4/6/8/10 = 음

이상은 상수를 음양으로 구분한 것인데 여기서 2/4/7/9는 경우에 따라 음양이 다르다. 위의 내용을 아래와 같이 다시 분류해 보자.
순수한 양 : 1/3/5 - 이는 생수면서 기수로서 항상 (순수한)양이 되고 순수한 음 : 6/8 - 이는 성수면서 우수로서 항상 (순수한)음이 된다.

경우에 따라 음, 양이 바뀌는 것 : 2/4/7/9
　2/4는 생수로서는 양이나 우수로서 음이 되고,
　7/9는 기수로서 양이나 성수로서 음이 되는데

상수를 설명하려면 이 모든 조건이 충족되어야 한다.

1. 생수(生數)

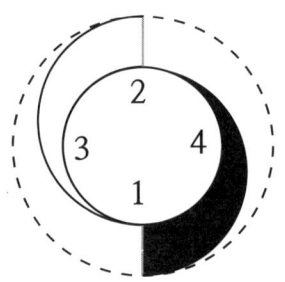

– 생수는 1/2/3/4/5인데 사물이 형을 이루기 위해서는 반드시 기운을 필요로 하고 이러한 기운을 일컬어 생(生)이라 하며 각 수는 기운의 성질을 나타낸다. 생수가 다섯임을 통하여 사물이 완성되는데 필요한 기운이 다섯임을 알 수 있고, 성(成)은 생(生)에 의해 드러나므로 성의 변화 또한 다섯임을 알 수 있다. 생수는 사물의 내부에 있는 기운을 뜻하므로 체용(體用)에서 용에 해당한다.

2. 성수(成數)

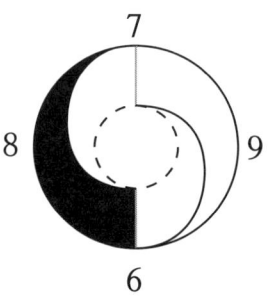

– 성수는 6/7/8/9/10인데 생의 기운, 즉 의지가 성에 작용하여 형(形)이 변화된 결과를 나타낸다. 다섯의 성수 역시 생에 의하여 이루어진 사물의 변화 종류를 나타낸다. 성수는 체에 해당하고 체는 형의 변화를 의미하므로 외부에 위치한다.

3. 양수(陽數)

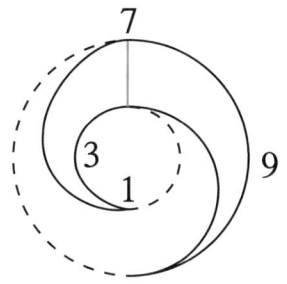

- 양수는 1/3/5/7/9인데 생수와 성수 모두가 기수로서 생수인 1/3은 생수(生數)이므로 용으로 작용하고, 5는 중화의 기운이고 성수인 7/9는 형이 완성된 것이므로 양체를 말한다. 따라서 1/3은 양방에서 음체에 작용함을 나타내고, 7/9는 양이면서 성수이므로 음방에서 체가 되어 음에 의해 변화됨을 나타낸다.

- 그림에서 1/3은 양방(陽方)에서 작용하는 양(陽)이므로 순방향이 되어 1→3으로 숫자가 커질수록 양도 커지고, 7/9는 음방(陰方)에 있는 양이라 역방향이 되므로 7→9로 숫자가 커질수록 작아진다. 그리고 1에서 생한 양은 양방에서 성장하다 정남(正南)인 7에서 양체로 발현되고 이를 기점으로 음방에서는 차츰 작아진다. 서(西)인 9를 지나면서 음체가 커지면서 서서히 한 주기를 마감하게 된다. 1과 7의 관계를 보면 1이라는 조그만 양은 7이 되면서 그 의지가 완전히 실현되어 결실을 맺는 것으로 기존의 역학서에 설명된 1과 7이 상통한다는 내용은 그림에서 실제로 하나로 이어지는 것을 볼 수 있다.

4. 음수(陰數)

- 음수는 2/4/6/8인데 역시 생수와 성수 모두 우수(偶數)이며, 2/4는 생수로서 기운이고, 6/8은 성수로서 음체가 된다. 생수

인 2/4는 용(用)이므로 음방에서 양체에 작용하고, 6/8은 음이면서 성수이므로 양방에 있는 체(體)로서 용(用)에 의해 양화(陽化)됨을 나타낸다.

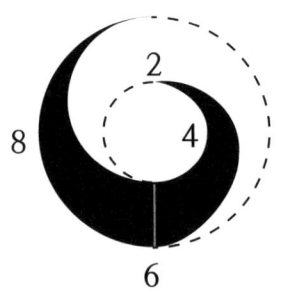

- 2/4는 생수로서 음체를 성(成)하려는 의지가 작용하여 마지막에는 6이라는 완전한 음체가 된다. 2/4는 음수가 음방에 위치하므로 순행하여 숫자가 클수록 커지고 6/8은 음수가 양방에 위치하여 역방향이 되므로 숫자가 커질수록 작아진다.

이상에서 《의역동원》에 나온 양(陽)은 양방에서 순행(성장)하고 음방에서 역행(감소)하며, 음은 음방에서 순행하고 양방에서 역행하는 것을 시각적인 비교로 알아보았다. 또한 상수(象數)도 위치하는 방위와 두께를 통하여 그 성질과 질량을 짐작할 수 있다.

하도의 외부

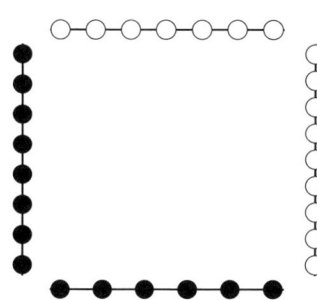

본서에 나오는 음양체용도는 하도의 내용과 실질적으로 일치한다. 하도는 변화의 정도를 흑백의 숫자로 전달하고, 음양체용도는 그림으로 전달하는데, 하도의 외부에 있는 6/8, 7/9는 음양체용도의 외부와 같다.

그림은 하도의 외부에 있는 상수로서 사물의 외형을 의미하고, 방위마다 흑백의 수가 다른 것은 외형의 형태가 각기 다름을 반영한 것이다. 사정방의 북동은 흑색(음), 남서는 백색(양)이며 흑백의 대비는 서로 무엇인가가 반대일 것이라고 예측할 수 있다.

1. 6/8

북은 6이고, 동은 8인데 둘 다 음체의 변화를 보여준다. 상수 6은 순수한 음체라 성수 중에서 가장 작은 음수이다. 순수한 음체는 아직 변화가 시작되지 않은 상태라 수축이 극에 이른 단단한 씨앗이라 할 수 있다. 양방은 좌선(左旋)한다 했으므로 출발점은 북이고 외형의 뚜렷한 변화는 동에서 볼 수 있다. 북은 수/겨울/씨앗을 상(象)하고, 동은 목/봄/싹을 상한다.

양방에서 음은 역행하므로 상수 8은 6보다 음체가 작아지는 것이므로 씨앗과 만개한 꽃의 중간 정도가 된다. 상수 6/8은 둘 다 성수로서 음이고, 음체가 되므로 항상 음이 되어 앞에 정의한 상수의 조건에 부합된다.

2. 7/9

남은 7, 서는 9로 둘 다 양체(陽體)이다. 7은 6의 대측에 있는 위치만큼이나 모든 것이 반대이다. 6은 씨앗인데 반해 7은 양체인 만개한 꽃이며 계절로는 동지와 하지이다.

9 역시 성수로서 양체인데 양이 음방에 있으므로 숫자가 클수록 양체는 작아진다. 7→9로의 변화는 순수한 양체에서 어느 정도 음화(陰化)된 상태이다. 가을은 조기(燥氣)가 성하므로 식물에 수분의 공급이 줄게 되어 형체는 점차 쇠(衰)하게 된다. 반면 내부는 원점을 향하므로 씨앗은 여름보다 더 성장한다.

- 북과 남은 각각 음체, 양체의 변화 시작점이며 둘 다 변화의 기준이자 서로가 서로의 목적이 된다. 북/남은 순수한 체라 내부의 기운이 미약하여 외적인 변화가 없으므로 기운의 성질이 무엇인지 짐작하기 어렵다. 그래서 《의역동원》에 "금목(金木)이라는 것은 생성(生成)의 시종(始終)이다"[7]라고 하였는데 6/7의 생의 기운이 어느 정도 출현하는 것은 금/목, 즉 봄·가을이 될 때 비로소 알 수 있기 때문이다.

---

7) 이정래, 앞의 책, p.64

3.음양체용도와 비교

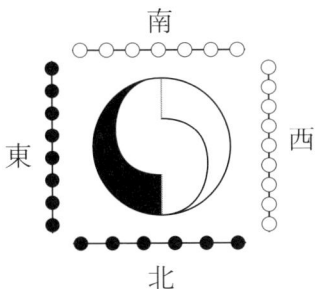

그림은 하도의 외부와 음양체용도의 체 부분을 합한 것이다. 하도는 상수로 전하므로 체가 변화되는 정도를 상상하기 쉽지 않으나 음양체용도는 그림으로 볼 수 있어 상대적으로 비교하기가 쉽다. 음양체용도에서 6이 8보다 두꺼운 것은 순수하기 때문이며 7와 9의 관계도 마찬가지다. 음과 양은 운동 방향이 반대이므로 형상도 정반대가 되고 추구하는 목표도 다르다. 그림의 외부는 6/8, 7/9라는 체만 있어 모든 내용을 알 수는 없지만, 흔히 양으로 생각하는 동방[양방陽方]의 체는 음이라는 것과 서방[음방陰方]의 체는 양이라는 것을 알 수 있다. 이 부분은 12경락의 음경(陰經)과 양경(陽經)에서 음체와 양체를 설명하는 부분이기도 하다.

하도의 내부

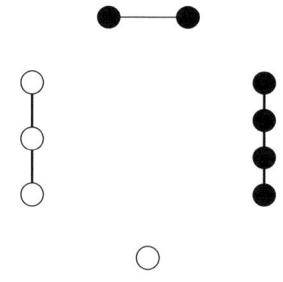

이번에는 내부의 모습이다. 양방은 북1, 동3이고, 음방은 남2, 서4이다. 내부는 용(用)에 대한 상으로 북동에서는 양이, 남서에서는 음이 작용하는 것을 나타낸다. 기운의 변화는 양방(陽方)인 북동은 1→3이고, 음방(陰方)인 남서는 2→4이다. 양방이 1→3이 되는 것은 상승을 의미하고, 음방이 2→4가 되는 것은 수축을 의미한다.

1. 1/3

양방의 1→3은 양수가 양방에 있으므로 순행하고 시간이 지남에 따라 팽창(발산, 상승)한다. 북(北)의 1이 동(東)에서 1×3=3이 되어 양이 성장했음을 보여 준다. 상수 1/3은 생수(生數)와 기수(奇數)로서 모두 양의 조건을 가지고 양방에 위치해 순행하기 때문에 숫자가 커질수록 양도 비례하여 커지며 항상 양수(陽數)가 되는데 이 역시도 상수의 조건에 부합된다.

2.2/4

　양수(陽數)는 1이 시작점이고 음수(陰數)는 2가 시작점이며, 음양의 상징(象徵)은 수화(水火)이고, 상수로는 1/2가 된다. 음방이 2→4로 되는 것은 2가 발전하여 수축하는 기운이 커지는 것이다. 음방의 음은 순행하므로 숫자가 높을수록 수축하는 기운도 강하여 남(南)의 2보다는 서(西)의 4가 더 큰 기운이라는 것을 알 수 있다. 2-4-6으로 연결되어 북에서 음이 최대가 되는데 6은 성수이므로 더 이상 기운이 아니고 음기(陰氣)가 음체(陰體)로 발현(發顯)되는 상이라 물질의 완성을 뜻한다. 물질의 완성은 극에 이른 것이므로 운동 방향이 바뀌게 된다.

— 여기서 1과 2에 대해 생각해 보자. 1은 양이고, 2는 음이라 각각 열과 한(寒)이 시작되는 곳이다. 그러나 대체로 1/6은 한(寒), 2/7은 열(熱)이라 하는데 내용상 1은 열, 2는 한이 옳다. 이론적으로 1은 열인데 동지를 지남과 동시에 양[열]이 발생하나 계절적으로 겨울이라 미약한 양은 겨울의 극심한 한기에 파묻히고 2도 마찬가지로 실처럼 가는 한(寒)이라 여름의 치열(熾熱)에 파묻혀 열화(熱化) 되어 버린다. 그래서 통상 1/6은 한(寒), 2/7은 화(火)라 하지만 그 본질은 1은 열, 2는 한(寒)인 것이다.

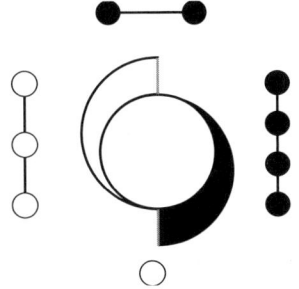

3. 음양체용도와 비교

　그림은 하도의 생수(生數)와 음양체용도의 용(用) 부분을 조합한 것이다. 이것은 동지에서 일양이 생하고, 하지에서 일음이 생하는 내용이다.

하도에서 1은 양의 발생점인데 그림에서 1의 크기를 가늠할 수 있으며, 2도 마찬가지다. 1은 시간이 지나면 3으로 성장하고 남에 도달하면 모든 기운을 소진하는데, 하지에서 백색은 모든 양기가 사라짐을 나타낸다.

상수 2는 열극인 하지에서 일음이 생하고, 정서인 추분에 4로 성장하고 정북에 이르면 완전한 체가 되어 음기는 사라진다.

4. 삼천양지(三天兩地)

하도에서 양은 1에서 3으로 변하고, 음은 2에서 4로 변하는 것을 볼 수 있다. 양은 3의 배수로, 음은 2의 배수로 증가하는 것에 대한 이론이 삼천양지인데, 이의 근거는 우선 하도에 나왔기 때문이다. 하도는 인간이 손댈 수 없는 경(經)이므로 이 자체가 증거이면서 동시에 증명해 보이는 것이다.

하도 외에 삼천양지에 대한 몇 가지 이론을 살펴보자.

- 오운육기에서 육기를 보면 풍목(風木), 군화(君火), 상화(相火), 습토(濕土), 조금(燥金), 한수(寒水)로 구성되는데, 여기서 양에 속하는 것은 풍목, 군화, 상화이고, 음에 속하는 것은 조금과 한수 그리고 중화의 기운인 습토이다. 이것 역시 결과론이지만 구성을 보면 3양, 2음으로 되어 천은 3이 되고, 지는 2가 된다. 이렇게 음양의 균형이 깨지는 이유는 상화라는 화(火)가 더해졌기 때문이며 이는 지축의 경사로 인한 것이다.

- 한동석 선생은 삼천양지를 육기에서 설명하는데 상수로 육기의 체의 합을 보면 해자축=11, 인묘진=16, 사오미=19, 신유술

=18하여 북동은 양방이며 체는 음이고 상수의 합은 27이 되고, 남서는 음방이며 체는 양이고 상수의 합은 38이 되어 비율이 음(지):양(천)=27:38이 되어 삼천양지의 비율이 된다고 하였으며 이 역시 지축의 경사 때문이라 하였다.[8]

- 마지막으로 황도 28수의 배열에 의한다는 설이 있다. 28수의 배열이 어떤 결과를 가져오는지에 관한 세부적인 내용이 없어서 더 이상의 추측은 어려우나, 짐작컨대 이 역시도 지축의 경사가 그 원인일 것으로 생각한다.

- 하도와 육기는 천체 운행을 기운의 상(象)으로 나타낸 것이고, 내용은 천은 3이 되고 지는 2이다. 천3은 지2와 비교하여 된 것이고, 지(地)에 닿아야 측정이 가능한 것이므로 둘 다 지구에서 일어나는 변화의 결과로 도출된 수(數)이다. 삼천양지를 뒷받침하는 이론은 멀리서 찾을 필요 없이 하도의 내용만으로도 충분한 근거가 되리라 생각한다.

---

[8] 한동석, 앞의 책, p.160

하도와 음양체용도

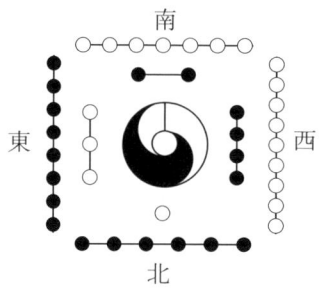

이번에는 하도의 생성 부분과 음양체용도를 한데 모아 보자. 전체를 흑백으로 나누어 보면 북동은 체가 음이고 용이 양이며, 남서는 체가 양이고 용이 음이다. 우리가 양방이라고 하는 것은 용을 기준으로 한 것으로 만약 체를 기준으로 하면 양방은 음이 된다.

지구의 공전 중에 발생하는 태양열의 증감, 지구 기온의 형성 과정, 지축의 영향, 음양오행 등을 분리해서 설명하였지만 하도와 음양체용도의 그림이 동일함을 통하여 모든 내용은 하나의 이치로 연결됨을 알 수 있다. 그러니 이 책의 어느 한 부분이라도 제대로 이해하면 모든 내용을 관통(貫通)할 수 있게 된다.

1. 북(北) 1.6

북은 음체6/양용1의 조합이다. 6이라는 음체에 1이라는 양이 작용한다. 그림에서 음체6은 두껍고 양용1은 가늘어서 형을 변화시키기는 어렵다. 씨앗의 내부에 변화의 기운이 싹트나 미약하여 씨앗의 형태는 그대로 유지된다.

2. 동(東) 3.8

　동은 음체8/양용3으로 음양의 비율이 반반이다. 이는 씨앗이 원형을 잃고 그만큼 분열되어 양화(陽化)된 상(象)이다. 음체를 잃은 모습은 6→8로, 양화된 정도는 1→3이 되어 봄에 싹이 나온는 수준의 변화이다.

3. 남(南) 2.7

　남은 양체7/음용2가 되어 양극(陽極)의 상(象)이다. 양극에서 음체 6의 모습은 찾을 수 없고 완전한 성체(成體)로 탈바꿈한다. 양체7의 등장과 동시에 2가 생음(生陰) 하여 최고의 화려함 속에 본향(本鄕)으로 향하는 기운이 싹트게 된다.

4. 서(西) 4.9

　서는 양체9/음용4가 되며 계절로는 가을이며, 한열의 비율이 반반이다. 4와 9는 어느 하나가 지배하지 못하여 9는 7에 근원을 두기 때문에 쉽게 열로 화할 수 있다. "9는 양이 최대로 분열한 상을 나타내며 10 즉 1로 회귀하는 수이다."라고 하는데 이는 돌이킬 수 없는 길로 간다는 의미이다. 반대로 음의 최대 분열처는 8인데 삼천양지에서 나왔듯 1×3=3, 3×3=9가 되고 2×2=4, 4×2=8이 되어 각각 음양의 최대 분열처가 된다.

중앙 토

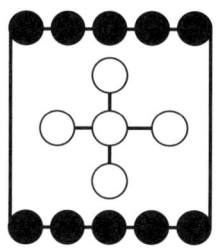

중앙의 5토는 10이 둘러싸고 있다.

내부의 5는 생수이고 외부의 10은 성수이다.

5는 가운데 1을 중심으로 사방에 각 1씩 배치되어 있는데 각방의 1은 중앙의 토와 연결되어 작용함을 의미한다.

5가 10안에 있는 것은 변화는 독립적일지라도 내용상 종속되기 때문인데, 5는 전체의 변화 중 체가 음에서 양으로 혹은 용이 양에서 음으로 변할 때 작용한다. 이것이 수행되어야 10에 이르러 다른 차원으로의 변화가 가능하다. 때문에 10이라는 변화의 완결에는 5라는 부분의 변화가 수반되어야 하므로 5는 내부에 10은 외부에 위치한다. 외부의 10은 오행 작용의 결과로 이루어지는 완성물을 상(象)하며, 동시에 한 주기(週期)의 종점이고 다시 원점으로의 회귀를 의미한다.

10은 낙서에는 나오지 않는데 하도는 정적인 면을 상(象)하지만 낙서는 동적(動的)이라 나오지 않는다. 쉽게 설명하면 야구는 쓰리아웃에서 공수가 교대되나, 보드에는 투아웃만 나와 있다. 쓰리 아웃이됨과 동시에 공수가 교대되므로 보드에 쓰리 아웃까지 표시될 이유가 없는 것이다. 이처럼 10은 다시 1로의 회귀를 의미하는데 10이 됨과 동시에 바로 1이 되는 것이므로 운동하는 상(象)인 낙서에는 없는 것이다. 다시 말해 하도는 변화의 기준이 되는 체의 상이라 10이 나오나 실제자연계의 변화에서 10은 1로 화(化)하게 되므로 낙서에서는 볼 수 없다. 그리고 한가운데의 1은 자연계가 운행하는 목적을 나타내고 흔히 우주정신이라 표현되는데, 각자 생각해 볼 일이다.

하도와 음양오행

하도는 흑백의 음양, 상수, 방위, 체용을 통하여 오행을 나타내며 이는 앞서 누누이 설명한 내용과 일치한다. 하도를 이해하면 음양이 단순히 이분법에 의한 구분이 아니고, 체용이라는 이중(二重)의 작용이고, 변화의 내용은 상수를 통하여 그 정도를 나타냄을 알 수 있다. 하도가 비록 한 면의 그림에 불과하지만 함축된 의미는 음양, 오행을 비롯하여 변화의 내용과 정도 그리고 넓게는 자연의 이치를 알려주는 특별한 가치를 지닌다. 하도를 이해하는 것은 쉽지 않으나, 태양과 지구 그리고 지축의 경사를 이해하면 큰 어려움은 없을 것이다.

이상의 내용이 음양오행에 대한 설명이다. 지금까지 음양오행에 대해 수많은 이들이 논했으나 사실 하도를 모르고서는 완벽히 이해할 수 없다. 한 알의 씨앗이 개체에 대한 모든 정보를 담고 있는 것처럼 하도는 한 면에 천체, 지구, 만물의 변화에 대한 모든 정보를 담고 있다. 또한 하도의 상수는 단순히 이론으로 끝나는 것이 아니고 실제 우리가 매일 대하는 천체의 변화와 기운의 정도를 보여 주는 살아 있는 이론이다.

제9장 하도와 경락

12경락의 유주(流走)
12경락과 하도의 비교

하도가 진실로 만물 변화의 궁극적(窮極的)인 상(象)이라면 모든 생명체에 적용이 가능해야 될 것이므로, 그 일면으로 경락과의 관계를 논한다.

만물의 변화 법칙은 하나이고 그 내용이 하도이므로 하도로써 모든 변화에 대한 설명이 가능해야 이론을 넘어 진정한 학문으로 인정받을 수 있을 것이다. 하도로 식물의 변화과정과 경락의 체계가 설명된다면 식물과 인간의 변화 양상이 동일함을 알 수 있을 것이다. 본 장에서 음양오행, 체용, 상수와 경락의 이해까지 종합적으로 다시 검토해 볼 수 있다.

12경락의 유주(流走)

12경락을 알아야 하도의 내용을 이해할 수 있으므로 경락의 시종(始終)에 대해 간단히 알아보자.

1. 수태음폐경(手太陰肺經)
폐경은 중초(中焦)에서 시작하여 아래로 내려가 대장(大腸)에 낙(絡)하고 다시 위로 올라가 폐(肺)에 속(屬)하고, 팔의 안쪽을 따라 내려가 어제(魚際)를 지나 엄지손가락[소상(少商)]에서 끝난다.

2. 수양명대장경(手陽明大腸經)
둘째손가락의 손톱 아래[상양(商陽)]에서 시작하여 위로 올라가서 팔꿈치 바깥[곡지(曲池)]쪽으로 돌아 어깨로 올라가고 다시 목으로 올라가 뺨을 지나 입술을 돌아 인중(人中)에(올라가)(서) 교차하여 왼쪽에서 온 것은 오른쪽으로 가고 오른쪽에서 온 것은 왼쪽으로 간다.

3. 족양명위경(足陽明胃經)
영향(迎香)에서 일어나 눈 아래[승읍(承泣)]로 가서 밑으로 내려와 귀 앞으로 올라가 상관(上關)을 지나 발제를 따라 이마 끝으로 간다.

분지(分枝)는 결분(缺盆)에 들어가고 직행(直行)하는 맥은 결분(缺盆)에서 밑으로 내려가며 허벅다리[비관(髀關)], 복토혈을 지나 다시 내려가 무릎으로 들어가고 정강이뼈 바깥쪽을 따라 발등으로 내려가 둘째발가락 바깥쪽으로 들어간다.

4. 족태음비경(足太陰脾經)

엄지발가락 안쪽[은백(隱白)]에서 시작하여 발가락 안쪽 적백육제 사이를 따라 안쪽 복사뼈 앞쪽[상구(商丘)]을 지나 장딴지로 올라가 정강이뼈 뒤를 따라 족궐음경맥의 앞을 가로질러 나와 올라가 무릎과 허벅다리 안쪽[음릉천(陰陵泉)]을 따라 올라가 복부로 올라가고 다시 위로 횡경막을 뚫고 올라가 설근(舌根)으로 가서 연계되고 혀 밑에 흩어진다.

5. 수소음심경(手少陰心經)

심장에서 시작하여 심계(心系)에 속하고 심계로부터 폐로 올라갔다가 내려와 겨드랑이 밑으로 나와서 팔 윗부분 안쪽으로 내려가 팔꿈치 안으로 이어지고 팔뚝 안쪽으로 가다 손바닥을 지나 새끼손가락 안쪽에서 끝난다.

6. 수태양소장경(手太陽小腸經)

새끼손가락 끝[소택(少澤)]에서 시작해서 팔목을 지나 요골 바깥쪽을 따라 올라가 팔꿈치 안쪽의 두 뼈 사이[소해(小海)]를 지나 올라간다. 어깨 쪽으로 나와 견갑골(肩胛骨)을 돌아 어깨 위에서 교회하고 한 가닥은 결분에서 목을 따라 뺨에 올라가 눈꼬리 바깥쪽[목외자

(目外眥)]에 이르렀다가 귓속으로 들어간다.

7. 족태양방광경(足太陽膀胱經)

눈꼬리 안쪽[목내자(目內眥)]에서 시작하여 이마로 올라가 정수리에서 교회(交會)된다. 분지(分枝)는 정수리에서 귀 위쪽으로, 직행하는 경락은 뇌로 들어간다. 다시 목덜미로 내려가 견갑골(肩胛骨) 내측을 따라 척추를 끼고 허리로 내려가 신장에 낙(絡)하고 방광에 속(屬)한다. 다른 지맥(支脈)은 허리에서 척추를 끼고 내려가 둔부를 지나 오금 속으로 들어간다. 분지(分枝)는 견갑골(肩胛骨)에서 좌우로 갈라져 척추를 끼고 내려가 허벅지 뒤로 가서 오금에서 먼저 온 맥과 합하여 장딴지로 내려간다. 바깥쪽 복사뼈 뒤로 나가 새끼발가락 바깥쪽 끝으로 이어진다.

8. 족소음신경(足少陰腎經)

새끼발가락 아래에서 시작하여 발가락 가운데[용천(湧泉)]로 나가 연곡혈의 아래로 나와서 안쪽 복사뼈 뒤를 지나 발뒤꿈치 가운데로 들어가 장딴지로 올라가고 오금 안쪽으로 나와 허벅지 안쪽 뒤를 따라 올라가 척추를 지나 신장에 속하고, 방광에 낙(絡)하며 신장에서 올라가 횡격막을 지나 위로 올라가서 혀 밑으로 간다. 지맥(支脈)은 폐에서 나와 심장에 낙(絡)한다.

9. 수궐음심포(手厥陰心包經)

가슴에서 시작하여 심포(心包)에 속하고, 아래로 횡격막을 지나 삼초에 낙(絡)한다. 분지(分枝)는 가슴을 따라 옆구리에서 나와 겨드랑이 아래 3촌 되는 곳에 이르고 위로 올라가서 겨드랑이 밑으로 가며, 상완(上腕)의 내측을 따라 수태음경과 수소음경맥 사이로 내려와 팔꿈치[곡택(曲澤)] 가운데로 들어간다. 팔뚝으로 내려와 두 힘줄 사이를 지나 손바닥 가운데로 들어가서 중지(中指)로 간다.

10. 수소양삼초경(手少陽三焦經)

사지(四指)에서 시작하여 팔목 쪽으로 올라가며 4,5중수골(中手骨)을 지나 손목 위쪽에 이른다. 요골, 척골 사이를 따라 올라가며 팔꿈치를 지나 위로 올라가서 어깨 부분에 이른다. 담경(膽經)의 뒤를 지나 결분부(缺盆部)에 들어가 가슴속에 분포하고 심포에 낙(絡)한다. 아래로 횡격막을 지나 내려가 삼초에 속한다. 분지(分枝)는 가슴을 지나 결분부에서 나가 목 주위를 흐른다. 귀 후면의 위로 올라가서 위쪽으로 나오고 이마의 모서리[액각(額角)]로 간다. 다시 아래로 내려와 뺨 주위를 지나 눈자위 아래에 이른다. 귀 부분의 지맥(支脈)은 귀 뒤에서 귓속으로 들어갔다가 귀 앞으로 나와 앞의 맥과 뺨에서 교회(交會)하고 목외자(目外眥)로 간다.

11. 족소양담경(足少陽膽經)

목외자(目外眥)에서 시작하여 위쪽인 액각(額角)으로 가고 다시 아래로 흘러 귀 뒤에 이르고 목 주위를 따라 어깨로 가며 아래로 향하여 결분부로 들어간다. 귀 부분의 지맥(支脈)은 귀 뒤에서 귓속으로 들어갔다 나와 귀 앞을 지나 목외자의 뒤에 이른다. 목외자의 지맥은 아래로 내려가 얼굴 부위를 지나 목에 이르러 먼저 결분부로 들어간 맥과 만나 아래로 흘러 횡격막을 통과하여 간에 낙(絡)하고 담에 속(屬)한다. 옆구리 속을 따라 내려가 외음부(外陰部)를 통과하여 고관절[환도(環跳)]로 들어간다. 결분분에서 위로 올라가는 맥은 겨드랑이를 지나 가슴 옆을 따라 갈비뼈를 지나 고관절의 지맥과 만난다. 다시 아래로 내려가 대퇴 외측을 따라 무릎 외측을 지나고 아래로 내려가 바깥쪽 복사뼈 앞으로 나와 발등을 지나 넷째발가락 외측 끝으로 간다.

12. 족궐음간경(足厥陰肝經)

엄지발가락에서 시작하여 발등을 따라 올라가 안쪽 복사뼈 아래 1촌을 거쳐 위로 무릎 내측으로 상행(上行)하고 허벅지 안쪽을 따라 음모부에 진입(進入)하여 음부(陰部)를 감싸며 위로 가서 아랫배에 이른다. 간에 속(屬)하고, 담에 낙(絡)하며 횡격막을 지나 옆구리에 분포한다. 기관지의 후면을 따라 위로 비인(鼻咽)부로 진입(進入)하고 눈부분에 닿는다. 이마로 나와서 정수리에서 독맥과 만나며 눈부분의 지맥(支脈)은 아래로 내려가 뺨에 이르고 입술 안을 돈다. 간부(肝部)의 지맥(支脈)은 횡격막을 지나 폐로 흘러 폐경(肺經)과 만난다.

이상에서 12경락의 유주에 대해 간략히 알아보았는데 손,발가락의 시종(始終)점을 그림으로 보면 다음과 같다.

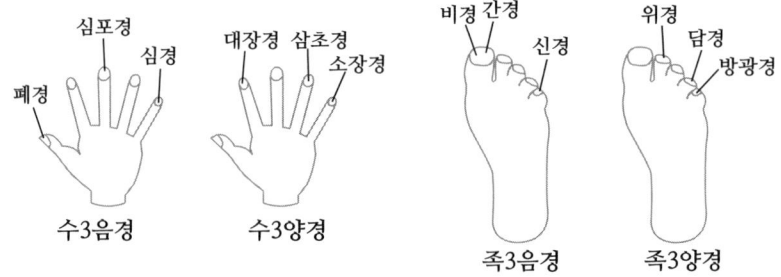

12경락이 흘러가는 순서는 폐경-대장경-위경-비경-심경-소장경-방광경-신경-심포경-삼초경-담경-간경으로 되어 있다.

양경락의 기시(起始)점과 종점(終點)은 손/발가락 모두 2/4/5번째이며, 음경락의 기시점은 손가락과 발가락이 다른데 손가락은 1/3/5에서, 발가락은 1/1/5가 시종점이다. 한 가지 예외는 간(肝)경인데 간은 하도에서 상수 3이나 여기서는 엄지발가락 외측에서 시작하며 나머지는 하도와 같다. 이를 음양경별로 보면 도표와 같다.

폐 1	심포 3	심 5
대장 2	삼초 4	소장 5
위 2	담 4	방광 5
비 1	간 1	신 5

하도는 체의 변화를 상수로 나타내는데 이는 철학이 아니고 자연과학이라는 것을 경락의 시종점을 통해 알 수 있다. 지기(地氣)에 해당하는 음경은 상승하고, 천기(天氣)에 해당하는 양경은 하강하는 게 선천도, 음양체용도, 경락에서 하나같이 똑같다. 하지만 이것은 경락의 체를 설명하는 것이며 경락에 흐르는 기운은 낙서와 운기를 알아야 완전히 이해할 수 있다.

12경락과 하도의 비교

1. 음경(陰經)

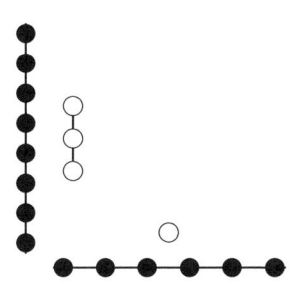

- 12경락은 음경락6, 양경락6으로 되어 있다. 음경락은 발에서 시작하여 손에서 끝나고, 양경락은 손에서 시작하여 발에서 끝난다.
- 음경락(陰經絡)은 손/발가락의 1/3[1]/5지가 시종(始終)(점)이며 하도를 보면 1/3은 양방이며 북/동이다.
- 1/3/5는 생수(生數)이고, 양용(陽用)이다.
- 1/3의 외부는 6/8로 성수이고 음체(陰體)를 나타낸다.
- 5는 여기에 나오지 않으나 심경, 신경을 상(象)하며 심경은 남(南)에,
 신경은 북(北)에 해당된다. 상수5는 토인데 심경과 신경은 한열의 극이고, 운동 방향이 전환되는 위치다.
- 하도의 외측은 음체이고 내측은 용양(用陽)이므로 음경락은 체는 음이고, 용(用)은 양임을 알 수 있다.

2. 양경(陽經)

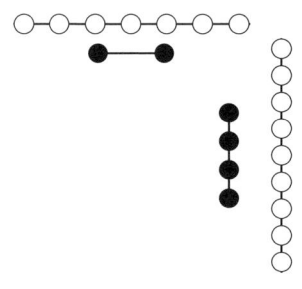

- 양경락은 손·발가락의 2/4/5지가 시종점이며 하도에서 2/4가 위치한 곳은 남서로서 음방(陰方)이다.
- 2/4는 생수(生數)이며, 음용(陰用)이다.
- 2/4의 외부는 7/9로 성수(成數)고 양체(陽體)이다.
- 소장 방광경의 5에 대한 상은 나오지 않으나 5는 남북에 해당하며 운동 방향이 전환되는 위치다.
- 양경락은 양체음용이며 하강한다.

3. 음양경의 구분

　음양경의 명칭은 하도에 나온 대로 체를 기준하여 음체인 장(臟)은 음경(陰經), 양체인 부(腑)는 양경(陽經)이라 한다. 양용(陽用)에 해당하는 음경은 상승하고, 음용(陰用)인 양경은 하강하는데 이 역시도 하도에 나온 것과 일치한다. 음양에서 음은 하강하고, 양은 상승하는 자연의 이치와 동일하다.

　족궐음간경의 경우 장부로서의 간은 음이지만, 간경락은 상승하는 기운으로 양이다. 장부와 경락은 운기에서 천지에 비유되는데 그만큼 체계가 다른 것이다. 이상에서 하도는 자연뿐 아니라 인체의 섭리(攝理)도 담고 있으며 경락을 완전히 이해하려면 하도와 이에 수반되는 여러 내용도 함께 알아야 한다.

4. 토(土)와 심신(心腎)

- 계절의 변화중 특히 중요한 것은 동지와 하지이다. 여기서 운동 방향이 음→양, 양→음으로 바뀌는데 인체도 마찬가지다. 심신은 수화(水火)에 해당하고 계절에 비유하면 동지와 하지가 되어 운동 방향이 바뀐다. 운동 방향의 전환은 토의 기능이고 상수로는 5/10이다.
심신(心腎)과 소장 방광에 토의 기능이 나타나는 것은 아니나 운동 방향이 바뀌는 위치에 있다. 이것이 네 개의 경락이 토에 해당하는 다섯째손·발가락에 시종점을 두는 이유이다.

- 심신(心腎)은 각각 음체와 양체가 발현(發顯)되는 곳이고, 동지와 하지가 계절 변화의 축이 되듯, 심신이 인체의 축이 된다. 천(天)은 생(生)의 자리므로 심(心)이 5에 해당하고, 지(地)는 성(成)이기에 신(腎)은 10에 해당한다. 심신과 표리(表裏) 관계인 소장과 방광경도 토에 해당하여 수족의 다섯째손·발가락에 시종점이 있는 것이다.

5. 천지(天地)

심신의 관계를 천지(天地)에 비유하면 심(心)은 천(天)에 해당하여 상부에 위치하고 신(腎)은 지(地)에 해당하여 하부에 위치한다. 천기는 지로 향하고, 지기는 천으로 운행하듯 경락도 천기에 해당하는 양경락(陽經絡)은 상에서 하로, 지기에 해당하는 음경락(陰經絡)은 하에서 상으로 운행하니 천지 기운의 운행과 다를 바가 없다.

경락은 기운이 작용하므로 생(生)하는 곳이고, 장부는 기운이 이루어지는, 즉 성(成)하는 장소이다. 이와 같이 하도와 경락의 관계를 통하여 다시 한번 역은 인간을 포함한 천지 만물의 변화상을 논한 것임을 알 수 있고, 하도가 대우주에 대한 상(象)과 인체에 대한 상(象)을 모두 내포하므로 대우주와 소우주인 인간이 불가분의 관계에 있다는 것도 알 수 있다.

6. 오수혈의 순서

오수혈의 순서를 보면 음경은 목화토금수, 양경은 금수목화토로서 다르다. 음양경은 각각 목, 금에서 시작하는데 이것 역시 하도에서 이유를 찾을 수 있다. 음경을 보면 북에서 완전한 음의 형상이 나타남과 동시에 양도 작용하나 북은 그 본(本)이고 변화의 시작은 동방이다. 음경(陰經)의 상수를 보면 1은 양수(陽數)의 출발점이고 변화 상(象)은 동에 나타나므로 목(木)에서 시작하여 목화토금수가 되는 것이고, 반대로 양경(陽經)은 상수 2에서 출발하나 2는 음수의 출발점으로 역시 변화의 모습은 서(西)에 나타나므로 금에서 시작하여 금수목화토가 된다. 남북은 변화의 기준인 것이며 동서는 생성(生成)이 나타나는 곳이다.

제10장 선천도

태극(太極)
음양(陰陽)
사상(四象)
팔괘(八卦)
선천도와 음양체용도
건곤(乾坤)
선천도의 좌우측

선천도는 복희씨가 하도에 근거하여 만든 것이므로 내용은 같으나 양괘와 음괘라는 기호로 전달하는 방법만 다르다. 그러므로 하도를 알고 양괘와 음괘가 어떻게 조작되는지를 알면 누구나 이해할 수 있다. 선천도는 괘(卦)라는 낯선 기호 때문에 실제 내용보다 어려워 보이나 하도에 따라 해석하면 된다.

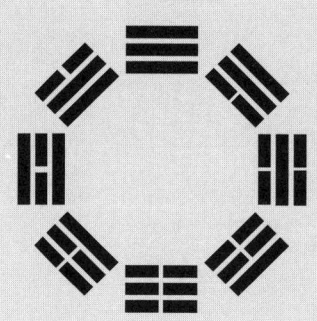

선천도는 팔괘로 자연의 변화상을 표현하는데 이 역시도 지구의 공전에 따른 계절의 변화 상(象)에 대한 것이다. 일 년에 나타나는 자연계의 변화를 1/8로 나누어 각 등분(시기)에서 대표적인 상(象)을 표시한다. 1/8을 알려면 먼저 전체인 1을 알고 다음에 1/2, 1/4/, 1/8을 알아야 된다. 1은 태극을, 1/2은 음양, 1/4은 사상, 1/8은 팔괘로 분류되는데 명칭은 달라도 1, 2/2, 4/4, 8/8은 모두 1이 되고 이는 일 년을 지칭하는 것이니, 같은 대상을 두고 논하는 방법만 달리 하는 것이다.

태극(太極)

먼저 태극에 대한 정의부터 보자. 주렴계(周濂溪)는 "태극이 동(動)하므로 양이 생하고, 정(靜)하므로 음이 생한다."고 하였는데 태극이 마치 음양을 생하는 주체로 오해할 소지가 있다. 한편으로는 태극→음양→오행→만물의 우주론이 성립한다고 하였는데, 이것이 태극의 진정한 의미이다.

태극은 음양오행 모두를 담고 있으므로 원(圓)의 모습이다. 그림 외부의 짙은 테두리가 태극이고 그 안에 음양이 있고, 오행이 있다. 태극은 예를 들면 일 년이라는 주기 자체이다. 일 년 동안 발생하는 변화는 음양의 내용이고 좀 더 세분하면 오행이다. 그러므로 태극=음양=오행이 된다.

일 년간 변하는 천체의 운행은 자연계에 그대로 전달된다. 지구가 자전하면 지구에는 아침이 오고, 밤이 온다. 또 지구가 공전하면 지구에는 계절이 바뀐다. 일 년간 천체의 운행은 음양으로 나눌 수 있고, 식물의 일 년간 변화 또한 음양으로 나눌 수 있다. 그러므로 일 년 동안 천체의 운행도 태극이 되고, 식물의 성장도 태극이 된다. 일 년이 하나의 주기가 되듯, 하루도 주기가 된다. 아침-점심-저녁-밤-아침은 매일 되풀이되며 이 리듬은 동식물의 생리 활동의 지표가 된다. 하루를 음양으로 나눌 수 있고, 이에 따른 동식물의 생리 활동도 음양으로 나눌 수 있다. 그러므로 하루도 태극이 되고, 동식물의 하루 활동도 태극이 된다. 더 나아가 생각하면 동서남북도 태극이 되고, 한 알의 사과도 태극이 된다.

음양(陰陽)

  음양은 태극이라는 시공간 안에서 발생하는 변화이다. 태극은 일 년이라는 주기에서 발생하는 모든 것을 대표하므로 음양뿐 아니라 사상, 팔괘, 64괘를 비롯한 모든 것을 담고 있다. 그리고 음양은 태극을 동(動)적인 형태로 설명한 것인데 흔히들 태극이 음양을 생한다고 표현한다. 음양에 대한 상세한 내용은 앞의 부분을 참고하면 될 것이다.

사상(四象)

태극은 음양으로 나뉘고 사상은 음양을 다시 두 가지로 나눈 내용이다. 음을 두 가지로 나누고, 양을 다시 두 가지로 나누어 네 가지의 상(象)이 된 것이 사상(四象)이다. 음은 수렴, 중(重), 하(下), 흑(黑) 등으로 상징되고 그림처럼 정북에 위치하며, 순수한 음은 태음이라 하고 음중에 절반 정도 양을 포함한 음은 소음(少陰)이라 한다.

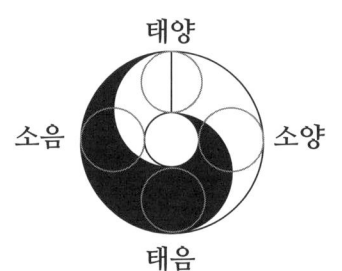

양(陽)은 발산, 경(輕), 상(上), 백(白) 등으로 상징되고 정남에 위치한 순수한 양을 태양이라 하며, 음이 포함된 양은 소양(少陽)이라 한다. 그림처럼 소음, 소양은 음에 양, 양에 음이 포함된 모습이다.

사상도 음양처럼 여러 면으로 나누어 볼 수 있다.
- 음양체용도에서 춘하추동을 보면

봄은 소음에 속하고, 여름은 태양, 가을은 소양, 겨울은 태음에 속한다. 겨울은 한(寒)이 극(極)에 달하므로 태음(太陰)이 되고, 봄은 겨울의 음이 조금 남아 있기 때문에 소음(少陰)이라 하며, 여름은 열(熱)이 극(極)에 달하는 때이므로 태양(太陽)이라 하고, 가을은 여름의 열기가 아직 남아 있으므로 소양(少陽)이라 한다. 이는 체로 봤을 때이며 용(用)으로 보게 되면 봄이 소양이 되고, 가을이 소음이 되며 여름과 겨울은 같다.

이렇게 체용으로 구분하면 기준이 다르므로 결과도 달라지나 근본은 같다. 여름과 겨울은 변화의 축이므로 체용은 같은데 항상 움직이지 않는 기준을 축으로 변화가 발생하며 이는 자연이나 인체나 같은 형태이다.

- 사상은 음양을 좀 더 구체적으로 나타내며 일반적으로 정지된 상태에서 구분한 것인데 실제 자연은 항상 변하므로 변화상은 오행으로 논하게 된다. 그렇기 때문에 사상은 토를 논하지 않으나 생명체의 변화와 기운의 흐름을 논할 때는 조화를 꾀하는 토가 필요하여 오행과 차이가 있다.

팔괘(八卦)

1년은 4계절, 열두 달, 24절기, 365일 등 여러 방식으로 나눌 수 있다. 팔괘는 쉽게 1년의 변화상으로 볼 수 있으며, 각 괘는 1년을 8등분한 것을 괘로 나타낸 것이다.

☯								태극
--			--					양의(一變)
								사상(二變)
								팔괘(三變)
곤	간	감	손	진	리	태	건	괘명

태극에서 팔괘까지의 변화 과정은 그림과 같다.

팔괘는 사상을 다시 둘로 나눈 것인데 건태리진손감간곤이다. 태양을 음양으로 나누면 건(乾), 태(兌)가, 소음은 리(離), 진(震) 소양을 손(巽), 감(坎) 태음은 간(艮), 곤(坤)이 되어 팔괘가 된다. 이렇게 분화되는 과정 역시 음양체용도를 이용하면 보다 논리적으로 이해할 수 있다. .

선천도와 음양체용도

앞장에서 음양체용도와 하도의 내용이 동일함을 확인했으니 이번에는 선천도와 비교해 보자. 그림처럼 음양체용도를 선천도에 맞게 8등분하면 음양, 체용, 방위의 상(象)이 완벽히 일치한다. 이로써 선천도는 체의 변화를 상(象)한 것임을 알 수 있고, 동일한 현상을 하도는 수(數)로, 선천도는 괘(卦)로, 음양체용도는 그림으로서 표현한 것이므로 하도-음양체용도-선천도가 일맥상통한다는 것을 알 수 있다.

하도와 음양체용도의 상이 같고 또한 선천도와 음양체용도의 상이 같으므로 결국 하도와 선천도가 표현하는 방법은 달라도 내용은 같음을 알 수 있는 것이다. 건곤을 보면 건은 순수한 양, 곤은 순수한 음인데, 음양체용도에서도 똑같이 순양, 순음의 모습이다. 나머지도 같은 방식으로 구성되어 있다.

건곤(乾坤)

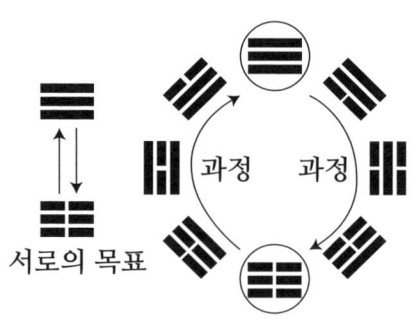

선천도에서 건곤이 중요한데 이를 먼저 알아보자.

팔괘에서 건곤은 운동의 중심이자 대칭축이 되어 흔히 부모에 비유되고 나머지 괘는 자식들에 비유되기도 한다.

- 순수한 기운

건은 양효, 곤은 음효만으로 이루어진 순수한 결정체이다. 건곤을 제외한 나머지 6괘는 음양효가 섞여 있는데 이는 순수함을 향한 과정에 있기 때문이다. 6괘의 음양효는 모두 체용의 모습이 들어 있는데 건곤은 양효, 음효로만 되어 있어 용은 작용하지 않고 체만으로 된다.

- 운동 방향의 전환

순수한 기운은 지순(至純)한 경지로서 극(極)에 이르렀음을 뜻하여 최고나 최저의 위치에 있는 것이므로, 같은 방향으로 더 이

상 나아갈 수 없는 상태라 추구할 목표가 없게 된다. 그래서 자연히 운동 방향이 바뀌게 되는데, 건곤은 순수한 기운이면서 동시에 토가 작용함도 볼 수 있다.

- 체의 발현(發現)

건곤은 체의 발현인데 이는 앞에 나온 음양체용도나 하도의 내용과 동일하다. 체의 발현은 반드시 동류(同類)의 에너지가 소진되어 동류의 형체가 탄생되는 것이다. 이때 체는 가장 순수한 반면 에너지는 제로가 되므로 체=100, 에너지=0이 된다. 건곤은 각각 양체, 음체를 뜻하기도 한다.

- 두 가지 운동

건곤에서 운동 방향이 바뀌는데 이는 성질이 반대인 두 가지 운동이 존재하기 때문이다. 운동이 두 가지인 것은 각기 목표가 다르다는 것으로 건곤은 서로의 목표가 되고, 동시에 목표의 종점과 시점이 된다.

곤의 목표는 건이므로 건에서 곤의 목적이 이루어져 곤의 종점이 된다. 또 건의 목표는 곤이고 곤을 향한 시점은 건이 된다.

- 천지의 관계

선천도가 팔괘라는 체계로 나타내고자 하는 것 역시 자연의 변화이다. 건곤을 넓게 보면 동지와 하지로서 천지의 관계에서 찾을 수 있다.

하늘이 행하면 땅은 그대로 따른다는 자연의 법칙, 생(生)의 의지에 성(成)이 나타나고, 반대로 하면 땅의 변화를 통해 하늘의 기운을 알 수 있으니 성을 통해 생의 기운을 알 수 있는 것이다. 변화를 여러 수단으로 전하지만 알고 보면 모두가 하나의 원리에 의해 움직인다.

선천도의 좌우측

1. 양방(陽方, 좌측)

좌측인 양방은 하도와 같이 선천도에서도 체는 음, 용(用)은 양이다. 곤은 동지로서 분열의 시작점이고 이를 지나면서 양이 동(動)하여 음이 분리되어 가는 과정이 진리태(震離兌)의 괘이다.

a. 진(震)

진은 방위상 동북간이라 곤보다 일조량이 다소 증가한다. 그러나 동지와 춘분의 중간이라 온기를 느낄 만큼 열량이 증가하는 것은 아니며 자연의 변화 역시 눈으로 볼 수 있는 시절은 아니다. 곤의 순수한 음체에 일양(一陽)이 깃들어 더 이상 순수한 음이 아니며 변화의 시작이다.

동방의 상승과 북의 수축하는 기운이 반반씩 작용하여 뚜렷한 상승이나 수축이 나타나지 않는다. 진에 해당하는 음양체용도를 보면 음이 양보다 많은 상태이므로 아직 양의 기운을 충분히 느낄 수 없다. 이음(二陰) 밑에 일양(一陽)이 생(生)하여 양이 분출하려는 모습이며, 혹은 삼음(三陰)중 일음(一陰)은 양화(陽化)되어 체(體)로서 이음(二陰)이 남아 있는 상으로도 해석할 수 있다.

b. 리(離)

정동(正東)에 위치한 리는 진의 일양(一陽)보다 발전하여 이양일음(二陽一陰)이 되어 음이 더욱 분열된 상(象)이다. 선천도의 건곤은 변화의 기준이 되고 동서에 있는 리감(離坎)은 음양방의 변화의 상징인데 리(離)는 곤(坤)에서 건(乾)으로, 감(坎)은 건(乾)에서 곤(坤)으로의 변화를 상징한다. 리(離)는 이양(二陽)이 음(陰)을 상하(上下)로 감싸는데 이는 음체의 외부가 양화(陽化)되는 중이나, 일음(一陰)은 이양(二陽) 못지않은 기운을 가짐으로써 완전히 양화가 되지 않았음을 보여준다.

c. 택(澤)

택은 동남에 위치하여 계절로는 여름의 문턱에 다다른 시기라 만물도 최고의 성장에 근접하며 일음이양(一陰二陽)이 이러한 상(象)이다. 초목은 거의 완전체에 가까우나 조금은 덜 익은 상태이다. 일음(一陰) 아래에 이양(二陽)이 있어 외부는 아직 음체의 모습이 조금 남아 있으나 많은 부분이 양화(陽化)되었음을 보여준다.

2. 음방(陰方, 우측)

좌측인 양방(陽方)에서 최고의 성장을 이룬 것이 건이고, 우측인 음방은 건을 출발점으로 또 다른 차원의 변화를 한다. 건은 삼양(三陽)으로만 된 순수한 기운이고, 건을 지나면서 음이 출현하여 수렴이 시작되며 양체(陽體)인 건이 차츰 음화(陰化)되는 과정을 손감간(巽坎艮)을 통하여 나타낸다.

a. 손(巽)

남방에서 순양(純陽)이었던 건은 서남간에서 일음(一陰)이 생하여 수렴이 시작된다. 손은 이양(二陽) 아래에 일음의 상인데, 외적인 형태는 양체이나 내부에서는 음기(陰氣)가 생(生)하여 삼양(三陽) 중 일양(一陽)은 음화(陰化)되어 체는 이양(二陽)이 남아 있는 것으로 해석된다.

b. 감(坎)

감은 건에서 곤으로의 변화를 대표적으로 상징한다. 정서(正西)에 위치한 감(坎)은 손(巽)의 일음(一陰)보다 발전하여 이음일양(二陰一陽)이 되어 양은 더욱 수렴된다. 이음(二陰)이 일양(一陽)을 상하로 감싸는데 이는 양체(陽體)의 외부도 음화(陰化)되는 것으로 해석된다.

c. 간(艮)

간은 서북에 위치하여 겨울에 가까운 시기라 만물은 한 세대의 종점에 가까워지고, 동시에 후대를 위한 자손(씨앗)이 최고의 성장을 하는 시기인데 이음일양(二陰一陽)이 이러한 상을 보여준다. 일양 밑에 이음이 있어서 외부는 아직 양의 모습이나 내부는 음기로 가득 차 있다. 방위는 서북이라 해가 지는 모습이고 일양은 한낮의 여염(餘炎)이 조금 남아 있는 잔상에 불과하므로 기운으로의 작용은 거의 하지 못한다.

결론

 선천도의 괘는 모두 다른 모습이지만 체용의 합은 같다. 공을 위로 던지면 상승-정지-하강의 단계가 되는데 공은 어느 위치에서나 운동과 위치에너지의 합이 동일한 것과 같은 이치다. 이는 일 년 중 어느 시점이건 발휘되는 한열의 합이 같다는 뜻이고, 다만 계절에 따라 에너지의 성질만 바뀌는 것이다. 건곤은 공의 출발점이나 정지처럼 에너지가 일방으로 치우친 경우이며 나머지는 운동에너지와 위치에너지가 혼합된 것과 같다.
 선천도는 하도를 괘로 표현한 것인데 여기에 백천 마디의 언어가 숨어 있다. 선천괘가 하도를 토대로 만들어진 것이므로 내용도 같으며 이를 알아야 주역의 해석이 가능하다.

제11장 낙서(洛書)

낙서의 이해
금화교역(金火交易)
결론

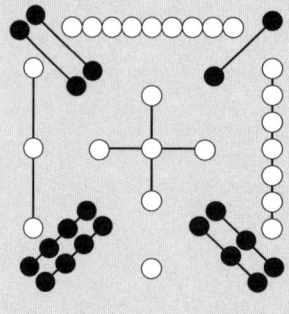

낙서(洛書)는 우(禹)임금이 치수사업을 할 때에 낙수(洛水)에서 나온 거북이의 등에 있던 상(象)을 보고 만든 것으로 전해진다. 하도는 범인(凡人)이 쉽게 이해할 수 없는 경지인데 낙서는 하도를 발판으로 한 단계 진화된 이론이다. 하도를 이해하려면 현 천체 시스템을 먼저 알고서 자연을 덧붙여 변화 과정을 나타내는데 낙서는 이보다 더 깊은 내용을 다룬다. 하도만으로도 충분히 경이로움의 정점이나 낙서는 이를 넘어서 또 다른 방면에서의 변화 내용을 다룬다. 지혜의 끝을 가늠할 수 없지만 앞에 나온 천체 시스템을 기본으로 하도의 상수를 생각하면 이해에 큰 어려움은 없을 것이다.

낙서에 대해 많은 이들이 해석하였고 여러 설이 있는데 본서는 보편적인 자연 현상을 통해 이해를 구하였다.

낙서의 이해

역은 변화를 논한 학문이며 하도가 최고의 이론이라는 것은 앞에서 밝혔다. 변화를 논하는 데에 낙서라는 이론이 새로이 등장하는데 이 역시도 하도 만큼이나 비중 있는 것이다. 자연의 변화는 하나이고 진리도 하나인데 왜 낙서가 필요한지 먼저 의문을 품게 된다.

낙서는 현재의 천체 시스템상 하도로 설명할 수 없는 부분을 보완하기 위해 필요하다. 낙서를 해석하려면 먼저 하도를 기준으로 하고 어떤 부분이 다른가를 알아 가면 된다. 하도가 눈에 보이는 형체의 변화에 관한 것인 반면 낙서는 순수하게 내부의 기운에 관한 것이다. 물론 형체의 변화도 기운(에너지)이 동반되지만, 낙서는 이와는 별도로 형체 안에서 발생하는 기운의 변화만을 설명한다.

낙서가 나타난 이유는 지축의 경사와 관련이 있다. 지구의 모든 동식물은 천체의 운행과 이로 인한 지구환경에 영향 받으며 생장하는데 인체의 12경락에는 하도와 낙서에 나오는 내용 모두가 들어 있다. 뿐만 아니라 경락은 천지, 음양, 오행, 생수, 성수, 하도, 낙서, 오운육기의 모든 내용을 포함한다. 먼 옛날에 자연과 인체의 이치를 밝혀 하나로 연결했다는 것은 참으로 경이로운 일이다. 이것은 절대

경험의 축적으로 이루어질 수 없는 것이다. 천지창조 때 입력된 프로그램을 인간이 발견한 것이라 생각하며 인간의 일상적인 활동 범위와는 전혀 다른 분야이기 때문에 경험하기는 어렵다고 생각한다.

천문학을 접하기 어려운 시절에 낙서를 완벽히 이해하는 것은 불가능한 일이었을지도 모른다. 천문학이라는 실체에 대한 이해가 있어야 추상적인 개념으로 발전이 가능한데, 기초에 대한 지식이 없다보니 지금까지 여러 해석이 등장한 것이다. 낙서는 지축이 경사진 상태에서 지구의 자연계가 반응하는 모습, 특히 초목의 변화 과정에 대해 논한 것으로 재론의 여지가 없다고 믿는다.

하도낙서를 비교하면 둘 다 변화를 논한 것이나, 그 차이점을 보면 하도는 기준이 되고 낙서는 변화의 상(象)이라는 점이다. 지축의 경사와 관계가 있으며 지구가 영향 받은 그대로 자연에 반영되고 이것이 하도와 낙서의 상으로 표현되었다. 하도와 낙서가 다른 점을 하나씩 보자.

- 구성을 보면 하도는 사방에 두 개의 상수로, 낙서는 팔방에 하나의 상수로 되어 있다. 하도는 사물의 외형이 변하는 모습을 음양으로 나타내는 것이므로 반드시 두 개의 수가 있어야 된다. 두 개의 수를 비교해야 음양의 정도, 체의 변화 정도를 알 수 있기 때문이다. 그러나 낙서는 내부 기운, 즉 체 안에서 일어나는 순수한 기운의 변화이므로 하도처럼 한 방위에 두 개의 수가 필요치 않다. 이것이 하도낙서가 다를 수밖에 없는 근본 이유이며 이를 바탕으로 해석이 시작된다.

- 낙서는 체 안에서 기운이 변하는 상을 나타낸 것이므로 체용에 대한 이해가 필요하다. 또한 하도낙서에서 하도가 기준 역할을 하

므로 먼저 하도를 완벽하게 이해해야 한다. 용이 활동하는 공간은 체이므로 둘은 붙은 듯하면서 분리될 수 있고, 종속되는 듯하면서 독립적이다. 낙서라는 용을 체(體)로 보면 하도에 종속되나, 용(用)으로 보면 독립적이다. 그래서 하도와 낙서는 변화의 방향이 같을 수도 있고 다를 수도 있는 것이며, 실제 내용도 일부는 같고 일부는 다른 이유가 여기에 있다. 마치 자궁속의 태아와 모체의 관계처럼 체용이 독립과 종속을 오가는 것과 같다고 할 수 있다.

- 하도는 하나의 주기에 두 개의 극이 있고 이를 기점으로 운동 방향이 바뀌나 낙서는 극이 없다. 하도는 출발점을 기준으로 상승과 하강이라는 두 개의 상반되는 운동으로 구성되어 운동을 마칠 때는 반드시 원점으로 회귀한다. 그러나 낙서는 각 방위에서 기운의 상을 나타내는 것이므로 하도처럼 엄격하게 상승-하강이라는 법칙을 따르지 않는다. 낙서는 전체가 하나의 주기로 이루어지는데 낙서에서 상수 6과, 후천괘에서 건괘가 가지는 의미를 알면 이해할 수 있다.

- 자연계의 변화는 하도의 상(象)대로 반드시 목화토금수의 순서여야 한다. 이것은 현 천체 시스템에서 철칙이며 절대적인 진리이다. 만약 자연계의 변화 순서가 바뀌어 낙서의 상(象)인 목금토화수로 되면 지구의 모든 생물은 사라질 것이다. 현재의 프로그램은 따뜻한 봄날에 씨앗을 뿌리고, 여름에 초목이 번성하고 가을에 알곡이 여문다. 그러나 낙서의 상은 봄에 씨앗을 뿌리고, 싹이 나올 무렵 바로 가을이 오므로 싹의 성장이 둔화되거나 멈추게 되고 가을에 성장하고 바로 겨울이 되어 씨앗이 여물 시간이 없다. 성장은 하지만 정상적으로 하지 못하여 곡식이 제대로

여물 시간이 없다. 일설에 낙서는 지축이 정립된 후의 질서를 의미한다는데 과연 가능할지 생각해 볼 일이다.

- 흔히들 낙서에 금화교역의 상이 있다고 하는데 이는 "하도와 비교해서"라는 전제 조건을 달고 있다. 그리고 낙서의 해석은 하도와는 다른 차원이라 같은 괘라도 체와 용으로 해석될 때는 완전히 다르게 된다. 이는 후천괘의 해석 부분에 나오는데 옅은 지식이나마 필자의 예감으로 하도낙서는 마치 덧셈의 원리와 같아서 이를 깨우치면 어쩌면 주역 64괘의 원리를 단번에 깨우치게 될 가능성도 있다고 본다. 낙서가 하도와 다른 이유를 《우주변화의 원리》에 보면 "팔괘의 개념은 고정정인 것이 아니고 그 위치에 따라서 개념이 변한다는 사실이다. 좀 더 구체적으로 말한다면 괘는 그 배속되는 방위여하에 의해서 작용하는 성질이 다른 것이다. 즉, 복희팔괘의 경우와 문왕팔괘의 경우는 각각 괘상(괘의 작용)이 서로 다르므로 측정할 수 없는 변화가 상으로 나타나는 것인즉 이것을 연구하는 것이 바로 역연구의 중점이다."[9]라고 기술되었는데 간과하기 쉬우나 대단히 중요한 부분이며 흔히들 팔괘라고 하지만 하도낙서의 상이 다르므로 사실은 16괘가 되는 것이고 이를 모두 알아야 해석이 가능하다.

1. 북 6/1

북은 상수 6/1이 자리하여 하도와 같아 체용의 변화도 동일하다. 상수 6은 서북간에 위치하는데 이때는 늦가을 정도로 사물의 한 주기가 거의 끝나가는 시점이므로 결실을 맺게 된다. 하도에서 6은 순

---

9) 한동석, 앞의 책, p.142

수한 음체로서 종점이면서 시점이고 운동의 전환점이다.

하도에서 6은 성수로서 음체이나 낙서에서는 용이라 하도에서 6이 7의 대측으로서 갖는 의미와 달리 자연의 생명체가 한 주기의 마지막에 결과물이 되고자하는 의지이다. 상수 1은 하도에서와 마찬가지로 음체에서 생하는 양이다. 변화에 필요한 기운이 최초로 생하여 한 주기를 시작하게 된다.

2. 동 8/3

낙서의 상수 8은 하도에서는 음체였으나 낙서에서는 용으로 작용하므로 하도와 같이 8을 외형의 변화와 일치시키려 하면 안 된다. 상수 8도 체 안에서 작용하는 기운이므로 이를 외형에서 똑같은 모습을 기대할 수는 없다. 영향은 주되 이를 수용하는 체의 상황에 따라 기운의 결과는 원래보다 커질 수도 혹은 작아질 수도 있다. 하도에서 8은 6이 성장하여 순수한 음체의 형(形)을 다소 잃어버린 상태로 성수(成數)이기에 강한 의지보다는 보여 준다는 표현이 어울릴 것이다. 물론 기운으로 작용하지만 음체이므로 능동적인 작용보다는 기운에 의해 변화되어진 정도를 나타내는 개념이다.

3은 하도와 똑같은 방위에 위치하며 작용도 동일하다. 태양이 지평선 아래에서 솟아올라 하늘 높은 곳까지 오르듯, 상수 3도 지하의 씨앗이 꽃이 되기 위해 상승해야 되는데 이를 이어주는 역할, 즉 지(地)→천(天)으로 연결하는 작용을 한다.

3. 남 4/9

상수 4/9는 하도에서는 서(西)에, 낙서에서는 남에 위치하는데 자연법칙상 4/9는 서에 있는 것이 정상이다. 여름은 초목에게 축제의 계절이다. 풍부한 강우량과 뜨거운 햇살로 끝없이 성장하고 자신의 아름다움을 주저 없이 뽐낸다. 기나긴 겨울 내내 땅속에서 움츠리며 기다렸던 시간이 바로 여름이다. 그럼에도 초목의 내부에서 성장을 억제키 위해 4/9가 남에 위치함은 자연의 이치에 반(反)한다. 이것이 하도의 한계다. 물론 일반적인 변화를 설명함에 하도는 궁극의 경지이나 현재 지구의 특이한 환경으로 인한 생리까지는 담고 있지 않다. 이것을 이해하기 위해서는 지축의 경사로 인한 영향을 생각해야 된다.

지축의 경사로 인한 문제는 여름에 열이 치성(熾盛)한 것이다. 식물의 성장은 태양 에너지가 근원인데 지축의 경사로 태양열이 증가하면 식물의 성장도 더 하게 된다. 이렇게 되면 가을에 수렴할 때 과도(過度)한 성장으로 인해 문제가 생긴다. 여기서 한 가지 고려해야 할 것은 식물은 사고 능력이 없으니 주어진 계절에 맞게, 환경에 따라 변한다는 것이다. 기운이 강하면 강한 대로, 약하면 약한 대로, 목기면 목기에 맞게, 화기면 화기에 맞추어 변하는 것이지 식물이 스스로의 사고와 판단으로 성장을 조절하는 것이 아니다. 식물은 철저히 외기(外氣), 즉 자연 변화에 그대로 순응하므로 문제가 발생한다. 그렇기 때문에 낙서의 이해에 앞서 식물의 성장에 대한 이해가 우선되어야 하고 식물의 관점에서 봐야 된다. 때때로 동지라도 봄날 같이 포근하면 꽃망울이 터지는 경우도 사람의 관점에서는 비정상이나 식물의 관점에서는 당연한 것이다.

북위 45도를 기준으로 할 때, 과도한 성장이 가져올 문제를 생각해 보면 성장은 지축의 정립시보다 1.5배 더 증가하는 반면 내면의 밀도는 약해지게 된다. 같은 질량에 부피가 커지므로 자연히 밀도는 낮아진다. 모든 생명체는 각 개체마다 100이라는 제한된 공간과 질량을 가진다. 이는 태극의 개념에서 찾을 수 있으며 나아가 지구의 모든 생명체를 더한 질량 역시 100이 된다.

  이런 이유로 초목도 성장은 더 하겠지만 밀도는 낮아져 약한 바람에도 쉽게 부러질 것이며, 과실은 현재보다 사이즈는 더 크겠지만 밀도는 낮아지므로 내용물은 약해질 것이다. 씨앗의 경우도 단단하지 못하여 쉽게 상하거나 날씨가 조금만 따뜻해도 발아하게 될지도 모른다. 이 모두가 양(陽)이 과하여 식물이 표준 이상으로 자라게 되어 문제가 발생하는 것이므로 표준 이상의 성장을 막기 위해 내부는 수렴해야 된다. 그래야만 꽃을 활짝 피우려는 성질과 이를 억제하는 성질이 합해져서 중화를 이루어 지축이 정립된 상태의 성장과 같은 결과가 된다.

  결과적으로 낙서에서 4/9가 남에 오는 것은 열이 넘치는 상황에서 형(形)뿐 아니라 기운까지 화(火)가 되면 과도한 성장으로 인한 불균형을 방지하기 위한 것이다. 즉 화가 치성할 때 기운은 수렴하고, 가을에 체가 금(金)일 때 기운은 화(火)가 되어 정상정인 성장을 유도한다. 이는 지축의 경사에 대응하여 균형을 유지하려는 절묘한 자연의 조절책이다.

4. 서 2/7

  낙서에서는 하도와 반대로 4→2가 되어 여름에서 가을로 갈수록 음이 감소한다. 가을이 될 무렵에 상수 2가 등장하여 금기(金氣)는 약하게 되고 정서(正西)가 되면 7이 되어 최고로 발산한다.

  하도에서 서방은 4/9 금기가 작용하여 외형(外形)은 성장을 멈추나 낙서에서 내부의 기운은 팽창한다. 제한된 공간의 팽창이므로 밀도가 높아져 과실의 내외부가 균형 있게 성장하게 된다. 하도와 낙서가 똑 같이 2/7화지만 하도에서는 남에 위치하여 군화(君火)의 작용이고, 낙서에서는 서에 위치하여 인신상화(相火)의 작용을 나타낸다.

금화교역(金火交易)

낙서의 상(象)은 하도와 달리 금과 화가 바뀌어 있는 모습인데 이를 금화교역이라 한다.

1. 4/9(금)와 2/7(화)의 교역(交易)

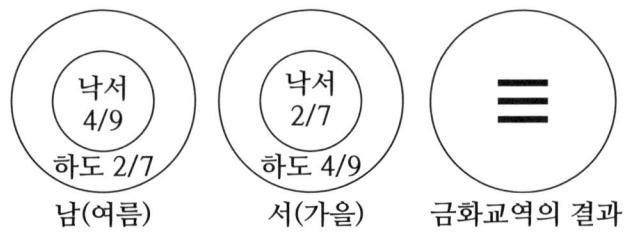

금화교역을 그림으로 나타낸 것이 다음의 세 가지이다. 앞서 논한 대로 하도낙서는 체용의 관계이므로 하도는 사물 자체이고 낙서는 내부의 순수한 기운이다.

〈그림1〉은 화가 금을 감싸고 있는데 화(火)는 하도의 남방에 위치한 2/7화이고, 금은 낙서의 남방에 위치한 4/9금으로 외부의 화는 성장하려 하지만 내부의 금은 수렴하여 외형의 성장을 억제한다.

〈그림2〉는 금이 화를 싸고 있는데 금은 하도의 서방에 위치한 4/9 금이고, 화는 낙서의 서방에 위치한 2/7화로서 외부는 수렴되어 성장하지 않으나, 내부는 성장하는 모습이다.

〈그림3〉은 금화교역의 결과로서 완전한 성장을 볼 수 있다. 식물에 입력된 프로그램대로, 최초의 유전자대로 형질을 유지하면서 성장한 결과다. 이것은 실제 자연계에서 찾아볼 수 있는데 과일의 성장은 보통 외형이 먼저 자란 후 내부가 익게 된다. 과일뿐 아니라 벼도 가을의 햇살로 알곡이 여무는데 이것이 바로 낙서의 금화교역이 상(象)하는 것이다. 금화교역은 내외부가 균형적으로 성장하여 지축의 경사로 인한 모순이 식물의 성장에 영향을 끼치지 않게 하려는 것이다. 후천도를 보면 서북에 건(乾)이 자리하는데 이것이 완전한 성장을 이루는 시점이다.

결론

 본 장에서 금화교역의 이치를 논했는데 이에 대해 확신을 못하는 이도 있으리라 짐작된다. 식물의 성장에 있어 형체의 변화는 기운이 작용한 결과이므로 형을 통하여 기운의 성질을 추론함은 어느 정도 수긍할 수 있다. 하지만 금화교역의 기운이 식물의 성장을 조절한다는 해석은 무리라고 생각할지 모른다. 필자 역시 고민하였으나 경락에서도 금화교역의 상이 나타남을 보고 본 장에 싣게 되었다. 경락에 나타나는 하도와 낙서의 상(象)을 알게 되면 더 이상의 의문은 사라질 것이며 시시비비도 없을 것이다.

제12장 후천도

후천도의 내용
후천도의 해석
선후천의 관계
결론

후천도의 내용

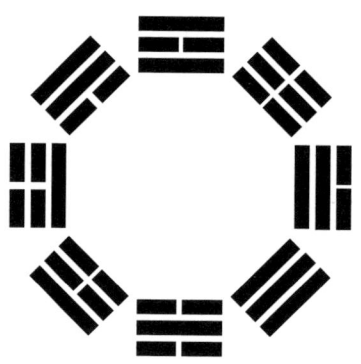

선천괘는 음양체용도를 통하여 비교적 쉽게 이해할 수 있으나 후천괘는 조금 다르다. 후천괘는 사물의 내부 기운인 용(用)을 나타낸다. 《의역동원》에서는 "대체로 후천괘는 선천괘의 이치에 근본하여 변화한 것이며 선천의 상(象)은 천지(天地) 자연(自然)의 그대로를 법(法)한 상(象)인 것이므로 태극의 형상(形象)이라 하고, 후천의 상은 그 선천의 자연함을 근본하여 인도(人道)의 용(用)을 다한 상(象)인 것이므로 천지에 동참(同參)하는 인극(人極), 즉 황극(皇極)의 상(象)인 것이다."[10]라고 하였다.

앞의 내용에서 단정할 수 있는 것은 선천은 체(體), 후천은 용(用)인데 이를 토대로 해석하면

---

10) 이정래, 앞의 책, p.141

- 용(用)은 공간적으로 항상 체에 종속되고
- 체(體)의 변화는 용의 변화에 대한 기준이 되며
- 후천은 선천의 기운 운영에 관계된다.

후천도의 해석

후천도를 해석하려면 어떤 방식에 의한 것인지 기준이 필요하므로 우선 《의역동원》에서 해석한 것을 간단히 보자.

건 – 건의 출발은 자(子)이므로 원(源)이고

곤 – 곤의 출발은 오(午)이므로 원(源)이 되고

원도(圓圖)에서 좌는 양이고 우는 음에 해당하는데 건곤은 노(老)하여 음에 해당하므로 우에서 가장 가까운 원시(源始)의 자리에 위치하여야 한다는 것이다. 그러므로 곤은 손에, 건은 간의 자리에 위치하게 된 것이다.

리(離) – 양(陽)인 상승의 극이고 일음(一陰)이 시생(始生)하고

감(坎) – 음인 하강의 극이면서 일양(一陽)이 시생(始生)함을 상(象)하고

진(震) – 일양(一陽)이 상승함을 상(象)하고

태(兌) – 일음(一陰)이 하강함을 상(象)하고

손(巽) – 일음(一陰)을 아끼는 그대로의 장양(長養)의 상이고

간(艮) – 대지(大地)위에 미양(微陽)이 포화(布化)되는 형상으로 지하(地下)의 양(陽)이 지상(地上)에 출(出)하여 천양(天陽)과 응(應)하는 상(象)이다.

이 부분을 예로 든 것은 어떤 기준에 의해 해석된 것인가를 파악하기 위해서다. 여러 면으로 분석할 수 있으나 일일이 하면 너무 복잡할 것이기에 결론만 내리면 하나의 기준에 의한 해석이 아니라는 것이다.

하나의 기준이란 선천도나 후천도에 근거하든 아니면 제삼의 방식에 의하든 변화하는 방식이 일정해야 되는데 내용을 보면 용(用)보다는 체(體)에 대한 느낌도 받을 수 있다. 규칙이 없으면 보편적인 법칙이 되기에는 조금 무리라 할 수 있을 것이다.

- 중심이 되는 건곤을 보면

건곤(乾坤)은 노(老)하다 하였는데 선천도에서 보면 서로 대측(對側)에서 시생(始生)하여 반대편에 이르면 성(成)이 되므로 노(老)하다 한 것이라 짐작된다. 또한 성(成)은 음(陰)이므로 우측에 위치한다 하였고, 건곤은 서로 대측에서 생(生)하였으므로 이를 원시(源始)라 표현하고 원시에 가장 가까운 곳에 위치한다고 하였다. 하지만 왜 원시(源始)에 위치해야 되는지에 대한 이유가 없는 것이 아쉽다.

건곤이 원시에 위치해야 한다면 다른 괘도 이에 준하여 해석해야 할 것이나 다음의 괘들은 다른 기준을 따르고 있음을 볼 수 있다.

- 리감(離坎)을 보면

리(離)는 "양(陽)인 상승의 극이고 일음(一陰)이 시생(始生)하고"라 하였는데 이는 하도의 건(乾)에서 일음이 시생하는 것과 다를 바 없다. 낙서에서는 남방의 금은 수렴하는 상인데, 후천도의 해석이 하도와 같이 하므로 낙서=후천도라는 등식이 성립하지 않는다.

감(坎)은 "음인 하강의 극이면서 일양이 시생함을 상(象)한 것"이라 하였는데 이 역시도 하도의 곤(坤)에 나오는 내용이다. 나머지 괘에 대한 설명도 하도와 크게 다르지 않음을 볼 수 있는데, 여기서 건곤과 리감의 변화 과정이 하나의 기준을 따르고 규칙적이어야 어떤 법칙을 찾을 수 있을 것이다.

선후천의 관계

선후천의 관계는 체용의 관계로서 후천이 작용하는 공간은 선천이다. 육체가 영혼이 머무는 공간인 것처럼 후천이 작용하는 공간은 선천과 동일한 개체, 동일한 시간대여야 한다. 만약 선후천이 이러한 체용의 관계에서 벗어난다면 체용의 개념 내지 하도낙서에 대해 새로이 정의를 내려야 할 것이다. 거의 모든 책에서 선후천을 체용 관계라 하면서도 정작 체용에 의한 해석을 하지 않는 것은 심히 잘못된 것이라 하지 않을 수 없다.

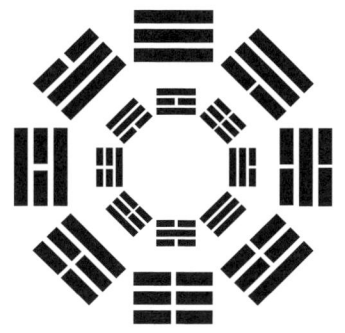

선후천의 체용 관계는 동일한 개체, 공간에서 작용하는 것이므로 그림과 같은 형태가 도출된다. 외부는 하도, 내부는 낙서로서 선천의 체(體)안에 후천의 용(用)이 활동하고 그 영향이 선천에 미치게 된다. 이 내용은 지금까지의 내용을 토대로 한 필자의 사견(私見)이니 독자(분)들께서 참고하시길 바라며 후천괘는 낙서에 근거한 것이므로 이에 따라 하나씩 풀어 보자.

1. 동(東) : 8간(艮), 3진(震)

a. 8간(艮)

간은 선천에서는 서북에, 후천에서는 북동에 위치하여 한수(寒水)에서 막 깨어남을 나타내고, 간(艮)의 일양(一陽)은 체의 외부에서 작용함을 보여준다. 한겨울의 씨앗은 내부로만 수축하려는 성질을 지니는데 싹이 나오려면 이를 중화시켜야 되며 이 역할을 간(艮)이 한다. 그렇기 때문에 간은 어느 정도 토성(土性)을 가지고 있다. 지지(地支)에서 축미(丑未)가 한→열, 열→한으로의 변화에서 중화 작용을 하듯 간(艮)이 축(丑)에 해당하여 씨앗의 수축성을 중화하여 상승의 발판을 마련해 준다. 씨앗은 내부보다 외부가 단단한데 내부의 일양이 외부로 나가기 위해서는 외부의 경도(硬度)가 보다 완화될 필요가 있으며 간(艮)의 이음(二陰)위의 일양(一陽)이 이를 상(象)한다.

b. 3진(震)

진은 선천에서는 북동에, 후천에서는 동에 위치하여 하부에서 강한 목기가 출현하는 모습으로 음을 뚫고 나오는 양(陽)을 상(象)한다. 이음하(二陰下)에 일양(一陽)이 있으므로 일양(一陽)이 강하지 않고는 상승할 수 없다. 식물은 봄에 최고의 성장률을 보이는데 체가 성장하려면 기운이 뒷받침되어야 하며 이를 진(震)이 상(象)한다.

- 여기서 곤(坤), 간(艮), 진(震)의 변화에 대해 생각해 보자. 이 부분에서 동일한 괘가 선천과 후천에서 해석이 다르다. 곤/간/진 괘는 모두 음효 둘에 양효 하나로 구성된다. 음효는 체를, 양효는 용을 나타내는데 북동은 음체에 대해 양이 작용하니 선천괘의 변화와 유사하다.

2. 남(南) : 4손(巽) 9리(離)

a. 4손(巽)

손은 선천에서는 남서에 위치하여 최초로 음이 출현하는 상(象)이나, 후천에서는 동남에 위치하여 양(陽)의 내부에서 음(陰)을 수렴하는 상이다. 선천도에서 상승의 기운이 끝나고 화기가 발산을 시작할 때 후천도에서는 내부에 금기가 생하여 외부로의 발산을 억제한다.

b. 9리(離)

리는 선천에서는 동에 위치하여 음의 성장을 나타내나, 후천에서는 남에 위치하고 가운데 음이 발산하려는 양을 수렴한다. 한여름에 발산하려는 기운은 최고가 되며 이에 비례하여 내부의 기운 역시 강해야 되기에 리(離)는 식물의 중심에서 수렴하는 작용으로 형(形)의 성장을 억제한다.

3. 서(西) 2곤(坤), 7태(兌)

a. 2곤(坤)

하도에서 2/7화는 남방에 위치하고 발산하는 상이다. 하지만 낙서에서는 서에 위치하여 가을에 접어드는 남서에서 발산을 시작하여 정서에서 최고가 된다. 이 부분도 선후천이 다르며 오행의 순리(順利)를 거스른다.

곤의 2화는 약한 열기이므로 4/9금을 상(傷)하지 않게 하여 자연스럽게 운동 방향을 전환시킨다. 이전의 기운을 "0"으로 만들어 남방의 금과 서방의 화가 서로 상극이나 중간의 곤토가 자연스럽게 연결할 수 있다. 그래서 시간적으로 여름에 가까운 곳에서 오히려 상수2가 위치하고, 선천의 조금(燥金)이 강렬한 정서(正西)에서 7화가 작용한다.

여기서 체와 용의 차이를 볼 수 있는데 선천도는 체의 상이라 계절의 변화에 맞게 건곤에서 정확히 바뀌지만 용은 기운이라 간접적인 표시만으로도 충분하다 할 것이다. 선천에서 2화가 7화에 묻혀 버리듯, 후천에서 9/2는 화극금의 관계지만 2화가 9금을 제압할 정도의 기운은 아니다. 선천에서 7의 빈 공간에 후천의 9가 들어 와도 문제될 게 없다. 기운은 한 공간에 두 개의 기운이 존재할 수 있으므로 체처럼 엄격하게 토의 기능이 필요한 것은 아니다. 시간이 지나 정서가 되면 금은 물러가고 7화가 작용하여 금화교역의 마지막을 완성하게 된다.

b. 7태(兌)

선천에서 태는 동남에 위치하여 최대 성장을 하기 직전의 모습이나 후천에서는 서에 위치하여 외부에서 작용하여 성장하는 양을 수렴하는 상(象)인바 7이라는 최대 분열과 맞지 않다. 손리괘(巽離卦)에서 보면 각각 하/중음(陰)이 작용하고 태(兌)괘는 상(上)음이 작용한다. 손리괘는 내부에서 음이 작용하여 외부로의 발산을 억제하는 반면 태괘는 외부로 발산하려는 양을 억제하여 내부를 성장하는 것이라 할 수 있다. 팔괘 중 일음(一陰)이 있는 손리태괘는 이양(二陽)이 발산한다고 보면 일음(一陰)이 작용하여 하나의 원칙하에 해석된다.

4. 북(北) 6건(乾), 1감(坎)

a. 6건(乾)

건은 선천에서는 남에 위치하고 상수는 7이고, 양극(陽極)이며, 음이 시생(始生)하나, 후천에서는 서북에 위치하고 상수는 6이다. 선천은 정형적(定型的)이라 건은 양체를 나타내고, 후천은 음양방의 경계가 명확한 것이 아니어서 음방에 양극이 자리할 수 있으며 상(象)하고자 하는 것 역시 성체(成體)이다.

건은 선후천에서 모두 양체, 완성체를 뜻하지만 약간의 차이가 있다. 선천에서 건은 만개한 꽃의 의미지만 후천에서는 씨앗과 다시 흙으로 돌아가는 것을 상(象)한다. 선천은 두 개의 운동으로 이루어지나 후천은 전체가 하나의 운동이라 건(乾) 전에 행해진 모든 과정의 결실이 된다.

선천은 오행대로 씨앗→만개한 꽃→씨앗의 과정이고, 후천은 씨앗→금화교역→씨앗이 되는 과정을 설명한다.

b. 1감(坎)

감(坎)은 선천에서는 음이 양을 수렴하는 상이지만 후천에서는 음체에서 일양(一陽)이 생(生)하는 상이다. 변화의 최초 출발점으로 한겨울의 씨앗 속에 화(火)가 여름의 만개한 꽃을 꿈꾸는 모습이다.

이상에서 선천과 마찬가지로 북동은 양이 작용하고, 남은 수렴하고, 남서의 곤은 중화작용을, 서는 내부가 성숙하며, 서북의 6은 완성(完成)을 나타낸다. 선천은 음체, 양체, 음양방이 엄격하게 적용되나 후천은 순수하게 기운의 작용이므로 해석은 다르다 하겠다.

해석이 《의역동원》과 대체로 일치하지 않으며 특히 리(離)의 해석은 동전의 양면 같은데 이는 기운의 동(動)함을 대상으로 하기에 그만큼 가늠하기 어렵다. 역학은 실체 없는 학문이라 설(說)에 대한 증명이 어려운 단점이 있다. 《의역동원》은 훌륭한 내용으로 독자적인 전달을 하기에 부족함이 없으며, 거기에 더하여 필자처럼 다른 각도에서 설명될 수 있음도 이해하길 바라는 마음이다.

결론

 본서의 해석은 기존의 해석과 조금 다른 각도에서 시도하였다. 그러나 편협되지 않으며 전체 흐름에 어긋나지 않는다. 기존의 해석을 보면 하도-선천괘는 체의 변화에 대한 것으로 충분히 연관성이 있는 반면 낙서-후천괘는 전혀 다르게 해석하는 경향이 있어 쉽게 수긍할 수 없다. 문제가 되는 부분은 낙서는 시공간의 영향을 받지 않고, 방향성이 없으며, 하나의 운동으로 구성됨에도 하도처럼 굳이 두 개의 운동으로 짜 맞추려 한 점이다. 이는 낙서의 특징을 제대로 이해하지 못한 것으로 생각된다.

- 하도낙서가 상(象)하는 대상이 동일함에도 이를 명확하게 정의한 해석을 찾기 어렵다. 하도낙서의 변화 과정은 달라도 대상은 동일한 개체이다. 하도는 체이고 변화에 있어 기준이 되며, 낙서는 하도의 체 안에서 이루어지는 변화가 되기에 하도는 사방에 체용으로 구성된 반면, 낙서는 팔방에 용만으로 상을 나타낸다. 이러한 이치를 알면 하도낙서는 하나의 사물에 대하여 변화하는 각각의 상(象)을 나타낸 것이어야 한다.

- 만약 하도와 낙서의 대상이 다르면 낙서가 용이라는 표현을 쓸

수 없다. 문맥상으로도 낙서를 용이라고 한 것은 하도를 겨냥한 것인데, 만약 낙서가 하도와는 관계없는 독립된 개체라면 체용이 성립되지 않는다. 육기가 천지라는 공간을 필요로 하듯, 낙서가 활동하는 공간이 하도이다.

- 음양오행은 여기서 일단락된다. 태양 편에서 시작된 내용이 하도낙서까지 그대로 이어짐을 통하여 만물의 변화 법칙이 보편적임을 알 수 있다. 어찌 보면 단순한 내용임에도 어려움을 느끼는 것은 내용의 난해함보다 전달 체계에 대한 이해가 부족한 결과가 아닐까 생각한다. 본서는 전달에 있어 음양체용도라는 제3의 매체를 이용하여 보다 쉽도록 하였다. 그렇기 때문에 모든 것은 하나로 이어질 것이며, 어느 한 부분이라도 제대로 이해하면 전체를 이해할 수 있게 하였다.

제13장 천간지지(天干地支)

천간(天干)

천간과 오행

지지(地支)

음양오행이 단순히 사물의 변화 단계를 논한 것이었다면 천간지지는 이러한 변화 요소를 좀 더 구체적으로 하늘과 땅에서 찾은 것이다. 변화는 기운, 즉 에너지가 작용한 결과로 나타나는 것이며 자연의 변화에 있어 주체가 되는 것은 바로 하늘과 땅의 기운이다. 그리고 이러한 내용을 설명한 것이 천간지지이다.

천간지지는 명리학과 한의학에 관계됨은 물론 주역의 입문이 되는 하도에서도 그 흔적을 찾을 수 있고 오운육기는 천간지지와 서로 체용 관계를 이루기에 반드시 숙지해야 된다. 앞에서 음양오행은 양(陽)의 성장과 음의 수렴이 한 주기가 되어 끊임없이 반복된다 하였다. 변화가 일정한 형식으로 되풀이되는 것은 이에 영향을 주는 변화의 인자(因子) 역시 일정한 주기를 가지고 되풀이됨을 의미하므로 천간지지 역시 일정한 주기(週期)가 있다는 것을 알 수 있다. 또 역학은 천체의 운행에서 비롯되므로 천간지지도 천체의 운행과 밀접한 관계가 있음을 더불어 추론할 수 있다.

지금까지는 하나의 사물, 확대하면 우주 만물의 변화에 대한 고찰이었다면 천간지지는 사물의 변화에 영향을 주는 기운의 종류와 성질을 다룬 것이다. 사물의 변화가 발생하는 공간은 지구의 대지(大地)와 대기권 사이다. 이것을 하나의 무대라 한다면 이 무대에 영향을 주는 것은 크게 상(上)과 하(下)가 된다. 위는 천(天)이고 아래는 지(地)가 되어 상호 간에 변화를 주고받는다. 이렇게 주고받는 내용을 설명한 것이 바로 간지(干支)이며 이로써 지구상에 나타나는 모든 변화를 설명한다.

《의역동원》에 따르면 천간지지의 묘(妙)가 발생하는 대기권은 질(質)이 후

(厚 – 두텁거나 무거움을 뜻함)하게 되면 지(地)로 하강하고, 질(質)이 박(薄 – 얇거나 가벼움을 뜻함)하게 되면 천(天)으로 상승하게 된다고 기술되어 있는데, 이는 변화의 내용, 과정에 대한 설명이다. 추상적인 내용이라 부가 설명이 필요하나 결론은 천지는 기운과 사물이 서로 체용 관계가 된다는 것이다. 쉽게는 "천간지지"라는 용어에서 천지가 항상 같이 붙어 있다는 사실만으로도 상통하는 것을 유추할 수 있으며 당연하지만 천(天)은 천(天)에, 지(地)는 지(地)에 작용할 수 없음도 알 수 있다.

천간(天干)

앞서 설명한 음양, 체용, 생성 등을 완전히 이해했다면 천간지지의 세세한 내용을 모른다 하더라도 어떤 식으로 전개되리라는 예상은 할 수 있을 것이다. 천지라는 두 글자 안에 이미 음양, 체용, 생성이 내포된다는 걸 능히 짐작할 수 있고 또한 이러한 범위 내에서 운동, 변화할 것이라는 것도 어렵지 않게 추측할 수 있다. 그러므로 지금까지의 내용인 태양, 지구, 하도낙서 등이 밤하늘의 별처럼 여기 저기 흩어져 있는 것이 아니라 포도송이처럼 모두 한 가지에 속함도 알게 된다.

1. 천(天)의 의미

천(天)은 태양열처럼 형상은 없으나 무언가를 변화시키는 에너지를 말하며, 음양으로 보면 양이 되고, 생성으로 보면 변화의 출발이 되므로 생이 되며, 체용으로 보자면 당연히 용이 된다. 천은 허공이라 형질(形質)이 만들어질 수 없으므로 색즉시공에서 공(空)에 해당한다. 형체는 분산되어 사라지나 그 기운이 존재하는 공간이다. 그리고 천은 기운을 가진 공간으로 자연히 땅인 지(地)를 향하여 영향을 미친다. 눈에 보이지도 않고 인지할 수도 없지만 모든 변화의 인자가 존재하는 곳이다.

2. 간(干)의 의미

간은 줄기 간자(幹字)를 뜻한다. 줄기는 영양소가 지나가는 통로로서 열매의 성숙에는 도움을 주나 열매가 맺히지는 않는다. 초목의 줄기는 사계절 내내 변화의 모습이 나타나지 않기 때문에 줄기를 통해서는 변화의 징조를 알 수 없다. 줄기는 성(成)을 이루는데 필요한 생(生)의 역할을 한다.

천간은 변화를 주도하는 능동적인 위치에 있고 지지는 변화를 수용하는 수동적인 입장이라는 것은 앞서 태양과 지구의 관계에서 변화의 주체와 객체의 관계와 같은 것이다. 즉 천간의 도움 없이 지지의 변화는 없으며 간(干)은 항상 천(天)과 조합을 이루어 생의 의미를 가진다.

천간과 오행

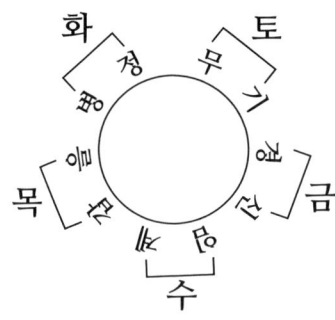

자연계가 변하는 것은 에너지의 작용이고 주된 원천은 태양열이다. 한기(寒氣)는 태양열처럼 능동적이 아니고 열기가 감소할 때 상대적으로 드러나 보이는데, 사물의 변화에 근본적인 역할은 천체가 한다. 천체의 변화가 내적인 기운, 의지라면 사물은 이를 외적으로 표현한 것이다. "천체의 변화-기운의 변화"가 "사물의 변화-형체의 변화"로 이어진다. 넓게 보면 천체와 자연계는 인간의 영육(靈肉)과 같은 관계이다. 자연계는 천체의 기운이 상(象)한 대로, 영향을 주는 대로, 의지한 대로 한 점 오차 없이 그대로 그려낸다.

천간과 오행을 하나로 묶어 보면 태양열이 조금 증가하면 싹이 나오고, 태양열이 최고가 되면 꽃이 활짝 피게 되므로 자연계의 오행은 항상 천체의 운행과 함께한다. 하늘의 변화는 땅의 변화로 연결됨이 지극히 상식적이나, 불행히도 하늘의 변화와 이에 따른 에너지를 우리가 인지하는 것이 불가능하므로 설명이 쉽지 않다.

천간은 오행의 목화토금수에 갑을병정무기경신임계를 배속하여 각 천간의 작용을 구체적으로 나타낸다. 천간은 열 개이므로 두 개의 천간이 하나의 오행에 배속되고, 배속된 두 개의 천간은 음양의 관계다. 이를 오행별로 보면 목-갑을, 화-병정, 토-무기, 금-경신, 수-임계로 되어 양간(陽干)은 갑병무경임이고, 음간(陰干)은 을정기신계로 되어 양간은 생(生)의 작용을, 음간은 성(成)의 작용을 한다. 천간의 개론(槪論)은 이러하며 각론은 아래와 같은데 이 역시 천체의 운행으로 나타나는 계절의 변화에서 비롯한 자연계의 변화 내용이다.

천간에 관한 설명은 유온서(劉溫舒)의 《소문입식운기론오(素問入式運氣論奧)》에 나온 내용을 예로 들었는데, 원서(原書)를 구하기 힘들어 논문의 내용을 재인용하였다.[11]

a. 갑(甲)
"甲은 乃陽內而陰尙包之니 草木이 始甲而出也오"
(갑은 내양내이음상포지니 초목이 시갑이출야오)
- 갑(甲)은 양(陽)에 속하나 아직 음(陰)에 싸여 있다. 초목(草木)은 갑에서 처음 시작되어, 즉 갑의 힘에 의하여 지상(地上)으로 혹은 외부로 나오게 된다는 뜻이다.

---

11) 윤창렬, 〈십간과 십이지에 대한 고찰(十干과 十二支에 對한 考察)〉, 대전대학교 한의학연구소, 1996년

b. 을(乙)

"乙은 陽過中이나 然이나 未得正方하야 尙乙屈也라 "
(을은 양과중이나 연이나 미득정방하야 상을굴야라)

- 을(乙)은 양(陽)이 진행되는 과정에 있으며 아직 정동(正東)에 이르지 않아 을이 억압받는다는 의미다.

c. 병(丙)

"丙은 乃陽上而陰下하고 陰內而陽外오"
(병은 내양상이음하하고 음내이양외오)

병은 양극(陽極)에 해당하므로 양이 최고의 위치에 오름을 말하고, 양의 성질은 발산하므로 바깥에 재(在)하며 음은 수렴하므로 안쪽에 재(在)함을 말한다.

d. 정(丁)

"丁은 陽其强하여 適能與陰氣相丁이라"
(정은 양기강하여 적능여음기상정이라)

정은 양이 강하게 된 것이며, 양이 왕성하여 더 이상 음기의 손상을 받지 않게 됨을 나타낸다.

e. 무(戊)

"戊는 陽土也니 萬物을 生而出之하고 萬物을 伐而入之라"
(무는 양토야니 만물을 생이출지하고 만물을 벌이입지라)

무는 양토이고 만물이 출생한다고 하였는데, 갑을병정을 거친 만물은 무토에 이르러 완전한 생(生)을 이루게 된다. 그리고 토는 중화의 기운이기에 갑을병정이라는 양기가 중화되므로 벌(伐)이라 한 것이며, 또한 다시 원래의 자리로 돌아가는 시발점(始發點)이 되므로 입(入)이라 하였다.

f. 기(己)

"己는 陰土也니 無所爲而得已者也라"
(기는 음토야니 무소위이득이자야라)

기는 음토여서 양토인 무(戊)와 달리 그 작용이 밖으로 드러나지 않기에 무소위(無所爲)라 한 것이며, 기는 무의 작용이 완전하게 이루어짐과 동시에 앞의 갑을병정무 전체가 또한 극에 이르는 지점이므로 기를 고비로 음으로 향하게 되는데 이를 득이(得已)라 하여 완전한 양의 운동(작용)이 이루어짐을 나타낸다.

g. 경(庚)

"庚은 乃陰干陽이니 更而續者也라"
(경은 내음간양이니 갱이속자야라)

경은 오행상 금이므로 음에 속하나 양간(陽干)임을 나타내고, 금은 음성(陰性)이고 수렴하기에 앞에 갑을병정이 상승, 발산하면서 이루어 놓은 것을 그대로 잇게 됨을 말한다.

h. 신(辛)

"辛은 乃陽在下하고 陰在上하니 陰干陽이 極於此니라"
(신은 내양재하하고 음재상하니 음간양이 극어차니라)

신은 계절적으로 늦가을이기에 음성양쇠(陰盛陽衰)하게 되어 양이 하강하고 음은 상(上)에 거(居)하게 되며, 경신 모두 금이나 신은 음금이 되어 금의 극이 되는데 이를 음간양(陰干陽=경금庚金)이 극에 이른다고 하였다.

i. 임(壬)

"壬은 乃陽氣受胎하고 陰壬之니 乃陽生之位오"
(임은 내양기수태하고 음임지니 내양생지위오)

임은 양기를 수태하게 되는데 이는 마치 어머니가 뱃속에 자식을 잉태하는 것과 같으며, 오행상 수로서 음이 되고 다음 세대를 잇는 양이 최초로 생하는 곳이다.

j. 계(癸)

"癸者는 揆也니 天令이 至此하면 萬物이 閉藏하여 懷妊於其下가 揆然萌芽니라"
(계자는 규야니 천령이 지차하면 만물이 폐장하여 회임어기하가 규연맹아니라)

계는 임에서 생한 일양을 품고 기다렸다가 때가 되면, 즉 계절적으로 봄에 이르게 되면 싹을 틔운다는 것이다.

이렇게 갑에서 시작된 천간은 계에서 끝나게 되어 만물은 한 생을 마감한다. 그러나 계에서의 끝이 영원한 끝은 아니며 "폐장(閉藏)하여 회임(懷妊)"한다는 내용은 음극생양의 뜻이다. 역학은 자연계의 현상이므로 작자(作者), 도서(圖書), 연대(年代)별로 표현이 조금씩 다르나 천체의 운행은 고금(古今)을 막론하고 변하지 않으므로 내용은 같을 수밖에 없다.

지지(地支)

1. 지(地)의 의미

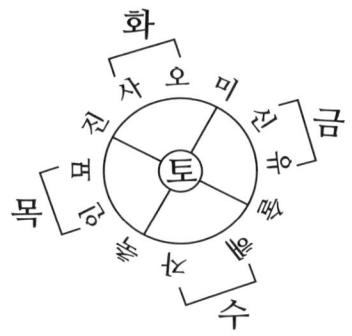

천(天)과 지(地)의 변화 내용이 같다면 굳이 구분할 필요가 없을 것이나 천지는 각각 생(生)과 성(成)이라는 고유의 영역을 가진다. 천(天)의 생은 기운이라 정확히 감지할 수 없으므로 지(地)의 성(成)이 이룬 결과로써 추측할 수 있다. 지(地)는 스스로의 힘으로 변할 수 없고 반드시 천의 기운을 필요로 한다. 그렇기 때문에 천(天)은 변화의 시발점(始發點)이며 지(地)는 종점(終點)이다. 하늘에서 햇살을 비추면 땅은 햇살을 받고, 한기(寒氣)가 흐르면 땅이 어는 것처럼 항상 하늘의 변화에 따라가는 것이 지(地)이다.

2. 지(支)의 의미

지(支)는 나뭇가지를 뜻하는 지(枝)와 같은 의미이다. 가지에서 꽃망울이 나오고, 꽃이 피고, 열매가 맺히는 등 가지를 통해 사계절의 변화를 볼 수 있다. 하늘의 기운이 동(動)하여 지(地)에 영향을 주면 영양소가 줄기를 타고 가지로 가서 결과가 탄생한다. 이렇게 가지는 식물 내부의 변화 결과를 나타내므로 한마디로 천지의 모든 요소가 응집된 결정체라 할 수 있다. 그러므로 가지의 변화를 통해 천의 무형의 기운과 지의 유형의 물질을 분석할 수 있으며 지지(地支)는 지(地)의 의도가 지(支)에 드러남을 말한다.

3. 지지(地支)와 오행(五行)

지지 역시 천간과 마찬가지로 오행으로 구분할 수 있으며 다른 점은 토가 네 개인 것이다. 지지는 자축인묘진사오미신유술해(子丑寅卯辰巳午未申酉戌亥)이며 목-인묘, 화-사오, 토-축진미술, 금-신유, 수-술해로 되어 목화금수는 두 개의 지지이나 토는 네 개의 지지로 된다.

천간은 기운이므로 강한 기운이 약한 기운을 극하게 되어 목→화, 금→수로 같은 음양 내(內)에서 변할 때는 토가 없으나, 지지는 사물의 형(形)에 관계되어 하나의 기운이 완전히 정지해야 다음 단계로 넘어갈 수 있다.

형체 있는 사물이 한 공간에 두 개 있으면 충돌이 발생하므로 하나의 사물은 완전히 사라져야 된다. 여기서 사라진다는 것은 다른 사물로 화(化)하는 것이고 이를 위해서 토가 반드시 있어야 된다. 천간에서 토는 중간에 무기(戊己) 밖에 없어 완전한 형태가 아니라 하는데 천간은 기운이기에 오행 사이에 토가 필요치 않은 것이다.

후한(後漢) 말 유희(劉熙)가 지은 《석명(釋名)》에 나온 지지(地支)의 내용을 보자면[12]

---

12) 윤창렬, 〈십간과 십이지에 대한 고찰(十干과 十二支에 對한 考察)〉, 대전대학교 한의학연구소, 1996년

a. 자(子)

"子는 孶也니 陽氣始萌하야 孶生於下也라 於易爲坎이니 坎은 險也라"

(자는 자야니 양기시맹하야 자생어하야라 어역위감이니 감은 험야라)

자는 오행상 수이므로 불어나는(자양하는) 것이니[자(孶) : 불어나다 또는 새끼를 낳다], 양기가 아래에서 처음 싹트는 곳이라 하였다. 역(易)에서는 감(坎)이 되고, 감(坎)은 한극(寒極)이기에 험(險)하다 표현하였다.

b. 축(丑)

"丑은 紐也니 寒氣自屈紐也라 於易爲艮이니 艮은 限也라 時未可聽物生하고 限止之也라"

(축은 뉴야니 한기자굴뉴야라 어역위간이니 간은 한야라 시미가청물생하고 한지지야라)

축(丑)을 묶는 것으로 표현했는데 그 대상은 한기(寒氣)이다. 한기라는 수기(水氣)가 멈추어야 다음의 목기로 이어질 수 있으므로 한기의 작용을 멈추게 하는 것을 묶는다고 한 것이다.

축은 토로서 중화의 기운이기에 정북에 위치한 자(子)의 한기가 동북의 축에 이르러 기운이 약해짐을 나타내고, 또한 자(子)의 응축하려는 수기가 새로운 생명을 탄생하기 위해서는 중화되어야 새로운 기운이 작용할 수 있으므로 "한기자굴(寒氣自屈)"이라 하였다. 역에서는 간(艮)이 되고 토의 작용을 하며, 축은 한습(寒濕)하므로 만물이 생명을 유지하기가 어려운 때이다.

c. 인(寅)

"寅은 演也니 演生物也라"

(인은 연야니 연생물야라)

인(寅)은 펼치는 것이니 인에서 생물이 지상에 널리 퍼진다고 하였다. 연(演)은 널리 편다는 의미니 인은 계절적으로 봄이라 만물이 마치 싸매 두었던 물건을 펼치듯이 지히에서 지상으로 나오는 모습을 은유적으로 표현하였다.

d. 묘(卯)

"卯는 冒也니 載冒土而出也라 於易爲震이니 二月之時에 雷始震也라"
(묘는 모야니 재모토이출야라 어역위진이니 이월지시에 뇌시진야라)
묘는 토를 무릅쓰고 나오는 모습을 상(象)한 것이고, 역에서는 진(震)으로 음력 2월에 천둥소리가 천지를 깨우듯 진(震)이 겨우내 잠들은 자연계를 깨워 기상하게 함이라 하였다.

e. 진(辰)

"辰은 伸也니 物皆伸舒而出也라"
(진은 신야니 물개신서이출야라)
진은 펴는 것이니 겨우내 최대한 응축한 만물이 새로운 생을 맞아 펼쳐서 나온다고 하였다.

f. 사(巳)

"巳는 已也니 陽氣畢布已也라 於易爲巽이니 巽은 散也라 物皆生布散也라"
(사는 이야니 양기필포이야라 어역위손이니 손은 산야라 물개생

포산야라)

사는 그치는 것이라 양기가 퍼지는 것이 그치게 된다는 것이다. 역에서는 손(巽)이라 흩어지는 것이며 만물은 태어나 흩어지고 퍼지는 것이다. 계절적으로 사(巳)는 만물이 성장을 멈추고 옆으로 퍼지는 산포(散布), 발산(發散)하는 시기인데 양기가 그치게 된다함은 양의 상승, 발산이 끝에 이르렀음을 의미한다.

g. 오(午)

"午는 仵也니 陰氣從下上하야 與陽相仵逆也라 於易爲離니 離는 麗也라 物皆附麗陽氣以茂也라"

(오는 오야니 음기종하상하야 여양상오역야라 어역위리니 리는 려야라 물개부려양기이무야라)

오(午)는 음기가 밑에서 위로 올라오니 거스르는 것이다. 역에서는 리괘(離卦)라 만물이 양기와 더불어 무성하게 되는 것이다.

h. 미(未)

"未는 昧也니 日中則昃하야 向幽昧也라"

(미는 매야니 일중칙호하야 향유매야라)

미는 해가 중천에서 서쪽을 향하는 것이니, 즉 밝음에서 어둠을 향하여, 양에서 음을 향하는 것이다. 미는 토로서 목화의 양기운이 다하고 금수의 음기운으로 이어지는 중간에 재(在)하는 것을 나타내었다.

i. 신(申)

"申은 身也니 物皆成其身體하야 各申束之하야 使備成也라"

(신은 신야니 물개성기신체하야 각신속지하야 사비성야라)

　신(申)은 만물의 체(體)가 이루어짐이니 신(申)이 형체를 단단히 하여 성(成)을 완전하게 함이다. 신은 가을의 수렴하는 기운이라 속(束)한다고 표현하였다.

j. 유(酉)

"酉는 秀也니 秀者는 物皆成也라 於易爲兌니 兌는 說也라 物得備足하야 皆喜說也라"

(유는 수야니 수자는 물개성야라 어역위태니 태는 설야라 물득비족하야 개희설야라)

　유(酉)는 만물이 완성되는 것이니 마치 꽃이[수(秀) : 꽃이 피다] 온전히 핀 형상과 같음이다. 역에서는 태(兌)가 되니 만물이 완전함을 이루어 희열(喜說)을 맛보는 시기이다.

k. 술(戌)

"戌은 恤也니 物當收斂하야 於恤之也라 亦言脫也며 落也라"

(술은 휼야니 물당수렴하야 어휼지야라 역언탈야며 락야라)

　술(戌)은 금기에서 수기로 넘어가는 중간이니 양기는 이미 땅속 깊이 파묻힌 시기라, 봄여름에 하루가 다르게 성장하는 모습 대신 거칠어지고 꽃이나 과실이나 땅에 떨어지게 되어 불쌍히[휼(恤) : 동정하다] 여기게 됨을 말한다.

l. 해(亥)

"亥는 核也니 收藏百物하야 核取其好惡眞僞也라 亦言物成皆堅核也라"

(해는 핵야니 수장백물하야 핵취기호악진위야라 역언물성개견핵야라)

해(亥)는 만물의 가장 함축된 모습인 씨앗[핵(核)]이니 이는 한 생(生)동안 취한 호악진위(好惡眞僞) 모두를 내포하는 것이다. 또한 만물이 가장 단단함을 이루는 시기이다. 해는 하루의 시간상 21~23시가 되므로 하루의 모든 결과를 포함하고 있다. 그러기에 하루 중 행한 선(善)과 악(惡)과 진실과 거짓을 모두 안고 있다고 표현했으며, 씨앗은 겨울의 추위에 견디기 위해 표면적을 최소하여 단단해지는 것을 나타내고 있다.

십이지지에 대한 일반적인 내용 역시 계절과 밀접한 관계가 있어 그리 어렵지 않으나 위의 표현 중 어떤 부분은 십이지지 자체보다 더 깊은 상(象)을 요하기도 한다. 그리고 내용에 있어 일반적인 내용, 혹은 계절적으로 일치하지 않는 것이 있기에 참고하면 될 것이다.

제14장 오운육기

오운육기
오행과 운기의 비교
오운(五運)
육기(六氣)
운기상합(運氣相合)

오운육기

1. 오운육기의 개념

- 지금까지 음양오행과 이에 연계된 자연계의 변화 내용을 알아보았는데 모두 계절과 밀접한 관계가 있었다. 중심축은 음극과 양극이 되는 수화(水火), 동지/하지, 건곤(乾坤) 등이고 대체로 계절이라는 체(體)를 중심으로 용(用)이 작용하는 형태였다.
음양오행은 태양과 지구의 관계에서 시작하여 여러 갈래로 나누어지는데 마치 하나의 줄기에서 가지가 나오는 것처럼 많은 내용으로 분화(分化)됨을 볼 수 있었다. 역학의 모체는 천체인데 운기도 예외는 아니므로 앞 장의 천간지지가 체라면, 운기는 체 안에서 발생하는 용(用)에 관한 것이다. 음양오행은 지구 상의 생명체, 특히 식물의 생장과 깊은 관계가 있는데 반해 운기는 기본적으로 기후에 관계된다.

- 사계절은 각기 특징적인 기후가 있지만 매년 동일하지는 않다. 해에 따라 봄에 바람이 많거나, 습하거나, 평년보다 더 춥거나 혹은 더 덥거나 하는 등 여러 모습을 보인다. 이렇게 되는 것은 오행상 봄이라는 체는 같으나 체 안의 기운은 봄/여름/가을/겨울이 다 올 수 있기 때문이다. 낙서처럼 체 안의 기운은 독립적인

작용이 가능하므로 같은 봄이라도 해마다 기후는 다르게 된다. 봄 안에 여러 계절이 섞일 수 있는데 이를 기운으로 나타내면 풍(風), 한(寒), 서(暑), 습(濕), 조(燥), 화(火)라는 여섯 기운이다. 이러한 육기의 형성에 영향을 주는 것은 운(運)이며 운은 기를 만드는 원천으로 둘을 합쳐 운기(運氣)라 한다. 이는 앞의 천간지지처럼 서로 생과 성의 관계가 되며, 근본 내용은 천체의 변화에서 비롯되고 대상이 다를 뿐 앞의 내용과 같은 틀 안에서 이루어지는 변화이다.

- 인간의 육체도 대기의 육기와 마찬가지로 풍한서습조화가 있다. 현재의 천체 운행에서 육기는 지구의 생리가 되고 동시에 인간의 생리도 되기에 침구(鍼灸) 같은 학문이 존재할 수 있는 것이다. 비단 육기뿐 아니라 인간의 육체를 구성하는 물질도 지구와 같고 지구는 우주의 별과 같으므로 인체는 기운뿐 아니라 물질까지도 우주와 동일하다.

  인체와 자연은 불가분의 관계이므로 매년의 기후는 인간에게 직간접으로 영향을 주게 되는데 운기학은 해가 바뀜에 어떤 기운이 들어오는지를 미리 알아내어 질병 등을 예방하고자 하는 목적도 있다. 특히 인체의 경락은 철저히 육기 체계로 구성되는데 천지자연에서 육기의 영향을 받지 않는 것은 없다.

- 운기는 천간지지와 체용 관계이기에 천간지지는 오행상, 운기상 각기 다른 기운을 가진다.

  천간을 오행으로 분류하면 목-갑을, 화-병정, 토-무기, 금-경신, 수-임계이고 천간을 오운으로 분류하면 목-정임, 화-무계, 토-갑기, 금-을경, 수-병신이다.
지지를 오행으로 분류하면 목-인묘, 화-사오, 토-진술축미, 금-신유, 수-해자이고
지지를 육기로 분류하면 풍목-사해, 군화-자오, 습토-축미, 상화-인신, 조금-묘유, 한수-진술이다.

한 가지 예를 보면 천간의 갑은 오행상 목이나 오운은 토가 되는데 이는 체용이 다르기 때문이다. 이에 대해 《우주변화의 원리》를 보면 "오운에 있어서는 방위의 규정도 필요가 없고 또는 규정하여 낼 수도 없다.", "운은 그 변화에 있어서도 타율적인 변화가 아니고 자율적인 변화인 것이다. 변화는 실체인 오행을 기본으로 하고 일어나는 것인 한 오행법칙과 오운법칙은 주객 관계에 있다는 것을 유의하지 않을 수가 없는 것이다. 그런즉 오운은 방위의 구속을 받지 않으므로 변화하는 데에 장점이 있고 변화의 상(象)을 나타내는 바의 장점은 부족하다고 할지라도 기본을 확정하는 데에 장점이 있는 것이다."[13]라고 하였다.

해석해 보면 오운이 방위와 무관한 것은 오행처럼 동방-목기, 남방-화기와 같이 방위와 기운의 작용이 일치하지 않는다는 것이고, 타율적인 변화란 성(成)이 항상 생의 기운이 의지한 대로 행해지는 것이고, 자율적인 변화는 방위나 계절에 종속되지 않고 이를 거스르는 변화, 기운도 가능하다는 것이다. 오행과 오운의 주객 관계는 체용 관계를 말하는 것이므로 오운의 특징을 그대로 집어 낸 것을 알 수 있다.

---

13) 한동석, 앞의 책, pp.95-96

2. 오운육기의 유래

운기에 대한 유래는 《황제내경》의 오운행대론(五運行大論)에 나오는 오기경천화운설(五氣經天化運說)에 근거하며, 이는 별자리를 토대로 만들어진 이론이다. 기본적인 틀은 태양이 지나는 궤도, 즉 황도와 황도상에서 만나는 28별자리인 28수(宿)를 하나씩 보자.

a. 황도(黃道)

황도는 천구상에서 태양이 한 해 동안 지나는 길로, 지구의 공전에 의해 생긴다. 즉, 1년 동안 별자리 사이를 움직이는 태양의 겉보기 경로이다. 황도에서 만나는 별자리는 매월 다르며 이를 서양에서는 고대부터 월별로 나누어 12궁이라 부르고 다음과 같이 고유한 이름을 붙였다.

1월 염소자리, 2월 물병자리, 3월 물고기자리, 4월 양자리, 5월 황소자리, 6월 쌍둥이자리, 7월 게자리, 8월 사자자리, 9월 처녀자리, 10월 천칭자리, 11월 전갈자리, 12월 궁수자리

1월과 7월을 보면 태양은 1월에 염소자리에 위치하나 실제 지구상에서 볼 수 있는 별은 반대편에 있는 게자리이다. 서양에서는 황도에 나타나는 별자리를 월별로 구분하였으나 고대 동양에서는 좀 더 세분하여 28개의 별자리로 나누었다.

운기는 천체라는 실체를 기반으로 만들어진 이론으로 천체 운행으로 인한 기운의 변화를 논한다. 이는 기후뿐 아니라 인체 경락에 똑같이 대입되어 수천 년간 실용화된 것이므로 받아들이지 않을 수 없

다. 28별자리를 28수(宿)라 하고, 이 28수를 동서남북으로 나누어 각각의 방위에 7수씩 두었으며, 고유의 이름은 다음과 같다.

동방 : 각(角) · 항(亢) · 저(氐) · 방(房) · 심(心) · 미(尾) · 기(箕)
서방 : 규(奎) · 루(婁) · 위(胃) · 묘(昴) · 필(畢) · 자(觜) · 삼(參)
남방 : 정(井) · 귀(鬼) · 유(柳) · 성(星) · 장(張) · 익(翼) · 진(軫)
북방 : 두(斗) · 우(牛) · 여(女) · 허(虛) · 위(危) · 실(室) · 벽(壁)

이를 월별로 보면

1월 여허위, 2월 실벽, 3월 규루, 4월 위묘필, 5월 자삼, 6월 정귀, 7월 유성장, 8월 익진, 9월 각항, 10월 저항심, 11월 미기, 12월 두우가 된다.

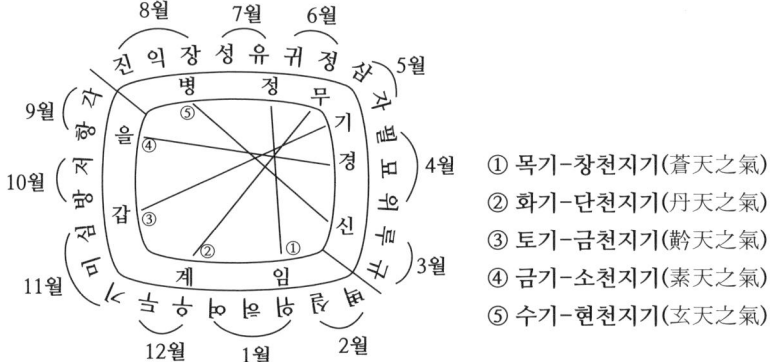

① 목기-창천지기(蒼天之氣)
② 화기-단천지기(丹天之氣)
③ 토기-금천지기(黔天之氣)
④ 금기-소천지기(素天之氣)
⑤ 수기-현천지기(玄天之氣)

그림에서 보면 북에서 1월이 시작하여 서→남→동→북으로 되며 지구는 태양의 반대편에 있으므로 태양이 북방인 두우여허위실벽에 있을 때 지구는 남방인 정귀유성장익진에 있게 된다.

28수는 운기가 탄생하던 시대는 물론 지금도 존재하며 이를 배경으로 오운육기가 탄생한 것이다. 천간지지의 배속(配屬)을 보면 28수의 동서남북에 간지의 오행대로 붙여서 나타낸 것으로 통상적인 내용이다. 《황제내경》의 오운행대론에 나온 부분을 보면

"丹天之氣經於牛女戊分, 黃今天之氣經於心尾己分, 蒼天之氣經於危室柳鬼, 素天之氣經於亢氐昴畢, 玄天之氣經於張翼婁胃, 所謂戊己分者, 奎壁角軫, 則天地之門戶也"(단천지기경어우녀무분, 금천지기경어심미기분, 창천지기경어위실류귀, 소천지기경어항저묘필, 현천지기경어장익루위, 소위무기분자, 규벽각진, 즉천지지문호야)

"단천지기(丹天之氣)-[화기(火氣)]는 牛女와 戊分에 經하고 – 붉은 기운은 우녀와 무분으로 흐르고,

금천지기(금天之氣)-[토기(土器)]는 心尾와 己分에 經하고 – 누런 기운은 심미와 기분으로 흐르고,

창천지기(蒼天之氣)-[목기(木氣)]는 危室과 柳鬼에 經하고 – 푸른 기운은 위실과 유귀로 흐르고,

소천지기(素天之氣)-[금기(金氣)]는 亢氐와 昴畢에 經하고 – 흰 기운은 항저와 묘필로 흐르고,

현천지기(玄天之氣)-[수기(水氣)]는 張翼과 婁胃에 經하고 – 검은 기운은 장익과 루위로 흘러서 각각의 기운으로 명하게 된 것이며, 소위 무기분(戊己分)이라는 것은 규벽(奎壁)과 각진(角軫)을 일컬음이며 이를 천지지문호(天地之門戶)라 한다."는 것이다.

28수와 천간을 배합하여 운기를 설명하여 다소 복잡해 보이나 실

제 내용은 간단하다. 병신(丙辛)을 보면 병과 신에 현천지기(玄天之氣), 즉 검은 기운이 서로 흘러서 수기(水氣)라 하며, 모두 이와 같은 방식으로 되는데 이에 대한 이론적 근거가 약한 것이 흠이다. 어찌 되었거나 이를 통하여 대측의 별자리끼리 같은 기운을 가져서 천간에서 오운이, 지지에서 육기가 탄생하게 된다.

두 번째로 중요한 것은 마지막 구절에 있는 "무기분(戊己分)이라는 것은 규벽(奎壁)과 각진(角軫)을 일컬음이며 이를 천지지문호(天地之門戶)라 한다."는 것인데 규벽 각진의 별자리는 하늘과 땅으로 들어가는 문(門)이 된다고 한 점이다. 천지문호는 운동의 전환점이 되는데 천과 지는 서로 반대에 위치하여 작용도 반대인 것을 짐작할 수 있다. 규벽과 각진은 계절상 춘분과 추분이 되며 앞에서는 항상 북-동지, 남-하지가 운동의 전환점이었으나 여기서는 춘분, 추분인 것이 다르다. 이의 해석을 어떻게 했는지 보자.

b. 장경악(張景岳) 해설

《의역동원》에 나온 장경악의 해설을 정리해 보면

- "2월이 벽초(壁初)가 되고 이를 시작으로 차례로 남으로 하여 3월 규루, 4월 위묘필, 5월 자삼, 6월 정귀, 7월 유성장, 8월 익진, 9월 각항, 10월 저방심, 11월 미기, 12월 두우, 1월 여허위, 2월에 다시 규벽(奎壁)에 입(入)한다"고 되어 있다. 28수를 각월별로 나타내었는데 이는 태양이 흘러가는 황도를 기준하여 설명하고 있다.

- 더불어 "일(日)의 장(長)함과 시(時)의 완(緩)함과 만물의 발생함이 모두 규벽에 종(從)하여 시(始)하고, 일(日)의 단(短)함과

시(始)의 한(寒)함과 만물의 수장(收藏)함이 모두가 각진(角軫)을 종(從)하여 시(始)하니 춘분은 계(啓)함을 사(司)하고 추분은 폐(閉)함을 사(司)한 것이다."라는 구절이 나오는데 규벽은 춘분이므로 규벽을 지나면서 하루의 시간이 점차 길어지고, 만물이 생장을 시작하므로 계(啓)한다 하였고, 반대로 각진은 추분으로 이를 시작으로 낮 시간이 서서히 짧아지고 따라서 차츰 추워지며 한기(寒氣)가 성(盛)하게 되어 만물이 수렴하므로 폐(閉)한다 하였다. 운동의 전환점은 규벽, 각진이 되어 규벽(춘분점)은 만물을 계(啓 : 열다)하고, 각진(추분점)은 폐(閉 : 수렴)함을 알 수 있다.

- 이어지는 내용은 "규벽(奎壁)으로 시작하여 남(南)으로 일(日)이 양도(陽道)를 취(就)함으로 천문(天門)이라 하고, 각진(角軫)에서 시(始)하여 북(北)으로 일(日)이 음도(陰道)를 취(就)하므로 지호(地戶)라 한다."고 하였다. 천문(天門)은 방위상 서북이고, 지호(地戶)는 동남이다. 규벽을 시작으로 남→서로 이어지는 과정을 천문이라 하였는데 이는 황도를 말하는 것이므로 장경악의 해석은 지구가 아니고 태양을 중심으로 설명한 것을 알 수 있다. 왜냐하면 규벽이 춘분이라 하였는데, 규벽에는 태양이 위치하고 지구는 각진에 위치하기 때문이다.

규벽, 각진이 춘추분점이 되는 것뿐 아니라 천문, 지호에 대한 설명도 모두 반대이다. 하지만 "춘분은 계(啓)함을 사(司)하고, 추분은 폐(閉)함을 사(司)한다"는 내용은 지구에 나타나는 반응이므로 천체 운행은 태양을 중심으로 하고 발생하는 내용은 반대로 지구의 자연계임을 알 수 있다.

c. 이정래 해석

- "규벽각진(奎壁角軫)이 천지(天地)의 문호(門戶)이고 규벽이 천문(天門)으로서 술해(戌亥)의 분(分)이기 때문에 음극(陰極)이 양(陽)을 생(生)하는 기(己)의 분(分)이고, 각진(奎壁)이 지호(地戶)로서 진사(辰巳)의 분(分)이기 때문에 양극이 음을 생하는 무(戊)의 분(分)인데 음토의 극이 양을 생하고 양토의 극이 음을 생하는 이유가 되기 때문이다." 규벽, 각진이 장경악의 해석과 달리 춘분, 추분점이 반대이고 방향도 반대이다.

  장경악은 황도를 기준하였으나 이정래는 앞의 그림 28수와 천간지지도에 의거하여 지구에 나타나는 변화를 설명한 것이어서 반대가 된다. 하지만 변화 내용은 같으므로 잘못된 것이 아니며 태양이 양분(陽分)에 있으면 지구는 음분(陰分)에 있는 것이므로 정반대가 된다.

- "술해(戌亥)가 천문(天門)이 되는 것은 여기를 거쳐 자(子)에서 일양(一陽)이 생(生)하니 천양(天陽)의 기(氣)가 이에서부터 생(生)하여 무분(戊分)이 시작되고, 진사(辰巳)가 지호(地戶)가 되는 것은 여기를 거쳐 오(午)에서 일음(一陰)이 생(生)하니 지음(地陰)의 기(氣)가 이에서부터 생(生)하여 기분(己分)이 시작되는 것이며 이 중궁(中宮)에 속(屬)하는 무기토(戊己土)의 음양(陰陽) 동정(動靜)이 술해(戌亥)와 진사(辰巳)를 거쳐 개시(開始)하여 서로 시종(始終)을 이룬다."고 하였다.

  천문(天門)이 되는 술해(戌亥)와, 지호(地戶)가 되는 진사(辰巳)는 각각 추분, 춘분점이 되어 서로 시종(始終)의 관계임을 설명한다. 여기서 술해를 거쳐 자(子)에서 일양(一陽)이 생(生)하고, 진사를 거쳐 오(午)에서 일음(一陰)이 생(生)한다고 하였는데, 음양체용도나 하도에 나오는 자오(子午)에 대한 개념과 동일하다.

- "이의 근거로는 경(經)에서 말한 천(天)은 서북(西北)이 부족하고, 지(地)는 동남(東南)이 불만(不滿)하다 하였으므로 천양(天陽)이 부족한 서북이 육음(六陰)이 성극(盛極)하는 술해인 것이고 이곳을 거치므로 자(子)에서 일양(一陽)이 생(生)하는 것이고, 지음(地陰)이 불만(不滿)한 육양(六陽)이 성극(盛極)하는 동남이 곧 진사인 것이니 이곳을 거치므로 일음(一陰)이 생(生)한다는 것이다."

천(天)은 서북(西北)이 부족하다 함은 천은 양(陽)이므로 서북은 양의 부족을 말함이고, 지(地)는 음(陰)이므로 동남의 불만(不滿)은 음의 부족을 말하는 것이다. 오행에서 동남은 목화여서 양이 성하고 음이 쇠하여, 천성(天盛) 지불만(地不滿)으로 표현할 수 있고 반대로 서북은 금수여서 음이 성하고 양이 쇠하므로, 천불만(天不滿) 지성(地盛)이라 표현한 것이다.

- "술해(戌亥) 다음의 자(子)와 진사(辰巳) 다음의 오(午)가 천지(天地)의 중정(中正)의 위치가 되는 것과 같이 이 무토(戊土)는 천지의 중(中)이 되는 것이므로 토(土)에 해당하는 것이고, 동시에 토는 사계절에 두루 왕(旺)하고 또한 중앙에 위치하는 것이며, 시간적인 흐름에서 본다면 춘하의 양(陽)과 추동의 음(陰) 사이에 즉 하추(夏秋)간인 미토왕절(未土旺節)에 해당하며 원(圓)으로 보면 중(中)에 재(在)하는 것이므로 천간에서는 갑을병

정과 경신임계 사이에 무기(戊己)가 존재하는 것이다. 오운육기의 이루어짐은 모두 무기토의 중화기능에 의함이니 오운(五運)은 지음(地陰)에서 원(源)하였으므로 갑이 음토인 기(己)와 합(合)하여 토운(土運)에서 시작하고, 육기의 근원은 천양(天陽)이므로 계(癸)가 양(陽)인 무(戊)와 합(合)한 화운(火運)에서 시작하므로 자오소음군화부터 시작된다고 하였다."

이 부분은 무기토에 대한 설명인데 "시간적으로"란 오행을 말하며 음양 사이에 작용하므로 여름과 가을 사이인 미토에 해당하나, 운기에서는 천지문호인 춘추분에 작용하여 차이를 설명한다. 그리고 운기의 최초 시작을 설명함에 있어 근원은 지음(地陰)의 토(土)와, 천양(天陽)의 화가 되므로 토에 해당하는 갑기합토(甲己合土), 화에 해당하는 무계합화(戊癸合火)에서 시작함을 설명한다.

d. 두 설(說)의 비교

두 설을 비교하면 반대로 흘러가는 것 같으나 결론적으로 같은 내용이다. 장경악은 남서가 양(陽)에, 북동이 음(陰)에 속한다 하였고, 이정래는 반대로 북동이 양에, 남서가 음에 속한다 하였다. 일견(一見) 천(天)은 양(陽)에, 지(地)는 음(陰)에 속하므로 전자(前者)가 옳은 듯 보이나, 양(陽)은 좌선(左旋)하고, 음(陰)은 우선(右旋)하는 기본적인 원칙에 어긋나는 것이다. 그러나 앞서 설명했듯 장경악은 황도를 기준하고, 이정래는 지구의 공전을 기준하였기에 겉모습은 달라 보이나 실제 내용은 동일하다.

이상의 내용에서 춘분과 추분을 기점으로 각기 다른 관점에서 일양과 일음이 생(生)함을 설명하고 있다. 앞에서 체용에 대해 누누이 강조했는데 여기 나오는 내용도 천간지지를 체용으로 분리했을 때 용(用)에 해당하는 것을 알 수 있다. 인용구에서 자오(子午)가 위치한 남북이 공간적으로 중정(中正)이 되고, 운기(運氣)는 무기토의 중화 기능에 의한다고 하였다. 이 말은 체에 대한 변화의 기준은 동지와 하지이나, 운기는 용(用)의 변화이므로 다르게 되어 춘추분이 된다. 또한 운기의 핵심이라 할 수 있는 부분은 무기(戊己)토가 천지문호가 되어 각기 운동의 중심축이 되는 것이다.

역학의 모든 이론은 가능한 천문으로 설명될 수 있어야 한다고 본다. 설득력은 객관성에 비례하기 때문이다. 운기는 《황제내경》에 나오는 이론이 전부이고 일반적인 천체 운행으로 설명할 수 없는 부분이므로 많은 아쉬움이 남는다. 그러나 음양오행은 체에 대한 것이고 운기는 용에 대한 것이므로 기원을 달리하고, 특히 용은 보이지 않는 것이라 일반적인 천체 운행과는 다를 것이라는 예상이 가능하기에 이론적 배경이 짧다고 해도 그 자체를 부정할 수는 없을 것이다.

덧붙이자면 운기의 내용은 그리 어렵지 않으나 전달되는 과정에서 한자와 복잡한 표현을 많이 사용하다 보니 난해하다고 느끼게 된다. 운기의 탄생 배경은 역학 지식보다 오히려 독해력이 더 필요함을 느낄 정도다. 천체와 역학의 기본적인 지식만으로 충분히 운기를 대할 수 있다고 생각하나 전달되는 방법이나 문구가 실제 내용을 더 어렵게 하는데 이는 다른 부분도 마찬가지다. 앞으로 이런 부분을 바꿔 보다 쉽게 전해질 수 있도록 개선해야 할 것이다.

오행과 운기의 비교

1. 오행의 변화

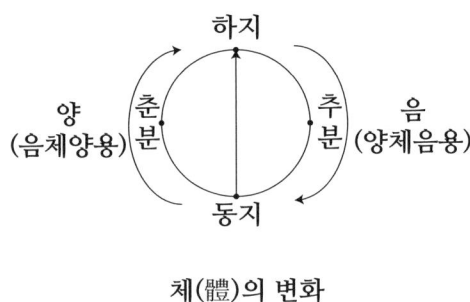

체(體)의 변화

오행과 운기는 변화의 내용이 서로 다른데 오행의 변화부터 보자.

그림은 자연계에서 발생하는 변화를 일 년의 주기(週期)로 나타낸 것이다. 오행은 사물이 그림처럼 좌→우, 즉 양→음으로 변하며 마지막에는 종점(終點)이자 시점(始點)으로 되돌아와서 한 주기를 마친다. 체의 변화라 하지만 체 역시 기운이 있어야 되는 것이므로 양에 해당하는 좌편(左便)은 사물(음체)에 양이 작용하며 이를 음체양용이라 하였고, 반대로 우편(右便)은 양체에 음의 에너지 작용하여 양체음용(陽體陰用)이라 하였다. 여기서 변화의 중심축은 동지와 하지로, 태양열이 최소 또는 최대가 되는 지점이다. 자연계는 이러한 천체의 변화에 한 점 오차 없이 따르고 하도에서 상(象)하는 그대로다.

2. 운기의 변화

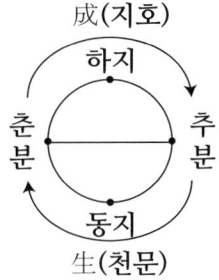

용(用)의 변화

앞에서 무기분(戊己分)은 춘추분을 나타내고 이를 기준으로 장경악은 춘분→추분은 만물이 계(啓)하고, 반대로 추분→춘분은 폐(閉)한다 하였는데 이는 초목의 외적인 변화가 잘 드러나는 시점을 기준한 것이다.

춘추분은 밤낮의 시간이 같아 일조량이 동일하며 이를 기준하면 춘분→추분은 열(熱)이 성하는 시기로서 초목은 산야에 무성히 자라다 하지에서 최고로 성장한다. 이후는 감소하여 추분을 지나면서 한(寒)이 성(盛)하고 만물은 땅속으로 들어간다. (12지지에서 진술이 기준인데 이해를 돕기 위해 춘추분을 수평되게 하였다.)

운기에서도 생과 성에 해당하는 부분에 각각 오행이 작용하여 두 개의 운동이 발생하며, 하도에 나오는 두 개의 운동과는 다른 형태이다. 운기에서는 춘추분을 기점으로 상하로 나누어지고 상(上)은 지호(地戶)에, 하(下)는 천문(天門)에 해당한다. 천은 기운이므로 생수가 되고, 지는 형체라 성수가 되니 서로 생성의 관계이다. 여기서도 사물을 변화시키는 동력원은 한열이며 이에 맞추어 수(水)의 상승과 하강이 만물의 번성과 쇠퇴에 영향을 미치는데 운기를 통하여 사물의 생장도 유추해 볼 수 있다.

오운(五運)

1. 오운(五運)의 개념(槪念)

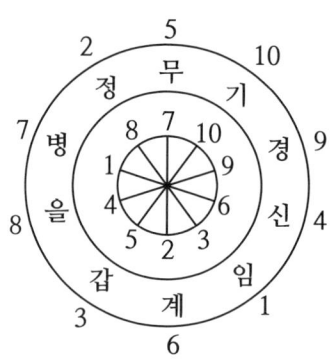

오운의 정의를 《우주변화의 원리》에서 보자면 "오행(五行)은 자연 자체의 기본 법칙을 말하는 것이고 오운(五運)은 오행이 실현하는 자율현상(自律現象) 변화 자체의 법칙과 상(象)"이라 하였다. 이는 오행은 체, 오운은 용에 대한 표현으로 사물의 외형과 내부에 잠복한 기운을 분리하여 인식하는 사고방식이다.

오행은 외적인 변화와 내부 기운 간의 관계이므로 적어도 한 면은 우리의 오감으로 인지할 수 있지만 오운은 순수하게 기운 자체이므로 그 상을 찾기가 쉽지 않다. 오행은 초목의 생장을 통하여 설명이 가능하나 오운은 처음부터 천도(天道)를 통하여만 설명이 가능하다. 그렇기 때문에 전적으로 고전에 나온 내용에 의존할 수밖에 없으므로 운기를 토대로 탄생한 결과를 가지고 역(逆)으로 추론하여 진위(眞僞)를 가려야 한다. 본서는 침구의 경락이 구성되는 이치와 운기의 내용이 부합됨을 통하여 운기의 정당성을 설명하며 경락에 대한 내용은 다음 장에서 논한다.

오운(五運)은 목운(木運), 화운(火運), 토운(土運), 금운(金運), 수운(水運)의 다섯 운을 말한다. 다섯 운은 십간이 오운으로 화한 것인데

갑기화토(甲己化土) - 갑기는 토로 화하여 토운(土運)이 되고
을경화금(乙庚化金) - 을경은 금으로 화하여 금운(金運)이 되고
병신화수(丙辛化水) - 병신은 수로 화하여 수운(水運)이 되고
정임화목(丁壬化木) - 정임은 목으로 화하여 목운(木運)이 되고
무계화화(戊癸化火) - 무계는 화로 화하여 화운(火運)이 되는 것이다.

십간은 이 다섯 기운으로 화(化)하여 작용하며 매해 기후에 영향을 미치게 된다. 그리고 운(運)에는 대운(大運), 주운(主運), 객운(客運)의 세 종류가 있다.

오행은 계절의 변화와 정확히 맞물려 돌아가지만 운기는 이러한 흐름에서 벗어난다. 천간의 임계(壬癸)는 겨울로서 오행상 수(水)이나, 운기에서 임은 3, 계는 2라는 상수(象數)로 목화의 기운이다. 하나의 천간은 두 개의 변화상(象)을 갖게 되며 변하는 방식을 보면 오행은 계절과 같이 목화토금수이나 운기는 목화토금수가 두 번 반복된다.

천간의 임계갑을병은 생수의 조합으로 3/2/5/4/1이고, 정무기경신은 성수의 조합으로 8/7/10/9/6이다. 천간에 오행이 두 번 반복되며 각 오행은 28수에 나오는 규벽, 각진을 기준으로 나누어진다. 계절로 보면 생수는 겨울과 봄에, 성수는 여름과 가을에 해당한다. 대체로 초목이 지하에 있는 시기는 생수이고, 지상에서 성(盛)하는 시기는 성수이다. 오운은 기본적으로 기후에 관한 것이고, 기후는

천지자연에 영향을 끼치므로 기후변화를 통하여 자연의 생장을 추론하는 것이 가능하다.

2. 오운의 대화작용(對化作用)

오운은 천문지호를 경계로 천문(天門)→지호(地戶)는 생수, 지호→천문은 성수로 되며 각각 오행으로 구성된다. 왜 두 개의 오행이 있어야 되는지와 생수와 성수가 의미하는 바가 무엇인지를 알아보자.

a. 천문→지호

천문에서 지호로 가는 과정은 3-2-5-4-1의 생수로서 북동에서 목화토금수의 오행을 이룬다. 북동은 지하에서 씨앗이 수기(水氣)를 받고, 봄에 목기(木氣)를 받아 지상으로 나아갈 준비를 하는 시기다. 지상과 지하는 차원이 다른 세상이므로 씨앗 그대로의 모습으로 지상으로 나가서는 적응할 수 없다. 따라서 지상의 환경에 맞는 준비를 해야 되는데 지상에 나가기 훨씬 전인 겨울에 이미 준비가 시작된다.

b. 지호→천문

지호에서 천문의 내용은 사물의 실체적인 결실 과정이다. 방위는 남서이고 8-7-10-9-6의 성수로 구성된다. 지상으로 나온 초목의 성장을 보여주며 천문으로 향하는 것은 다른 차원으로의 진입이다. 다음은 오운의 대화작용에 대한 해설인데 하나씩 보자.

c. 천간의 대화작용(對化作用)

임[목]

임은 상수 3으로 풍목인데 목은 오행의 첫 시작으로 새로운 생을 향한 움직임이 시작된다. 생수이기 때문에 실체의 변화가 아니라 실체를 이루기 위한 예비 단계의 시작이다.

계[화]

계수는 계절적으로 한극(寒極)이라 화(火)가 나타날 수 없는데 이를《우주변화의 원리》에서는 관념 속의 화라 하였다. 체는 수(水)이고 용은 화(火)가 되어 체용이 극과 극인데 이로써 중화가 되는 것이므로 하나의 기운으로 심화되는 것을 막을 수 있다.

갑[토]

토는 기존의 기운을 무력화하는데 갑토 역시 임계의 목/화에서 벗어나 다가올 금수의 기운을 받아들이기 위함이다. 임계는 씨앗 자체에서 벗어나려는 시도인데 갑은 이 단계를 지나 다가올 지상의 세계에 나갈 수 있도록 구체화하기 위한 또 다른 시작점이다.

을[금]

금수는 음방으로 결실을 맺는 단계인데 임에서 시작된 천문에서의 목적이 이루어지기 직전이다. 을병은 금/수로서 생수의 의지가 현실로 화(化)하게 된다.

병[수]

병에 이르러 비로소 하나의 운동, 과정, 목적이 완성된다. 그러나 병은 일수(一水)로서 체의 완성, 낙서에 나오는 건(乾)의 의미가 아니다. 씨앗의 목적은 성장[상승]이 우선이지 씨앗을 맺는 게 아니듯, 임에서 시작된 운동은 한 주기의 절반이 완성되는 것이며 전체의 완성이 아니다. 지상이라는 새로운 세계에서 순조로운 출발을 할 수 있도록 하는 것이다.

정[목]

정에서 목기가 생하여 새로운 운동이 시작되는데 정(丁)에서 신(辛)까지의 과정은 모두 성수(成數)로 이전과는 다른 차원이다. 성수는 실체의 변화이기 때문에 이념으로 끝나는 것이 아니라 현실적이 된다.

무[화]

무에 이르러 생애 최고의 절정기를 맞는다. 최고의 발산은 최고의 후손을 얻기 위함이다. 화는 항상 절제를 잃을 위험성이 있는데 자연법칙상 출발선에서 정확히 절반만 와야 회귀도 순조롭다. 7화는 다행히 무토의 용이므로 체는 7화에 휘둘리지 않고 중(中)을 유지할 수 있다.

기[토]

갑기토는 둘 다 토이나 갑은 더 큰 출발을 위한 예비 단계로 궁극적으로 상승을 위한 음으로의 출발이고, 기는 전체 운동[천문과 지호]을 화(化)하는 역할이다. 상수로도 갑은 5이며 기토를 위한 보조의 의미이다. 반면 기토는 상수 10이며 전체를 중화해서 마무리 단계로 들어가고 특히 체용이 모두 토가 되면서 완벽한 중화가 가능하다.

경[금]

경에 이르러 시절에 맞추어 작용했던 기운들의 수고가 실체를 드러낸다. 을금은 지상에 적응하기 위한 예비 단계이고 경금은 세상에서 무언가를 얻고 본원을 향해 가는 단계이다.

신[수]

신에서 그동안 행해진 모든 노력이 결실을 보게 되며 상수 6으로 후천괘로는 건의 위치다. 앞서 운(運)들이 행한 모든 행위가 신에 저장되어 후대에 넘겨진다.

- 기존의 설명을 보면 천간은 서로의 대측에서 상호 영향을 주고 받는다 하였고 생수와 성수에 대한 구분이 뚜렷하지 않다. 생수와 성수는 같은 성향으로 체용의 관계이나 작용하는 시점은 달라 생수는 천문에, 성수는 지호에서 작용한다.
생수는 추분→춘분으로 초목이 지하에서 다음 생을 준비한다. 반대로 성수는 춘분→추분으로 초목은 지상에서 발산과 결실을 맺는 과정이다. 오운의 대화과정 역시 지축의 경사로 인해 생기는 불합리한 생리를 대화작용이라는 체용이 다른 작업을 통하여 정상 생리를 유지하기 위함이다.

- 천문지호의 경계는 분명 춘추분이나 28수에 따르면 병은 춘분을 지나 있다. 춘분을 지나면 지호에 해당하고 생수여야 되는데 뭔가 앞뒤가 맞지 않는 느낌이다. 그러니 여러 상황을 종합하여 최대한 합리적으로 운기(運氣)를 이해하는 수밖에 없었다.

- 대화작용은 대측에 있는 천간(지지)끼리 서로 같은 기운임을 설명하는데, 작용 시점과 대상은 완전히 다르므로 같은 기운이더

라도 서로 독립적이라 굳이 대화작용이라는 틀에 묶어 둘 필요성을 못 느낀다.

3. 대운(大運)

대운은 매 일 년간의 기후변화를 지배하는 주된 기운을 말하며 소문(素問)의 《천원기대론(天元氣大論)》에 나오는데 "갑기(甲己)의 세(歲)에는 토운(土運)이, 을경(乙庚)의 세(歲)에는 금운(金運)이, 병신(丙辛)의 세(歲)에는 수운(水運)이, 정임(丁壬)의 세(歲)에는 목운(木運)이, 무계(戊癸)의 세(歲)에는 화운(火運)이 통(統)한다."하여 대운(大運)에 대한 근거(根據)를 밝혔다. 따라서 매 해의 연간(年干)만 알게 되면 그 해의 대운(大運)을 파악할 수 있으며, 이 대운을 세운(歲運) 혹은 중운(中運)이라 부르기도 한다.

갑기의 해에는 토가 한 해의 운을 주관하고
을경의 해에는 금이 한 해의 운을 주관하고
병신의 해에는 수가 한 해의 운을 주관하고
정임의 해에는 목이 한 해의 운을 주관하고
병신의 해에는 수가 한 해의 운을 주관한다는 것이다.

대운(大運)을 알면 한 해의 기후 특징을 알 수 있으므로 다발(多發)하는 질병도 미리 예측할 수 있고, 오행의 생극 관계에 근거하여 인간에 미치는 영향도 대략적으로 판단할 수 있다.

4. 주운(主運)

a. 주운(主運)의 개념(槪念)

주운은 일 년을 다섯 운으로 나누고 규칙적인 변화를 나타내는데, 쉽게 사계절을 생각하면 된다. 춘하추동으로 이어지는 사계절은 해마다 동일한 변화를 하며 어떤 경우에도 순서가 바뀌지 않으므로 뒤에 나올 객기(客氣)에 대하여 기준이 된다. 주운이 기준이 된다는 말은 체가 된다는 것이고 체는 외형상 항상 동일한 모습이며 오운은 다섯이므로 일 년을 5로 나눈 것이 주운이다.

주운은 목화토금수의 작용을 말하며, 계절상 동지(冬至)를 지나면서 목화의 양(陽)이 작용하고, 양과 음이 전환될 때 토가 작용하며, 토를 지나면서 금수(金水)가 작용하므로 오운의 변화는 계절의 변화와 동일하다. 주운에서는 초운(初運)이 목, 이운(二運)이 화, 삼운이 토, 사운이 금, 오운이 종운(終運)이 수가 되는 것으로 오운(五運)을 다섯으로 나누는데, 이를 오보(五步)라 한다.

b. 주운(主運)의 계산 방법

주운은 다섯 보(步)로 나누어지며, 각보(各步)가 주관하는 시간은 365.25÷5=73.05이다. 주운은 오행상생의 순서인 목화토금수로 진행하며 각 해의 목운은 모두 대한일(大寒日)에 시작하고, 화운(火運)은 춘분 후 13일에 시작하며 해마다 이와 같이 진행된다. 하지만 정확한 시각은 매해 조금씩 다르게 되는데 각 년에서 주운이 교체되는 시각은 다음과 같다.

- 자진신년(子辰申年)
  초운(목) : 대한(大寒) 인시(寅時) 초초각(初初刻)
  이운(화) : 춘분(春分) 후 13일 인시(寅時) 정일각(正一刻)
  삼운(토) : 망종(芒種) 후 10일 묘시(卯時) 초이각(初二刻)
  사운(금) : 처서(處暑) 후 7일 묘시(卯時) 정삼각(正三刻)
  오운(수) : 입동(立冬) 후 4일 진시(辰時) 초사각(初四刻)

- 축사유년(丑巳酉年)

　초운(목) : 대한(大寒) 사시(巳時) 초초각(初初刻)

　이운(화) : 춘분(春分) 후 13일 사시(巳時) 정일각(正一刻)

　삼운(토) : 망종(芒種) 후 10일 오시(午時) 초이각(初二刻)

　사운(금) : 처서(處暑) 후 7일 오시(午時) 정삼각(正三刻)

　오운(수) : 입동(立冬) 후 4일 미시(未時) 초사각(初四刻)

- 인오술년(寅午戌年)

　초운(목) : 대한(大寒) 신시(申時) 초초각(初初刻)

　이운(화) : 춘분(春分) 후 13일 신시(申時) 정일각(正一刻)

　삼운(토) : 망종(芒種) 후 10일 유시(酉時) 초이각(初二刻)

　사운(금) : 처서(處暑) 후 7일 유시(酉時) 정삼각(正三刻)

　오운(수) : 입동(立冬) 후 4일 술시(戌時) 초사각(初四刻)

- 묘미해년(卯未亥年)

　초운(목) : 대한(大寒) 해시(亥時) 초초각(初初刻)

　이운(화) : 춘분(春分) 후 13일 해시(亥時) 정일각(正一刻)

　삼운(토) : 망종(芒種) 후 10일 자시(子時) 초이각(初二刻)

　사운(금) : 처서(處暑) 후 7일 자시(子時) 정삼각(正三刻)

　오운(수) : 입동(立冬) 후 4일 축시(丑時) 초사각(初四刻)

　십이지지에서 자인진오신술(子寅辰午申戌)은 양에 속하므로 모두 양년(陽年)이 되고, 반대로 축묘사미유해(丑卯巳未酉亥)는 음에 속하여 모두 음년(陰年)이 된다.

　양년(陽年)의 초운(初運)은 모두 양시(陽時)에 시작되므로 신자진

(申子辰)은 인시(寅時)에서 시작되고, 인오술(寅午戌)은 신시(申時)에 시작된다. 음년(陰年)의 초운(初運)은 모두 음에서 시작되므로 사유축(巳酉丑)은 사시(巳時)에서 시작되며, 해묘미(亥卯未)는 해시(亥時)에 시작된다.

c. 오운건운(五運建運)

오운은 오행의 속성에 따라 오음(五音)에 배속되는데 오음의 장단(長短)과 고저(高低), 청탁(淸濁)에 의하여 분류한다.

오음(五音)을 오운(五運)에 따라 태소(太少)로 나누면
궁(宮)은 토(土)에 해당하고 태궁(太宮)과 태소(太少)로 나뉘고,
상(商)은 금(金)에 해당하고 태상(太商)과 소상(少商)으로 나뉘고,
우(羽)는 수(水)에 해당하고 태우(太羽)와 소우(少羽)로 나뉘고,
각(角)은 목(木)에 해당하고 태각(太角)과 소각(少角)으로 나뉘고,
치(徵)는 화(火)에 해당하고 태치(太徵)와 소치(少徵)로 각각 나뉜다.
이렇게 오운건운(五運建運)은 오운의 태과와 불급에 따라 태, 소의 두 가지로 나뉜다. 예를 들면 갑년은 토의 태과이므로 태궁, 기년은 토의 불급이므로 소궁이 되고, 경년은 금의 태과이므로 태상, 을년은 금의 불급이므로 소상이 되는 식이다. 오운의 양년(陽年)[태과년(太過年)]에는 태자(太字)를 붙이고 음년(陰年)[불급년(不及年)]에는 소자(少字)를 붙여서 구별한다.

5. 객운(客運)

a. 객운(客運)의 개념(槪念)

주운(主運)은 계절의 변화에 의한 구분이어서 언제나 목화토금수의 순서로 행해지는 데 반해 객운은 주운과는 달리 해마다 불규칙적

으로 변하며 객운의 추산은 대운에 의한다. 매년의 오보(五步)는 주운과 객운이 동시에 작용하며, 여기서 주운은 매년 같으나 객운은 십년을 주기로 하여 해마다 다르다.

객운도 주운와 마찬가지로 목운, 화운, 토운, 금운, 수운의 오운(五運)으로 나뉘며 지배하는 기간(期間)은 주운과 같다. 그리고 객운의 오행상 특성은 주운과 일치하여 객운이 토운(土運)이라면 기후는 습과 관계있으며 이는 인체 장부에 있어서도 비(脾)와 밀접한 관계가 있고 나머지도 이에 따른다.

b. 객운(客運)의 계산 방법

객운은 해마다 일정한 규율에 의하여 변화한다. 객운의 추산 방법은 매년의 대운을 기초로 계산하는데, 매년의 대운을 초운(初運)으로 삼고 오행상생의 순서대로 오보(五步)가 운행된다. 정임년의 경우 대운은 목운이 되므로 객운의 초운(初運)은 목운이 되고, 이운은 화운, 삼운은 토운, 사운은 금운, 종운(終運)은 수운이 되는 식으로 진행된다. 이 때문에 객운에서 가장 중요한 것은 대운으로, 대운이 그 해의 기후를 주관하고, 객운과 주운의 태소 관계를 결정한다.

6. 대운(大運) 주운(主運) 객운(客運)의 비교

대운·주운·객운은 모두 오행을 기본으로 변화하며 한 해의 기후와 이로 인해 장부가 받는 영향을 추측할 수 있다. 주운은 체가 되어 매년 같은 형식(계절에 의한 변화)으로 변하며 일 년을 5로 나누어 일정하게 변화하는 것이고, 대운은 한 해의 기후와 장부의 변화를 지배하는 기운이며, 객운은 용(用)이 되어 해마다 변화하는 방식이 불규칙한 것을 설명한 것이다. 삼자(三者)의 관계를 보면, 대운이

으뜸이며, 다음은 객운, 주운의 순이다. 주운은 체로서 하나의 기준이 되는데, 이는 일 년의 계절 변화가 동일하기에 대운과 객운의 불규칙한 변화를 분석하는 데 도움을 준다.

육기(六氣)

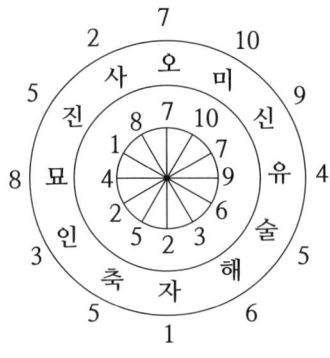

1. 육기(六氣)의 내용

육기는 풍화서습조한이라는 여섯 기운을 말하는 것으로
- 지(地)에서는 목이며 천(天)에서는 풍기(風氣)가 되고
- 지(地)에서는 화이며 천(天)에서는 열기(熱氣)가 되고
- 지(地)에서는 토이며 천(天)에서는 습기(濕氣)이 되고
- 지(地)에서는 금이며 천(天)에서는 조기(燥氣)가 되며
- 지(地)에서는 수이며 천(天)에서는 한기(寒氣)가 되는 것이다.

그리고 화(火)에는 군화(君火)와 상화(相火) 두 가지가 있어 오운과는 달리 육기가 된다.

십이지를 오행으로 배속해 보면

- 인묘(寅卯)는 목(木)이 되고
- 사오(巳午)는 화(火)가 되고
- 신유(申酉)는 금(金)이 되고

- 해자(亥子)는 수(水)가 되고
- 진술축미(辰戌丑未)는 토(土)가 된다.

이는 단순히 오행에 의한 분류로 체(體)라 할 수 있고, 십이지화기(十二支化氣)는 지지에 내재한 기운이 되는데 이를 결합하면
- 사해(巳亥)는 궐음풍목(厥陰風木)이 되고
- 자오(子午)는 소음군화(少陰君火)가 되고
- 축미(丑未)는 태음습토(太陰濕土)가 되며
- 인신(寅申)은 소양상화(少陽相火)가 되고
- 묘유(卯酉)는 양명조금(陽明燥金)이 되고
- 진술(辰戌)은 태양한수(太陽寒水)가 된다.

2. 지지와 육기

- 운기와 오운을《우주변화의 원리》에서 보면 운은 객체, 육기는 주체라고 하였는데,[14] 이는 천지의 관계처럼 천의 기운이 지에 닿아 그 결과물인 사물의 생장을 볼 수 있듯 운(運)과 기(氣)도 상호 간에 영향을 주고받음을 말한다. 생성에서 보듯 생은 성이라는 체를 통하여 생의 내재된 기운이 발휘되고, 성은 생이라는 원천적인 에너지로 말미암아 탄생할 수 있는 것이므로 육기가 주체라는 것이다.
- 육기도 오운과 마찬가지로 천지문호에 해당하는 진술을 축으로 생수와 성수의 조합으로 운영되는 이치도 같다. 천문은 해자축 인묘진으로 3-2-5-2-4-1로서 생수가 되고, 지호에 해당하는 사오미신유술은 8-7-10-7-9-6의 성수가 되어 천간과 마

---

14) 한동석, 앞의 책, p.96

찬가지로 천지문호의 내용에 부합된다.
- 육기도 오운과 같은 이치로 대화작용을 하며 작용하는 공간만 다르고 시기는 같다. 육기의 대화작용은 오운에 따르면 된다.

a. 육기의 내용

생에 해당하는 부분은 씨앗이 성(成)된 이후부터 대체로 줄기가 생하는 정도까지이고, 성은 줄기가 성장한 이후 발산부터 씨앗이 형성되기까지의 과정이다.

자(子) 체1/용2

자(子)가 상(象)하는 내용은 동지, 정북, 운동의 전환점, 곤토(坤土), 수(水), 음극(陰極) 등으로 다양한데, 표현만 다를 뿐 모든 것은 하나의 현상에서 나온다.

- 자는 북에 위치하고 계절로는 겨울이며, 오행상 수(水)에 속하여 한기(寒氣)이나 육기로는 군화(君火)이다. 자를 씨앗에 비유하면 한기(寒氣) 안에 2화를 가진다. 한열(寒熱)이 한 개체에 존재하는 것이 어울리지 않을지 모르나 한기가 너무 강하기에 이를 중화할 열이 필요하다. 만약 2화가 없다면 씨앗은 겨울에 얼어 버릴 것이니 이러한 불행을 막기 위해 존재하는 것이다.

- 2화를 심리 면에서 보면 한겨울이라 외형은 최고로 수축되는데 이는 어려운 환경, 힘든 시절과 비유된다. 형(形)이 수축된 상태에서 그 마음까지 위축된다면 씨앗은 다음 해에 결코 싹을 틔우지 못할 것이다. 비록 현재는 수축되어 있으나 마음은 언젠가 때

가 되면 활짝 꽃피우리라는 2화(火)라는 야망을 가졌기에 추운 겨울도 꿋꿋이 버틸 수 있는 것이다. 다가올 여름에 만물이 자신을 바라볼 것을 기대하는 마음이 2화를 의미하는 것이며, 여름의 아름다운 꽃[7화(火)]은 꽃을 피우리라는 2화를 통한 한겨울의 야심이 때가 되어 실현되는 것이다. 이것은 인간사에도 그대로 적용되어 힘들지라도 미래의 희망-2화-을 가진 이는 역경을 헤쳐 나갈 수 있다.

- 자(子)를 하루의 시간에서 보면 23시~익일(翌日) 1시인데 하루의 마지막 시간인 23~24시와, 익일이 시작되는 24시~1시로 구분할 수 있다. 만약 자(子)를 22~24시로 하면 하루가 정확히 끝나게 되어 계산도 쉽고 이해도 쉬울 것이나 전날과 다음 날이 서로 맞물려야 되는 필연적인 이유가 있다.

불교에서는 흔히 현생(現生)의 모습이 전생(前生)의 연장선이라 하는데 23시~24시는 전생의 종점(終點)에, 24시~1시는 현생의 시점(始點)에 비유할 수 있다. 짧게는 오늘의 결과가 내일의 시작이 되듯 전생과 현생도 서로 이어진다. 지난해 맺은 씨앗이 다음 해의 씨앗이 되어 새로운 생(生)을 사는 것도 같은 맥락이다. 이렇게 모든 것은 이어지는 것이며 이렇게 볼 때 죽는다는 것은 한 단계, 한 주기(週期)가 끝나는 것이지 영원히 사라지는 것이 아니다. 자연법칙상 영원히 사라질 수 없으며 마치 수증기가 올라가면 언젠가 비가 되어 내리는 것과 같은 이치다.

색즉시공, 공즉시색처럼 형(形)의 변화는 형(形)→기(氣), 기→형으로 되며, 형(形)이 시각 밖으로 사라진다고 해도 영원히 멸(滅)하는 것은 아니다. 이를 통해 선(善)은 언젠가 복(福)으로 화

(化)할 수밖에 없고, 악(惡)은 언젠가 재앙(災殃)으로 화(化)할 수밖에 없다. 인생의 미래는 정해진 바가 없으며 아무리 사주팔자나 관상 등으로 정확히 알아본다고 해도 100%를 파악하기는 어려우며, 결국 그것은 인과응보라는 대원칙에 근거하여 결정될 것이다. 《의역동원》에 나오듯 모든 것은 일기(一氣)의 변화이므로 동류(同類)의 기운이나 형(形)으로 화(化)하는 것이 자연의 순리(順理)이다.

- 자(子)는 시간적으로 하나의 생이 끝나고 다음 생이 시작되는 위치다. 종(種)은 같으나 개체에서 개체로 이어지는 과정을 자연 그대로 보여 준다. 조금의 과장이나, 인위적인 가감 없이 한 생에서 다음 생으로 연결되는 의미가 자(子)에 함축되어 있다. 만약 각 개체에 대한 설명을 하였다면 상수가 10에서 끝나지 않고 100, 1000을 넘어 계속 늘어났을 것이다.

모든 것의 출발은 토(土)고 종점도 토(土)이므로 다시 원점으로 되돌아올 수밖에 없으며 산(散)하여 기의 형태로 되었다가 합(合)하여 형(形)을 이루는 과정을 수없이 되풀이 하는 것이 지구의 생명체이며, 이러한 순환은 프로그램화(음양오행) 되었기에 어떤 것도 이 법칙에서 예외일 수 없다. 북에 위치한 자의 상수는 1/6인데 10, 즉 1이므로 수동적으로 토의 의미도 포함됨을 볼 수 있으며 이는 경락에도 나타난다.

- 자는 또한 일시무시, 일종무종을 설명하는 부분이다. 하나의 시작이 있으나 시작이 아니고, 하나의 끝이 있으나 끝이 아니라는 것인데, 이 또한 엄중한 자연의 순환을 설명한다. 자에서 보여주

듯 종(終)=시(始)라는 법칙이 성립되지 않는다면 종교는 필요치 않을 것이다. 우리의 죽음은 사(死)=시(始)가 되며 들풀이 바람에 날리는 대로 사는 것과 같은 삶이 되지 않기 위해 종교가 존재하는 것이다.

축(丑) 체5/용5

축(丑)은 상수 5로서 토인데 지지의 4개 토에서 축미(丑未)만 체용이 같아 축토의 기운이 비교적 강하다. 체로서의 토는 수축하려는 자의 한기를 꺾어 목으로 출발할 수 있게 하며, 용으로서의 토는 화기의 발산을 억제하고 다른 방향으로 화할 수 있도록 한다. 해자의 목/화는 씨앗의 내부에서 탈출을 위한 준비 단계이며 5토를 지나면서 구체화 하게 된다.

인(寅) 체3/용2

우리가 간과하기 쉬운 것이 인상화(寅相火)인데 보통 인신(寅申)상화라 함에도 복사열로 인한 가을의 염열(炎熱)만 다루고 봄의 인상화는 별로 생각하지 않는다. 신상화가 과도한 복사열로 인한 것이듯 인상화는 반대로 지구의 과도한 한(寒)으로 인해 발생한다.

지구가 받는 태양열의 1년 총량은 지축의 정립이나 경사 때 같다. 정립시는 일조량이 일년내내 거의 동일하지만 경사시는 여름에는 많고 비례해서 겨울에는 그만큼 적게 된다. 때문에 여름은 정립시보다 더 발산하고 겨울은 정립시 보다 더 수축하게 된다. 과도하게 수축하면 이완(弛緩)할 때 더 많은 에너지가 필요하므로 최초에 입력된 자(子)의 2화(火)만으로는 부족해서 인(寅)에서 2화(火)가 한 번 더 작용해야 한다. 이것이 인상화가 탄생하는 이유고, 신상화와 대측에 있어 대상도 다르다. 이치상 음양은 항상 동일한 질량이어야 생리에 무리가 없다.

　정북의 자와 인은 같은 2화이나 자는 계절상 한겨울이고 인은 봄이라 같은 화라도 사물에 끼치는 영향은 다르다. 자(子)의 2화는 너무 미약하여 소극적인 역할만 하지만, 인(寅)에 이르러 어느 정도 외적인 양(봄)이 성장함에 따라 탄생을 위한 화의 역할을 할 수 있다. 흔히 인신상화는 무근지화(無根之火)라 하는데 무근(無根)이라 하더라도 그 내용은 인신과 자오가 같은 2/7화(火)이므로 당연히 자오(子午)와 같은 위력의 화기(火氣)를 가진다.

　인은 체의 상수가 3으로 상승의 모습이 나온다. 상승하려면 체에서 탈출해야 하며 이를 위해서는 겨울에 수축했던 체의 이완을 위해 인의 2화가 작용한다.

묘(卯) 체8/용4

　묘(卯)는 정동(正東)에 자리하고 상수 4로 금기(金氣)이다. 해자(亥子)는 체에서 탈출하기 위해 체 자체를 변화시키려는 행동이었고, 묘는 해자의 시도가 구체화되는 단계이다. 체는 상수 8로서 어느 정도 양화(陽化)되었는데 후에 지상의 거친 환경에서 살아남기 위해 견고히 해야 되는 이유로 용은 상수 4가 된다.

진(辰) 체5/용1

　진은 지지로는 토이고 육기는 1수이다. 진은 해(亥)에서 시작된 풍목(風木) 이후 군화-습토-상화-조금을 지나 수(水)가 되어 생수의 끝이며, 대측에 있는 술(戌) 역시 지지는 토이고 상수 6으로 수(水)이고 성수(成數)의 끝이 된다. 상수 1/6은 생수, 성수의 마지막이 되어 한 주기의 기운이 행한 결과를 볼 수 있다.

진은 천문의 마지막이고 다가올 지호라는 다른 세상에 내보낼 천문의 결정체가 완성되는 시점이다. 축토는 주기 내에서 기운의 성질을 변화시키는 반면 진술토는 주기가 완성되어 진토는 암(暗)에서 명(明)으로, 지하에서 지상으로 가는 곳이며, 술토는 명(明)에서 암(暗)으로, 지상에서 지하로 가는 곳이다.

사(巳) 체2/용8

사는 상수 8로 풍목이고 성수로서 술(戌)을 목적으로 또 다른 기질의 운동이 시작된다. 지호(地戶)는 성수의 조합이며, 체의 변화라 목적 또한 다른데 천문은 이상을 향한 변화이고, 지호는 현실적인 변화라 무언가를 얻기 위함이다.

사의 체는 발산을 시작하며 용은 8로서 절반 정도 양화된 음체의 상(象)이다. 8목은 수동적인 음체라 체의 발산에 협조적이지 않다.

오(午) 체7/용7

오는 체용의 상수가 7/7로 같다. 만개한 꽃에 비유하면 꽃도 활짝 피었지만 내부 마음도 활짝 피우려 하므로 내외(內外)의 마음이 같다. 자(子)의 2화(火)는 시절이 맞지 않아 마음으로 끝나지만, 오는 시절과 마음이 맞아 한껏 화려하게 된다. 일 년 중 태양열이 작렬(炸裂)할 때이며 꽃잎도 이에 응하여 사방팔방으로 퍼지는데 이렇게 되려면 내부의 기운이 다하여야 한다. 양의 기운은 더 이상 남아 있지 않으며, 양(陽)의 기운에 편중되므로 극에 이르게 된다.

미(未) 체10/용10

미토는 네 개의 토중에서 유일하게 상수 10이다. 네 개의 토는 각기 분담된 역할을 하는데 미는 생성 전체의 중심이다. 오(午)는 체용이 모두 화(火)라 이를 다스리려면 다음의 기운 역시 강력해야 된다. 그렇기 때문에 미토의 체용이 같은 것은 우연이 아니다. 상수 10은 이전 기운이 행하는 바를 완전히 제로로 만든다. 오(午)화가 더 발산하면 정상적인 회귀가 불가능하므로 화기를 사라지게 한다.

신(申) 체9/용7

신(申)은 방위가 서이고, 가을이라 체는 금기이고 육기는 7화(火)이다. 신상화 역시 지축의 경사로 인한 복사열의 과도함으로 발생한다. 미토는 형식적으로는 완벽한 토의 상(象)이나 실제는 목화의 양과 금수의 음을 가르는 분기점 역할을 하지 못하기 때문에 신에서 다시 화가 등장한다.

《의역동원》에 상화(相火)를 "지(地)에 입하지 않아선 지상(地上)에 거(居)하고 이미 지(地)에 입(入)하여선 지하(地下)에 거(居)한다."라고 하였는데, 태양열은 지구에 반사되어 대기권 사이에 머물면서 지구 생명체를 발전, 성숙케 하는 역할을 한다. 이렇게 상화는 군화에 의해 발생하고 군화의 역할을 보조 수행하는 작용을 한다. 태양은 지구에 열을 전달하고, 그 열로 달구어진 토(土)의 하(下)와 토(土)가 반사한 열기는 모두 상화(相火)가 된다. "군화가 생물(生物)을 계(啓 : 열다)하는 것이라면, 상화(相火)는 성물(成物)을 수(遂 : 완성하다)하게 하는 것이니"라는 대목에서 상화의 작용을 알 수 있다.

신상화가 성물(成物)할 수 있는 이유는 체가 9금으로 조습(燥濕)하고 열을 가진 양체라 외부로의 발산은 억제되고 상화인 7화가 내부에서 성장하기 때문이다.

신의 용이 7이 되는 것은 사의 용이 8이 되는 것과 관계된다. 사는 화로서 발산이 정상이나 상수 8은 음체로서 이를 저지하고 신에 와서야 여분의 열로 사물의 완성을 이룬다.

유(酉) 체4/용9

유(酉)는 정서(正西)에 위치하며 체용이 모두 금(金)이다. 상수 6은 완전한 성숙이고 4는 절반의 성숙이라 완전을 향한 막바지 작업이 행해진다. 체가 4이나 외형은 완전에 가까운 음체이며, 용의 9는 7화가 식으면서 수분이 빠져나가 성장은 멈추고 또 다른 탄생을 기다리는 상태다.

술(戌) 체5/용6

술은 상수 6인데 음체로 후천도의 건이 위치하는 곳이다. 건은 다시 원점으로 돌아가 것이며, 해(亥)에서 시작되어 세파(世波)의 경험이 기록된 음체이다. 상수 6을 위하여 그동안 모진 고통을 인내한 것이므로 체는 순수하나 기운은 이런 과정을 고스란히 담고 있다. 술에서 지호가 끝남과 동시에 천문의 의지도 끝난다.

미토는 양방에서 음방이라는 반대의 기운으로 넘어가기에 거대한 힘이 필요하나 술토는 음방인 금에서 수로의 변화이기에 5토만으로 충분하다. 상수 6은 음체의 완성인데 다가올 북방, 지하, 천문으로 들어갈 준비를 마치는 시점으로 기운의 극이라 방향이 바뀌는데 지지의 체가 5토라 무리 없이 넘어간다.

해(亥) 체6/용3

해의 체는 6인데 순수하고 온전한 음체로서 지난 일 년간 12지지의 역사를 품고 새로운 길을 준비한다. 가녀린 음체지만 수백, 수천 년의 축적된 기질을 가지고 또 다른 생을 시작한다.

체 6은 만반의 준비를 끝냈고, 용 3은 풍목으로 천문의 첫 시작이자 전체의 시작인데 체가 너무 수축하면 탈출이 불가할 수도 있으므로 필요 이상으로 수축하지 않게 한다.

- 여기서 상수 1과 2에 대해 혼란을 가져올 만한 부분을 생각해 보자. 상수에서 1/6수, 2/7화라 하여 1은 한수(寒水), 2는 화(火)의 성질을 말한다. 하지만 음양체용도를 보면 1은 양의 시작, 즉 열(熱)이 시작되는 곳이고, 2는 음의 시작으로서 한(寒)이 시작되는 곳이다. 이는 하도에서 이미 검증된 내용으로 양의 발전은 1×3=3이 되고, 음은 2×2=4가 되며 양은 동방에서, 음은 서방에서 작용한다. 이 모든 것은 《의역동원》에 나오듯 일기(一氣)의 변화이다. 그러므로 성질로 보면 1, 2는 미약하나 1은 열성(熱性)을, 2는 한성(寒性)을 띠는 것이 이론상 맞는데 많은 책에서 1/6은 수(水), 2/7은 화(火)라고 한 것을 볼 수 있다. 내용이 서로 대립되는 부분인데 이를 어떻게 볼 것이냐 하는 것이 문제다. 하도 1은 동지를 지나 일양이 생하는 모습을 나타낸 것이고 대측에 있는 2의 경우도 마찬가지인데 천체 운행에서 동지에 일양이 생하지만 한겨울에 실낱같은 빛이 더해진다 해서 기후에 변화를 주지는 못한다. 빛이 증가하여 봄이 되어야 영향을 줄 수 있고, 하지 때 생하는 음도 가을쯤 되어야 세력을 발휘할 수 있다. 그래서 목은 생, 금은 성이라 한 것이다.

음양체용도를 보면 봄과 가을은 흑백의 비율이 반반인데 이때가 되어야 겨울과 여름에 시작된 변화의 결실을 볼 수 있다. 봄/가을은 기운이 자신의 특징적인 성향을 나타내지만 여름과 겨울은 한열이 일방적으로 지배하므로 그 어떤 기운도 여름에는 열성(熱性)을, 겨울에는 한성(寒性)을 띨 수밖에 없다. 이 때문에 상수 1/2는 나머지와 다르게 해석될 수 있는 것이다. 이것이 올바른 해석이라는 것은 상수 3/4에서 찾을 수 있다. 3은 봄의 온성을, 4는 가을의 량(凉)한 성질을 나타내는데 출발은 각각 1/2에서 하기 때문이다.

3. 주기(主氣)

a. 주기(主氣)의 개념

주운(主運)과 주기의 기본적인 틀은 같으며 주운과 마찬가지로 한 해의 규칙적인 변화를 말한다. 주기는 일 년에 육 단계, 즉 육보(六步)의 변화를 하며, 이는 춘하추동과 같이 매년 일정한 순서대로 바뀐다. 매년의 육보는

- 궐음풍목은 초지기(初之氣)가 되고, 일양(一陽)은 동지에서 생하나 지축의 경사로 인하여 축월(丑月)의 대한(大寒)에서 시작한다. 절기로는 대한, 입춘, 우수, 경칩을 지나 춘분 후(後)까지 해당한다.
- 소음군화는 이지기(二之氣)가 되고, 이때는 반양반음(半陽半陰)이 되어 수화(水火)의 합(合)이 각각 반이 되는 것이므로 온화한 기후가 된다. 절기로는 청명, 곡우, 입하, 소만 후(後)까지 해당한다.

- 소양상화는 삼지기(三之氣)가 되고, 상화(相火)는 염열(炎熱)을 의미하며 군화를 도와 만물의 성숙을 더하는 작용을 한다. 절기로는 망종, 하지, 소서, 대서 전(前)까지 해당한다.
- 태음습토는 사지기(四之氣)가 되고, 습은 음이 완전히 양화(陽化)되는 것을 의미하는 것으로, 겨울의 한습(寒濕)한 음이 화력(火力)에 의하여 지(地)→천(天)으로 상승한 상태를 말한다. 절기로는 입추, 처서, 백로, 추분 전(前)까지 해당한다.
- 양명조금은 오지기(五之氣)가 되고, 사물은 성장을 멈추고 조(燥)하면서 수렴(收斂)하여 결실을 맺게 된다. 절기로는 한로, 상강, 입동, 소설 전(前)까지 해당한다.
- 태양한수는 종지기(終之氣)가 되고, 가을의 기운인 양기(涼氣)가 더욱 심해져서 한기(寒氣)로 되어 수(水)가 성(盛)하게 된다. 절기로는 대설, 동지, 소한, 대한까지 해당한다.

b. 주기의 계산 방법

육보는 일 년을 6으로 나눈 것이고, 절기로는 24절기 중 4절기가 하나의 기운에 해당하며 365.25÷6=60.875가 되어 한 기운이 지배하는 날은 60.875일이다. 주기의 운행은 궐음풍목, 소음군화, 소양상화, 태음습토, 양명조금, 태양한수 순이다.

4. 객기(客氣)

a. 객기(客氣)의 개념

주기는 매년 일정한 형태로 변하나 객기는 주기와 달리 기후변화가 일정하지 않다. 객기는 주기(主氣)와 같이 풍/한/습/조/군화/상화의 여섯 기운이며 오행 특성도 주기와 같으나, 다른 점은 주기(主

氣)는 한 해를 주기(週期)로 운행하지만 객기는 12년이 일주기(一週期)가 되어 기운의 흐름은 해마다 다르게 된다. 그러나 객기가 불규칙적이긴 하지만 나름대로의 규칙을 가지고 운행한다. 객기의 변화가 주기와 다른 점은 궐음-소음-태음-소양-양명-태양의 순서로 변하는데 이는 삼음삼양의 순서이다. 객기의 변화는 주기와 마찬가지로 일 년에 육보(六步)하며 크게 사천(司天)과 재천(在泉)의 두 가지 기(氣)와 좌우(左右) 사간기(四間氣)로 이루어진다.

b. 사천(司天) 재천(在天) 사간기(四間氣)

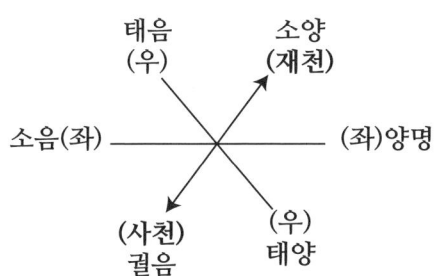

사천 재천은 객기가 그 해의 기운을 주관하는 것을 말한다. 매년 상반기를 주관하는 것은 사천기이고, 하반기를 주관하는 것은 재천기이며 사간기(四間氣)는 사천기와 재천기의 좌우에 있는 기를 말한다. 사천과 재천은 객기의 육보 중 각각 일보(一步)를 차지하고, 사천은 삼지기(三之氣)가 되고, 재천은 종지기(終之氣)가 되며, 사천 재천을 제외한 나머지 네 개의 기운을 사간기라 한다. 사천기가 일보를 차지하면 사천기의 좌변(左邊) 일보는 사천 좌간(左間)이 되고, 우변 일보는 사천 우간(右間)이 된다. 재천기가 일보를 차지하면 좌변 일보는 재천 좌간(左間)이 되고, 우변 일보는 재천 우간(右間)이 된다. 사천의 좌간, 우간과 재천의 좌간, 우간이 모두 합쳐져 사간기가 되는 것이며, 사천 재천에다 좌우 사간기를 합쳐 육기가 된다. 매년의 객기는 바뀌므로 사천 재천 사간기도 매년 다르게 된다.

	좌간(左間)	사천(司天) 재천(在天)	우간(右間)
사해(巳亥)	소음	궐음	태양
	양명	소양	태음
자오(子午)	태음	소음	궐음
	태양	양명	소양
축미(丑未)	소양	태음	소음
	궐음	태양	양명
인신(寅申)	양명	소양	태음
	소음	궐음	태양
묘유(卯酉)	태양	양명	소양
	태음	소음	궐음
진술(辰戌)	궐음	태양	양명
	소양	태음	소음

사천 재천과 좌우 간기표

　사천 재천 사간기의 배열 순서를 보면 다음과 같다. 예를 들어 지지(地支)가 사해(巳亥)인 경우, 그 해를 주관하는 객기는 궐음풍목이 되며, 이것이 그해의 사천기가 된다. 마찬가지로 축미(丑未)년은 그 해의 객기인 태음습토가, 인신(寅申)년은 소양상화, 묘유(卯酉)년은 양명조금, 진술(辰戌)년은 태양한수가 사천기가 된다.

　사천 재천은 삼음삼양의 순서대로 진행되므로 다음의 관계를 가진다. 사천이 양이면 재천은 음, 사천이 음이면 재천은 양이 되며 음양의 다소(多少)에 따라 서로 반대 측에 위치한다. 즉 사천이 일음(一陰)이면 재천은 일양(一陽), 이음이면 이양, 삼음이면 삼양이 되어 서로 짝을 이룬다. 반대로 사천이 일양이면 재천은 일음, 이양이면 이음, 삼양이면 삼음으로 짝을 이루어 서로 음양으로 반대가 되어 짝을 이루게 된다. 사천 재천기가 정해지면 좌우의 사간기도 자연히 정해지게 된다. 경자(庚子)년을 보면 지지(地支)의 자(子)는 소음군화에 해당하므로 사천기는 소음군화가 되고, 소음은 이음(二陰)이므로 재천기는 이양(二陽)인 양명조금이 된다. 삼음삼양의 순서에 따라 보면 사천-소음의 좌간은 태음이 되고, 우간은 궐음이 된다. 또한 재천-양명의 좌간은 태양, 우간은 소양이 되므로 다른 해도 이런 식으로 유추하면 된다.

5. 객주가림(客主加臨)
a. 객주가림(客主加臨)의 개념

객주가림은 매년 동일한 변화를 하는 주기와 매년 불규칙적인 변화를 하는 객기를 주기의 상(上)에 가(加)하여 기후의 변화를 파악하는 것이다. 주기와 객기의 육보에 해당하는 기를 서로 짝지어 이를 통하여 기운의 성질과, 육기의 태소를 찾아 질병을 유발하는 기(氣)를 알아내는 것이 목적이다.

	육보	초지기	이지기	삼지기	사지기	오지기	종지기
객 기	자오년	태양한수	궐음풍목	소음군화	태음습토	소양상화	양명조금
	축미년	궐음풍목	소음군화	태음습토	소양상화	양명조금	태양한수
	인신년	소음군화	태음습토	소양상화	양명조금	태양한수	궐음풍목
	묘유년	태음습토	소양상화	양명조금	태양한수	궐음풍목	소음군화
	진술년	소양상화	양명조금	태양한수	궐음풍목	소음군화	태음습토
	사해년	양명조금	태양한수	궐음풍목	소음군화	태음습토	소양상화
주기		궐음풍목	소음군화	소양상화	태음습토	양명조금	태양한수

b. 객주가림의 방법

객주가림은 객기 중의 삼지기(三之氣)인 사천기를 주기의 세 번째 기(氣)에 가(加)하며, 종지기(終之氣)인 재천기는 주기의 종지기에

가하는 것이다. 그리고 재천-좌간의 객기가 주기-초지기인 궐음풍목에 가해지고, 사천-우간의 객기가 주기-이지기인 소음군화에 가해지고, 사천-좌간의 객기가 주기-사지기인 태음습토에 가해지고, 재천-우간의 객기가 주기-오지기인 양명조기에 가해지는 것이다. 예를 들면 축미년을 만나 태음습토가 사천하게 되며, 궐음풍목이 초지기, 소음군화가 이지기, 태음습토가 삼지기, 소양상화가 사지기, 양명조금이 오지기, 태양한수가 종지기의 순서로 되며 주기와 비교해 볼 때 기후변화에 있어 크게 차이가 없으므로 기후상으로도 큰 이변은 없게 된다. 하지만 사해년의 경우는 궐음풍목이 사천하고, 양명조금이 초지기, 태양한수가 이지기, 궐음풍목이 삼지기, 소음군화가 사지기, 태음습토가 오지기, 소양상화가 종지기가 되어 (주기의 순서와 크게 되어)주기인 계절의 변화와 동일하지 않게 되어 자연계 사물의 생장과 인체에 불리한 영향을 미치게 된다. 주기가 객기를 승(勝)하는 것은 역(逆)이 되고, 객기가 주기를 승(勝)하는 것은 순(順)이 되는데, 이유는 주기는 고정되어 변하지 않으나 객기는 해마다 변하며 잠시 머물다 가는 것이기 때문이다.

6. 태과(太過)와 불급(不及)

천간은 갑을병정무기경신임계로 양년(陽年)은 태과년(太過年)으로서 갑병무경임이 해당하고, 음년(陰年)은 불급년(不及年)으로서 을정기신계가 해당된다. 천간과 지지는 항상 양대양(陽對陽), 음대음(陰對陰)의 조합이므로 양간(陽干)은 자인진오신술(子寅辰午申戌)과, 음간(陰干)은 축묘사미유해(丑卯巳未酉亥)와 조합되어 각각 양년과 음년이 되어 태과년과 불급년에 해당한다.

갑기년을 예로 들어 운의 태과를 보면

갑자 갑술 갑신 갑오 갑진 갑인은 모두 토운이 태과하게 되는데, 토운의 태과란 습이 태과함을 말하는 것이다.

기사 기묘 기축 기해 기유 기미는 모두 토운이 불급하게 되는데, 토운의 불급이란 습이 불급하게 되는 것이다.

토(土)가 태과하면 습(濕)이 중(重)하게 되어 우선 비병(脾病)이 발생하기 쉽고, 토극수(土克水)하므로 신(腎)에 문제가 발생할 수도 있으며, 또 토모목(土侮木)하여 간병(肝病)도 발생할 수 있다.

반대로 토가 불급하면 목극토하여 비병(脾病)이 발생하게 될 것이며 토극수가 제대로 되지 않기 때문에 신병(腎病)도 발생할 수 있다. 정상적인 기후의 해를 평기라 하고 비정상적인 기후의 해는 태과, 불급의 해가 되고 기후변화가 심하게 되므로 인체에 미치는 영향도 커져 질병이 중(重)한 경우가 많게 된다. 이런 식으로 매년 오행의 태과, 불급에 의해 질병의 발생을 예측할 수 있다. 그리고 태과되는 해는 기(氣)의 흐름이 빨라 정상 기후보다 이르게 되고, 불급의 해는 정상 기후보다 늦어지는 특징이 있다.

운기상합(運氣相合)

운기상합은 오운에서 대운과 객운, 주운을 더하여 추론하고, 육기에서도 주기와 객기를 더하여 추론한 것을 기초로 다시 오운과 육기를 상합하여 추론하는 것을 말한다. 매년의 간지는 다르므로 천간으로 운을 분석하고, 지지로써 기를 분석하여 이를 결합한 운기로써 각 년의 전반적인 운기 상황을 보는 것이다. 운과 기가 상호 영향을 주고받는 것을 동화(同化)라 하며 이를 통해 기후의 변화와 질병의 발생을 파악할 수 있다.

1. 운(運)과 기(氣)의 성쇠(盛衰)
운기(運氣)의 성쇠는 운과 기의 오행생극 관계를 근거로 하며

- 양운(陽運)년에 기생운(氣生運), 운극기(運剋氣), 운생기(運生氣), 운기동화(運氣同化)의 경우는 모두 태과가 되고
- 음운(陰運)년에 기극운(氣剋運), 운극기(運剋氣), 운생기(運剋氣)의 경우는 불급이 되고
- 양운(陽運)년에 기극운(氣剋運), 음운(陰運)년에 기생운(氣生運)하는 경우는 평기가 된다.

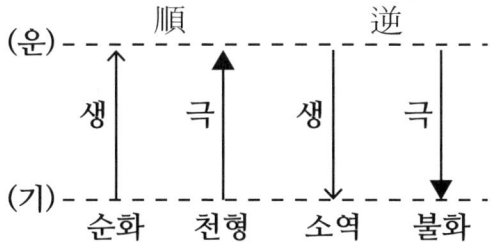

 운기상합에서 운과 기, 음양, 오행의 속성, 생극 등이 서로 영향을 미쳐 기후변화를 나타내는데 이때 운성기쇠(運盛氣衰)하면 운이 주(主)가 되고 기는 차(次)가 되며, 반대로 운쇠기성(運衰氣盛)하면 기가 주(主)로 보고 운을 차(次)로 보아 각 해의 기후변화를 추론하게 된다.
 생극(生克) 관계를 근거로 분석하면 다음의 네 가지가 경우가 발생하는데
 - 기생운(氣生運)은 순화(順化)가 되고, 기극운(氣剋運)은 천형(天刑)으로 모두 순(順)이 되고,
 - 운생기(運生氣)는 소역(小逆)이 되고, 운극기(運剋氣)는 불화(不和)로 모두 역(逆)이 된다.
 - 순화의 해는 기후변화가 조화로우나, 천형의 해는 아주 심하며, 소역과 불화의 해는 비교적 심한 편이 된다.

2. 운기(運氣)의 동화(同化)

 60갑자 중 운기가 동화하는 관계는 26년이 되는데 이는 운과 기가 상동(相同)한 것을 말한다. 즉 목이 풍으로, 화가 화로 되는 것이며 이를 천부세(天符歲)라 한다. 천부세는 천부(天符)와 세회(歲會), 동천부(同天符)와 동세회(同歲會) 등으로 나뉜다.

a. 천부세(天符歲)

- 천부(天符)

대운이 사천기와 오행 속성이 같으면 천부(天符)라 한다. 천부해는 대운과 사천기가 부합되므로 운기에서도 편성(偏盛)하게 되어 기후변화도 심하게 되며 질병도 중(重)하게 된다. 기축(己丑)년의 경우 연간(年干)은 기(己)로서 토에 속하고 대운인 축(丑) 역시 태음습토가 사천기가 된다. 대운과 사천기가 오행 속성상 동일하여 천부의 해가 된다. 갑자가 일주(一週)하는 60년 동안 천부인 해는 을묘, 을유, 병진, 병술, 정사, 정해, 무자, 무오, 기미, 기축, 무인, 무신 등 열두 해이다.

- 세회(歲會)

대운(大運)의 기(氣)와 연지(年支)의 오행 속성이 같은 것을 세회(歲會)라 한다. 《육미지대론》에 "목운이 묘(卯)에 임(臨)하고, 화운(火運)이 오(午)에 임(臨)하고…(중략)…기가 평(平)하다."라고 하였다. 을유년의 경우 연간(年干)은 을로서 금에 해당하므로 대운은 금이며 연지(年支)는 유(酉)로서 오행 속성상 금에 속한다. 대운과 연지의 오행 속성이 모두 금이 되어 을유년은 세회(歲會)가 된다. 60갑자 중 세회인 해는 갑진, 갑술, 기축, 기미, 을유, 정묘, 무오, 병자로 모두 여덟 해이며, 그중 기축, 기미, 을유, 무오 이 네 해는 천부에 속하므로 세회에만 해당하는 해는 갑진, 갑술, 정묘, 병자 네 해이다.

- 동천부(同天符)

연간과 연지가 음양 속성상 모두 양에 속하고, 대운이 동년의 재천기(在泉氣)와 오행 속성상 서로 같을 것을 동천부(同天符)

라 한다. 경자(庚子)년의 경우 연간(年干)인 경은 양간(陽干)이고 연지(年支)인 자도 양지(陽支)라 모두 양에 속한다. 경자년의 연간인 경은 을과 함께 금에 속하므로 경자년의 대운은 금운이며 연지인 자는 오와 함께 소음군화가 사천이 되고 양명조금이 재천이 된다. 따라서 경자년은 동천부(同天符)가 된다. 60갑자 중 동천부인 해는 갑술, 갑진, 갑자, 경자, 경오, 임인, 임신 등 모두 여섯 해이며, 갑진, 갑술은 동천부에 속하면서 동시에 세회에 속하므로 동천부에만 속하는 해는 갑자, 경오, 임인, 임신 등 네 해이다.

- 동세회(同歲會)

연(年)의 간지(干支)가 음양 속성상 모두 음에 속하면 대운의 기가 불급하게 되고, 대운이 동년(同年)의 재천기와 음양 속성상 서로 같은 경우를 동세회(同歲會)라 한다. 신축년(辛丑年)의 경우 연간인 신은 음간(陰干)이고, 연지인 축도 음에 속하여 신축년은 음년(陰年)에 속한다. 그리고 연간인 신은 수(水)가 되어 대운은 수운(水運)이다. 연지인 축은 태음습토로 사천이 되고, 대측의 태양한수가 재천이므로, 신축년의 재천기는 태양한수이다. 이렇게 연의 간지가 모두 음에 속하고, 대운과 재천기가 같은 수이므로 신축년을 동세회(同歲會)라 부른다. 60갑자 중에 동세회가 되는 해는 신축, 신미, 계묘, 계유, 계사, 계해 등 여섯 해이다.

- 태을천부(太乙天符)

천부의 해이면서 또한 세회에도 해당하면 태을천부라 한다. 다시 말해 대운이 사천기와 연지의 오행 속성이 모두 같은 것이 태을천부이다. 무오년의 경우 무오년의 연간인 무는 화에 속하여 대운은 화운이 된다. 연지인 오는 소음군화면서 오행상으로도 화에 속한다. 대운과 사천기, 연지의 오행이 모두 화이므로 태을천부가 되는 것이다. 60갑자 중에 태을천부인 해는 기축, 기미, 을유, 무오 등 모두 네 해이다.

b. 평기(平氣)

	不及之氣	平氣	太過之氣
木	위화委和	부화敷和	발생發生
火	복명伏明	승명升明	혁희赫曦
土	비감卑監	비화備化	돈부敦阜
金	종혁從革	심평審平	견성堅成
水	학류涸流	정순靜順	유연流衍

평기란 양운(陽運)의 태과가 억제를 받거나, 음운(陰運)의 불급함이 부조를 받아 태과도 아니고 불급도 아닌 중화의 기가 되는 것을 말한다. 평기는 오행생극(五行生克)의 원리에 기초한다. 예를 들어 무진(戊辰)년의 경우 무(戊)는 양운(陽運)으로 화(火)가 태과 하나, 진(辰)은 수로서 화를 억제하므로 태과하지 않고, 즉 이상기후가 되지 않고 정상적인 기후가 되는데 이를 평기라 한다. 태과와 불급 그리고 평기를 삼오분기(三五分紀)라 하는데 도표와 같으며 평기가 되는 경우는 다음과 같다.

- 운은 태과하나 기의 억제를 받는 경우

세운이 태과인 해에 사천기(司天氣)가 세운을 상극하게 되면 세운은 사천기(司天氣)의 억제를 받아 태과하지 않고 평기가 된다. 예를 들면 무진년(戊戌年)의 연간(年干)인 무(戊)는 화에 속하여 화운 태과가 되고 연지(年支)인 술(戌)은 태양한수가 사천기(司天氣)가 되므로 무술년의 사천기는 수(水)이다. 오행상 수화(水火)는 상극 관계로 수극화가 되어 화운이 태과 되지 못하므로 평기가 되는 것이다. 갑자가 일주(一週)하는 중에 태과가 억제당해서 평기가 되는 해는 모두 무진, 무술, 경자, 경오, 경인, 경신 등이다.

- 운이 불급하나 기의 생(生)을 받을 경우

세운이 불급하나 그 해의 사천기가 오행상 대운과 같거나, 혹은 연지가 오행상 대운과 같을 때 세운은 평기를 이루게 된다. 예를 들면 을유년의 연간인 을은 금에 속하여 대운은 금이 되고 을은 음간(陰干)이라 금운이 불급한 해가 된다. 연지인 유(酉)는 양명조금이 사천기가 되어 금이 되므로 을-금, 유-금이 되어 불급하지 않게 되어 평기년이 된다. 갑자가 일주(一週)하는 중에 불급이 부조를 받아 평기를 이루는 해는 모두 정묘, 을유, 정해, 기축, 계사, 신해, 을묘, 정사, 기미 등이다.

① 제화(齊化)

이는 양년(陽年)에 운이 태과하나 이를 극하는 기를 만나 태과하지 않게 되는 경우를 말한다. 무진년의 경우 수극화가 되어 무화(戊火)의 기운과 진수(辰水)의 기운이 서로 조절되어 극단으로 치닫지 않아 평기가 되고, 경인[申,子,午]년의 경우 경은 금(金), 인(寅)은 화(火)가 되어 화극금하여 금의 태과를 극하여 금화(金火)의 기운이 서로 조절되어 평기가 되는데 이를 제화(齊化)라 한다.

② 겸화(兼化)

음년(陰年)의 해, 즉 을정기신계년(乙丁己辛癸년)은 운이 약한데 이를 극하는 기를 만나는 경우에는 기가 운을 승(乘)하여 그 해의 운을 대체하여 강(强)으로서 약(弱)을 겸하는 것을 말한다.

정운(丁運)의 해에 금(金)이 사천하면 금의 평기년과 같게 되어 금으로서 목을 겸하게 되고, 신운(辛運)의 해에 토가 사천하면 토의 평기년과 같게 되어 토로서 수를 겸하게 되어 평기년이 되는 경우다.

③ 간덕부(干德符)

간덕부는 천간과 월일시의 간(干)이 상합(相合)하는 때를 말하는 것으로, 1년 내에 대운과 상합하는 간(干)이 있는 월을 간덕부라 하여 평기가 된다. 예로 정유년은 목운이 불급하여 금의 극을 받으나 월일시에서 임(壬)을 얻게 되면 정(丁)과 임(壬)이 합하여 평기가 되는 것으로, 화기오행(化氣五行)에서 갑기, 을경 등을 말한다.

제15장 오운육기(五運六氣)와 경락(經絡)

육기와 경락(六氣와 經絡)
경락의 구성
경락의 금화교역
경락과 오행침
경락과 장부

오운육기를 통하여 천간지지의 체용에 대해 알아보았는데, 이는 명리(命理)의 합(合)과 한의의 경락(經絡)에 그대로 대입된다. 명리는 각 개인을 독립된 자연물로 보는 것이라 사람마다 운(運)이 다른데 이는 체(體) 위주로 본 것이고, 한의는 사람 안에 흐르는 기운[경락(經絡)]을 보기에 모든 사람에게 동일한 치법(治法)을 쓰는 것이며 이는 용(用) 위주로 본 것이다. 장부(臟腑)와 경락도 체용으로 분류되는데 체는 장부이고, 용(用)은 경락을 말한다.

지금까지의 내용은 역학 자체를 이해하기 위한 것이었으나 이 부분은 역학을 토대로 실제와 연결시키는 장이다. 장부(臟腑)와 경락은 오행, 선천도, 후천도, 천간지지 등 여러 면으로 설명할 수 있지만 가장 실용적인 것은 운기에 의한 것이다. 운기는 형(形)을 토대로 용(用)이 작용하므로 장부라는 체(體)와 경락이라는 용(用)에 가장 잘 부합된다.

본 장에서는 육기와 경락의 관계를 상수(象數)로 풀이하는데 복잡한 경락의 구조와 기능을 상수만으로 가늠하는 것은 쉽지 않으나 하도낙서에서 설명한 내용이 여기서 다시 반복되고 똑같은 이치로 적용된다. 이를 통하여 하도낙서는 이론을 넘어 실제 자연계의 변화 현상을 설명하는 것이며, 경락 역시 이론을 넘어 실제로 존재하는 자연의 기운을 느끼게 해 줌으로서 자연과학의 한 부분임이 증명된다.

육기와 경락(六氣와 經絡)

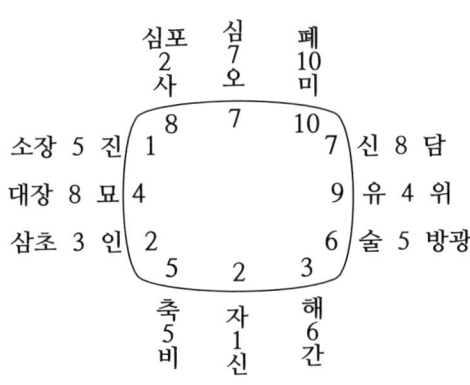

상수와 경락을 연관시키는 것 역시 크게는 음양으로 나뉘고 세부적으로 체(體)는 오행으로, 용(用)은 육기로 나누어 볼 수 있다. 대우주의 기운인 오운육기와 장부의 기운인 12경락은 동류(同類)로서 서로 상통하여 해마다 바뀌는 갑자(甲子)에 따라 그 해에 유행할 질병을 미리 예측할 수 있다. 이는 대우주와 인간에게 흐르는 기운이 상통하기에 가능한 것이며 서로 공간만 다를 뿐 질(質)은 같음을 알 수 있다.

육기 변화도의 구성을 보면
- 북방의 해자축에 위치한 간, 신, 비는 상수 3/2/5로 목/화/토의 생수이고,
  동방의 인묘진에 위치한 삼초, 대장, 소장은 2/4/1로 상화(相火)/금/수의 생수이다.

북동은 모두 생수가 되어 사물을 승(昇)하는 의미를 가지므로 양
(陽)이 되고, 하도 역시 북동이 1/3으로 생수이므로 같은 내용
이다.

- 남방의 사오미에 위치한 심포, 심, 폐는 8/7/10으로 목/화/토
의 성수(成數)이고,
서방의 신유술에 위치한 담, 위, 방광은 7/9/6으로 상화(相
火)/금/수로 역시 성수로 되어 있다. 성수는 음이고 사물의 완
성인데 이는 하도의 음방이 양수(陽數) 1/3의 생장을 이어받아
양체(陽體)가 되는 것과 동일하다.

- 육기 변화도는《의역동원》에는 축(丑)이 비(脾), 미(未)가 폐(肺)
이고 다른 책에는 축이 폐, 미가 비로 나오는데[15]《의역동원》이
이치상 옳다고 보기에 이를 따른다.

1. 자(子) 2

자는 인체에서 신(腎)에 해당하며 신경(腎經)은 2화(火)로 인체를
온양(溫陽)한다. 몸이 냉(冷)하고 한기(寒氣)를 싫어하는 증상은 온
신(溫腎)하는 치법을 쓴다. 심(心)은 신(腎)보다 더 강한 7화(火)를
가지나 음양체용도에서 보면 근원은 북[腎]이기에, 인체에서도 심화
(心火)의 근원(根源)은 신화(腎火)이다. 그래서 양허증(陽虛症)에 신
(腎)을 보(補)하는 것이고 상수를 보면 신2화, 심7화가 되어 신(腎)
은 생수(生數), 심(心)은 성수(成數)로서 성(成)은 생(生)에 의해 완

---
15) 이정래, 앞의 책, p.222

성되는 것이므로 신(腎)이 근본이다. 그리고 신은 인체의 근본인 정(精)이 있는 곳인데 하도에서 곤(坤)의 위치에 해당하고 곤은 북수(北水)이므로 신이 수가 되는 것이며 수(水)는 만물의 생(生)의 근본이 되기에 정(精)이 재(在)하게 된다.

2. 축(丑) 5

축5토는 비(脾)에 속하는데 비(脾)는 체내로 들어온 음(陰)을 물(物)로 쓰기 위해 열어[개(開)] 준다. 비(脾)는 체내로 들어온 음을 물화(物化)시키는 최초의 작업을 하는데 음(陰)은 외부에서 들어와 소화된 모든 음식물이다.

비는 상수 5인데 하도에서 중(中) 5는 사정방에 1씩 배속되고 정중앙에 나머지 1이 배속되어 5토는 분산을 향한 변화의 시작을 상(象)하고 1은 북수에 해당하므로 비(脾)의 목적은 음양 운동의 종점(終點)이라 해석된다. 비토는 흡수된 음식물 고유의 기운을 중화시켜 장차 인체에 흡수될 수 있게 하는데 사방(四方)은 화(化)한 물(物)이 모든 장기에 공급됨을 의미한다.

비의 체는 축토(丑土)로서 한습(寒濕)하고, 폐(肺)의 체는 미토(未土)이고 조열(燥熱)하여 이를 싫어하게 된다.

3. 인(寅) 2

상화(相火)와 군화(君火)는 2/7화이나 명칭은 다른데 이는 장부의 기능과 경락의 유주가 달라서 쓰임새가 다르게 된 것이며 화(火)로서의 성질은 동일하다. 같은 화(火)지만 신(腎)은 전신(全身)을 온양(溫陽)하고 심화(心火)가 성(成)하는데 도움을 주지만, 삼초의 화(火)는 인체의 기화(氣化) 작용에 쓰인다. 또한 삼초는 신(腎)의 온양(溫

陽)을 받아서 기화 작용을 하므로 삼초의 기능이 약하게 되면 신양(腎陽)을 보(補)한다.

4. 묘(卯) 4

금기(金氣)는 대장경, 위경 두 가지인데 대장경은 서늘하면서 건조한 기운인 량조(凉燥)라 습열(濕熱)에 효과적이다. 장부로서의 대장은 오행상 금이고, 경락은 육기상 금이 되어 체용이 같으므로 운영에 있어 혼란을 피할 수 있다.

5. 진(辰) 1

진술은 생성 변화의 마지막이며 진(震)에 소장(小腸)이 자리하여 상수 1로서 한수(寒水)의 생(生)이다. 1은 정북(正北)에서 생하는 최초의 양의 기운으로 한성(寒性)이며 음양체용도에서 보면 1은 양(陽)의 시작으로 질량(質量)이 작아 소장경의 한기(寒氣)는 방광경처럼 강하지 않다. 소장의 장부와 경락은 체용이 다르기에 선혈(選穴) 시 주의할 필요가 있다.

6. 사(巳) 8

사(巳)는 심포(心包)의 자리이며 심포는 간과 함께 궐음풍목(厥陰風木)에 속한다. 심포는 심(心)에 준하여 정신병이나 신경증을 주치(主治)하는데 8은 3이 성(成)된 상태이므로 이론상 풍으로 인한 질병도 치료가 가능하다. 간은 풍생(風生)과 관계되므로 본치(本治)가 되고 심포는 풍성(風成)이 되어 표치(表治)가 되므로 급한 경우에 풍성(風成)은 심포로 치료할 수 있을 것이다. 특히 심포가 오행상 화(火)이므로 내인(內因)으로 인한 풍열의 질환에도 효과가 있을 것이다.

7. 오(午) 7

심장은 오에 위치하고 상수는 체용 모두 7인데 선천도에서 보면 양방(陽方)의 결과가 나타나는 곳이고 순수한 기운이며 열극(熱極)의 상이다. 태양열이 지구 전체에 열을 발산하듯 심경은 인체에 열을 공급하는 역할을 한다.

8. 미(未) 10

폐는 위치상 제일 높은 곳에 있어 마치 상승하는 사물이 하강하기 직전에 순간적으로 운동성이 제로가 되는 지점과 같다. 오행상 음양의 중간이라 목화와 금수의 가운데 있으며 비(脾)의 5토에서 생한 음이 음체(陰體)에서→양화(陽化)되는 이치와 동일하다. 10은 1이 되는 것이므로 다른 차원으로 들어가기 직전이다. 빗물이 대지에 내리듯 전신에 분포되기 전의 상태이므로 하늘의 먹구름처럼 습이 많은 상태이다.

9. 신(申) 7

신(申)에 담(膽)이 위치하며 7화로서 강한 열기를 가진다. 자오(子午)와 인신(寅申)은 용(用)으로서 같은 화(火)이며 독립적인 작용을 하지만, 용은 체(體) 안에 포함되므로 체의 영향을 받지 않을 수 없다.

겨울의 2화와 여름의 2화는 질량은 같으나 체의 환경이 달라 영향 또한 다르다. 신(申)의 7화는 인체에서 음양의 중간인 측면에 흐름으로서 기운의 크기가 반감된다. 만약 배부(背部)로 지날 경우는 더욱 약해질 것이나, 복부(腹部)로 지난다면 더욱 강한 화기를 발(發)할 수도 있을 것이다.

10. 유(酉) 9

금기의 특징인 조(燥)와 습이 제거된 열이 더하여 조열(燥熱)이 위경(胃經)의 기운이다. 9는 7에 뿌리를 두므로 조열(燥熱)이 대열(大熱)로 발전하기 쉽다. 특히 위경(胃經)은 인체의 전면(前面)인 음(陰)에 속하고 열이 내부에 있으므로 인체에 미치는 영향이 크게 된다. 양명[리(裏)]-소양[반표반리(半表半裏)]-태양[표(表)]의 순서가 되어 양명이열증(陽明裏熱症)은 리(裏)에서 열이 발생하여 체외로 빠져나가기 어려워 치료 또한 어렵다. 위(胃)는 오행으로 토가 되나 육기로는 양명조금(陽明燥金)이다. 장부와 경락의 체용이 다르므로 선혈(選穴) 시 주의해야 한다.

11. 술(戌) 6

술(戌)은 방광(膀胱)인데 상수 6은 음극(陰極)으로 한수(寒水)라 아주 차가운 기운이다. 태양은 외부로는 가장 큰 양이나 내부의 기운은 완전히 소진된 상태고 빈 공간은 한(寒)으로 채워진 상(象)이다. 방위는 북이고 인체의 후면을 흐르므로 기운의 크기는 배가(倍加)된다. 방광경은 체용이 모두 수(水)로서 같다.

12. 해(亥) 3

해(亥)는 육기상 궐음풍목이며 상수 3은 봄철의 온기(溫氣)이며 상승하는 기운이다. 상수 3은 풍을 생하므로 내인(內因)의 풍으로 인한 병증의 본치(本治)에 쓸 수 있다. 그리고 3은 발전하여 7로 화(化)하므로 열증으로 발전하는 경향이 있다.

- 육기는 지축의 경사로 기운의 체용이 다름을 설명하며 이를 알아야 경락을 이해할 수 있다. 육기는 여러 방법으로 설명이 가

능하겠지만 하도의 상수를 통하는 것이 최상이다. 상수는 하도를 넘어 육기, 그리고 경락까지 이어지므로 모든 것이 하나의 선상에 있음을 볼 수 있다.

- 장부의 기능도 육기의 상수로 설명한 내용이 있으나 너무 주관적인 것 같아 배제(排除)하였다. 육기는 경락이 육경으로 분류되는 이유와, 같은 경락이라도 수족경(手足經)의 성질이 다른 이유, 그리고 12경락 중 체용이 다른 이유를 밝히는 중요한 단서가 된다.

경락의 구성

```
태음      폐 ┐                  궐음      심포 ┐                소음      심 ┐
       대장 │ 양명                   삼초 │ 소양                  소장 │ 태양
습토   위   │ 조금          풍목   담   │ 상화          군화   방광 │ 한수
       비 ┘                          간 ┘                       신 ┘
```

  12경락은 육기에 의한 분류로 정리하면 도표와 같다. 육기는 각각 두 개씩 동류(同類)의 기운인 생수(生數)과 성수(成數) 구성되고 방위는 정반대이며 작용은 조금씩 다르다. 만약 12경락이 육기와 완전히 일치하면 6경락이 되지 굳이 12경락이 될 이유가 없을 것이다. 삼음삼양이 같더라도 수족경(手足經)의 내용이 달라 6기(氣)에서 다시 두 가지로 나누어져 12경락(經絡)이 된다.

 – 우주에 흐르는 기운은 천지라는 공간에서 쉼 없이 교류한다. 천기는 하강하고, 지기는 상승한다. 상승하는 것은 목화의 기운이고 하강하는 것은 금수의 기운이다. 이런 과정을 거쳐 기운이 혼합되어 자연계에 영향을 준다. 천지의 운행 이치는 인체에도 똑같이 적용된다.
 수(手)는 천(天)이고, 천기는 하강하므로 경락에서 양경(陽經)인

대장/소장이 상수 4/1, 위/방광이 상수 9/6으로 정리하면 상수 4/9, 1/6으로 서북의 금수이다. 이로써 양경은 체를 기준한 것이고 기운은 음인 것을 알 수 있다.

반대로 족(足)은 지(地)이고, 지기는 상승하므로 음경(陰經)인 신/간은 상수 2/3, 심/심포가 상수 7/8로 목화라 상승한다. 또 여기서 12지지의 체용이 다른 것에서 경락과 장부의 체용 역시 상이함을 추론할 수 있다. 만약 체용이 같다면 경락의 체계가 복잡하지 않을 것이며 장부를 알면 동시에 경락도 알게 될 것이다. 모든 것은 체용이 달라서 오는 혼란이다.

- 여기서 예외인 것은 삼초경과 담경으로서 상수 2/7로 화(火)인데도 양경(陽經)이며 하강한다. 이는 같은 2/7화로서 상승하는 심/신의 군화와 비교되는데 군화는 화를 발생하는 근원이 있으나, 상화는 군화에 의해 발생되는 것이므로 같은 성질이지만 근원은 다르다. 하늘에서 내리쬐는 태양열을 군화라 하면, 상화는 군화에 의해 반사되는 복사열이므로 군화가 생이라면 상화는 성이 되어 생성의 관계에서 본다면 군화는 양이 되고 상화는 음이 된다. 자연의 이치로 본다면 상화는 대기 중에 떠 있다가 군화의 힘이 약해지면 지상으로 내려온다. 천체와 인체의 이치는 같은 것이므로 인신상화는 하강하게 된다.
- 비/폐는 상수 5/10으로 오행상 토(土)이나 음경(陰經)으로 상승하는데, 이는 인체라는 특성상 상승한 후 하강하면서 전신에 음을 산포하기 위함이다. 지구의 자연물은 흙을 기반으로 생장하는데 흙은 중화 작용과 더불어 수분과 자양분을 공급한다. 이 역시도 지하에서 지상으로 상승하는데 인체도 같은 생리로 상승는 한다.

경락의 금화교역

낙서(洛書)에 나온 금화교역의 상(象)은 경락에서도 찾을 수 있다. 도표는 앞서 하도와 경락에 나온 경락의 시종점(始終點)에다 육기를 더한 것이다. 경락의 시종점은 손·발가락의 위치에 따라 1/2/3/4/5의 생수(生數)로만 되는데 자연의 이치상 생(生)만으로는 사물이 만들어질 수 없고 반드시 성(成)이 있어야 된다.

수족(手足)을 천지에 비유하면 손은 천(天)에 해당하여 생이 되고, 발은 지(地)에 해당하여 성이 된다. 수경(手經)은 천(天)에 해당하여 생이라 시종점의 생수를 그대로 쓰고, 족경(足經)은 지(地)가 되어 성(成)이므로 시종점의 생수에 5를 더하여 육기와 함께 표시하였다.

주목해야 될 부분은 양명경과 소양경인데 육기상 금(金)과 화(火)의 관계이며, 이에 해당하는 경락은 대장경, 위경 / 삼초경, 담경이다.

대장/위의 시종점(始終點)은 2/7화이고, 육기로는 4/9금이고
삼초/담의 시종점(始終點)은 4/9금이고, 육기로는 2/7화가 된다.

폐 1	심포3	심 5
습토10	풍목8	군화7
대 2	삼초4	소장5
조금 4	상화2	한수1

위 7	담 9	방광10
조금 9	상화7	한수6
비 6	간 6	신 10
습토 5	풍목3	군화2

경락의 오행/육기상 분류

그러면 나머지 경락은 체용이 어떤 관계인지 보자.

폐경은 체1/용10이다. 상수10은 1로 화하는 것과 관계있고, 비경은 체6/용5인데 5토는 6이라는 음체를 생(生), 개(開)함에 관계있고, 심포경은 체3/용8로서 둘 다 풍목의 생성에 관계되고, 간경은 체6/용3으로 음의 상승에 관계 한다. 심경은 체5/용7로서 진술축미처럼 능동적인 작용이 아니고 7화가 극점-하지, 열극-이라 방향이 바뀌는 지점이니 토의 상이 나오는 것이고, 소장경은 체5/용1로서 5토는 차원의 변화를 의미하므로 1이라는 새로운 출발을 의미한다. 방광경은 체10/용6인데 10토 역시 새로운 성(成)으로 화(化)하는 것이므로 6이라는 음체의 완성과 관계있고, 신경은 체10/용2로서 심경과 마찬가지로 극점-동지, 한극-이라 수동적인 토의 상이다.

인체의 체와 기운이라는 용에 금화가 교역되는 상(象)에서 보았듯 장부와 경락이 체용 관계임을 알 수 있다. 이는 하도/낙서가 체용이고, 낙서에서 금화교역의 상이 이론으로 끝나는 것이 아니라 인체에도 영향을 미친다는 것을 알 수 있다.

경락과 오행침

오행침은 장부를 오행으로 나누어 실(實)하면 사(瀉), 허(虛)하면 보(補)하는 방법으로 자경(自經)과 자경에 생극(生剋)하는 타경(他經)의 혈위에 자침(刺針)하는 것이다. 문제되는 것은 장부와 경락을 동일시하여 똑같이 오행으로 분류하는 점이다.

장부	오행	육기	장부	오행	육기	장부	오행	육기
폐	금	태음-토	심	화	소음-화	심포	화	궐음-목
대장	금	양명-금	소장	화	태양-수	삼초	화	소양-화
위	토	양명-금	방광	수	태양-수	담	목	소양-화
비	토	태음-토	신	수	소음-화	간	목	궐음-목

- 표를 보면 12경 가운데 6경(대장경, 비경, 심경, 방광경, 삼초경, 간경)은 체용이 같으나 6경(폐경, 위경, 소장경, 신경, 심포경, 담경)은 체용이 다르다. 체용이 같으면 문제가 없으나 다른 경우 경락의 선택과 선혈(選穴)에 문제가 생길 수 있다.

대장경과 위경의 경우 둘 다 양명조금(陽明燥金)이지만 량(凉)과 열(熱)의 구분이 있고, 대장경은 오행/금, 육기/금으로 체용이 같으나 위경은 오행/토, 육기/금으로 체용이 다르므로 선혈(選穴)에 있어 지금의 혈위와 다를 가능성이 충분하다는 점이다.

마찬가지로 폐경도 장부는 오행상 금이나 육기상으로는 습토가 되므로 이 역시 체용이 달라 선혈에 주의해야 된다.

- 체용이 다른 것은 장부와 경락의 기운이 다르기 때문인데 질병이 장부와 경락에 있는지에 따라 선혈이 달라져야 된다. 사암침은 체를 기준한 것이라 장부의 질병만 생각한 것인데 경락에 있는 경우는 선혈이 다르게 된다.

- 장부와 경락의 체용이 다른 것은 분명하며 이를 토대로 오행침에 있어 새로운 이론의 등장과 보편적인 추론도 어느 정도 가능하다. 그러나 심증은 가지만 임상에서 실증(實證)되어야 하고 인명(人命)에 관계되기에 쉽사리 결론을 내릴 수 없다.
  육기에 근거하여 선혈(選穴)하게 되면 현재 사암침에 있어 체용이 다른 경락에 변화가 있을 것이다. 조심스레 의견을 내자면 체용이 다른 경우 장부와 경락 중 질병이 있는 곳을 우선 판별한 후 거기에 맞게 오행으로 선혈하면 될 것이다. 그러나 본서(本書) 이전에 이에 대해 논의된 적이 없기 때문에 이제부터라도 이에 대한 연구가 시작되어야 한다고 본다.

경락과 장부

지금까지 많은 내용을 다루었지만 키워드는 하늘과 땅이다. 항상 하늘의 기운이 먼저 작용하고 그 영향으로 땅에서 결실이 이루어지는 형태다. 인체에 있어서도 이것은 그대로 적용되어 오장육부와 경락이 있다.

하늘의 기운은 쉼 없이 변한다. 하루에도 햇볕이 들다가, 바람이 불고 비가 오는 등 수차례 변화한다. 하늘의 기운을 볼 수는 없으나 나타나는 결과를 보고 그 기운을 판단할 수는 있다. 지구의 자연은 하늘이 부리는 기운의 영향을 받는다. 하늘의 기운은 땅에 영향을 주는 동시에 땅에서 발생하는 기운에도 영향을 받는다. 땅이 뜨겁게 되면 하늘로 바람이 일고, 호수에 있는 물은 수증기가 되어 하늘로 상승하는 등 이렇게 하늘과 땅은 서로 기운을 주고받는 관계이다.

인체에는 장부와 경락이 있다. 경락은 하늘처럼 기운이 흐르는 곳이며, 장부는 땅처럼 경락의 기운을 생하기도 하고 영향을 받는 곳이다. 열대지방의 하늘은 열기가 성할 것이며 극지방의 하늘은 한기가 성할 것이므로 하늘의 기운은 땅의 위치에 따라 다른 기운을 가진다. 주된 기운은 열기와 한기라 할지라도 시간대별로, 계절별로 다른 기운이 수시로 가감되며 끊임없이 변한다. 경락 역시 경락별로 주된 기운을 가지나 외부의 영향으로 끊임없이 변한다.

장부는 오행으로 분류되고 체에 해당하며, 경락은 육기로 분류하고 용에 해당한다. 장부와 경락은 체용의 관계로서 영향을 주고받으며, 경락은 또한 외기(外氣)와도 상통한다. 외기-경락-장부로 이어지므로 장부는 경락을 통해 외기, 즉 운기의 영향을 받게 되므로 해마다 다른 기운이 장부에 영향을 주고 경락은 중간 매체와 같은 역할을 한다.

침구(鍼灸)에서 다루는 것은 육기이며 장부에 영향을 준다. 장부에 병이 있다하여 장부 자체에 자침하지 않는다. 육기라는 기운이 흐르는 경락을 통하여 장부의 허실을 다루는 것이 침구이다. 오행침이란 각 장부의 오행혈을 이용한다는 것이지 장부를 오행으로 나누어 치료한다는 의미가 아니다. 소장경은 화(火)의 성질이 아니고 약한 한(寒)기를 가진 경락이다. 이는 현재까지 전해 내려온 내용과 상반될지도 모른다. 그러나 지금까지의 과정을 통해 보면 화기보다는 한기를 가지는 것이 옳다는 결론이 나온다.

이상의 내용은 필자의 개인적인 의견이 아니고 전해 내려오는 것들을 전달한 것이다. 본서의 첫머리서부터 천체의 운행과 계절을 시작으로 객관적인 사실에 근거하였고, 추상적인 문구는 최소화하여 전달 과정에 불필요한 오해가 없게 하였다. 그리고 지금까지 발견하지 못한 것을 끄집어낸 것일 뿐 전혀 새로운 것이 아니며 특히 경락에 나타난 금화교역의 상(象)도 누구나 알 수 있는 것을 조합한 것에 불과하다. 그렇기 때문에 경락이 기운에 의한 분류라는 것에 확신을 가지고 임상에서 실증되기를 바라며 앞으로 많이 연구되었으면 하는 마음이다.

제16장 운기와 의학적 관계

운의 태과와 불급에 따른 질병
기운(氣運)의 성쇠와 질병
육기(六氣)년의 질병

오운이 천(天)으로 상승하면 육기가 되는 것이고, 육기가 천에서 지(地)로 하강하면 오운이 된다. 오운과 육기는 서로 화생하여 천지 만물을 생장하게 하니 운행이 순조로우면 문제가 없으나 태과와 불급으로 인하여 천지 기운은 항상 변하며 만물에 영향을 주고 또한 인간에게도 영향을 주므로 이를 연구하여 각 해에 유행할 질병을 미리 예측하는 것이다. 오운은 음으로서 장(臟)에 해당하고 내(內)에 있으며, 육기는 양으로서 부(腑)에 해당하고 외(外)에서 흐른다. 이리하여 오장과 육부는 서로 상통하며 매년의 운기의 영향을 받아 질병이 발생하는 것이므로 이에 대해 생각해 보는 것이다.

운의 태과와 불급에 따른 질병

운이 태과 혹은 불급하게 되면 기후 변동이 심하며 이는 그대로 인체에 영향을 미쳐서 여러 질병을 일으키게 된다. 이렇게 운의 과불급(過不及)에 따라 어떠한 질병이 발생하는지는 파악하는 것이 운기를 배우는 목적 중 하나이다. 《황제내경》의 기교변대론(氣交變大論)에서 운의 태과와 불급에 따른 질병과 증상을 설명하고 있다.

1. 목운

a. 태과

육임년(六壬年)은 목운이 태과하기 때문에 풍기(風氣)가 유행한다. 목극토하여 비토(脾土)가 사기(邪氣)를 받게 되며 나타나는 증상으로는 손설(飱泄), 식욕부진을 비롯해 몸이 무겁고, 배가 답답한 증상 등이 나타난다. 그리고 풍기가 성(盛)해서 간장(肝臟)이 실하게 되면 어지럼증, 구토, 옆구리 통증 등을 느끼며 쉽게 화내게 된다. 그리고 금이 복기(復氣)로 작용하므로 오히려 간이 손상을 입는 경우도 있다.

b. 불급

육정년(六丁年)은 반대로 음년(陰年)이 되어 목운(木運)이 불급하여 조기(燥氣)가 유행하게 된다. 금기가 승(勝)하여 중기(中氣)가 허하게 되므로 옆구리와 아랫배가 아프고, 배에서 소리가 나거나 설사(泄瀉) 등이 나타난다. 나중에 목기의 자(子)인 화기(火氣)가 내복(來復)하면 오한 발열, 창양(瘡瘍), 등창 등이 발생할 수 있다.

2. 화운

a. 태과

육무년(六戊年)의 해는 양년(陽年)으로 화운이 태과(太過)하고 화극금하므로 폐금(肺金)이 사기를 받게 된다. 폐가 손상돼 호흡이 약해지고, 해수, 천식, 토혈(吐血) 등이 발병하고 표리 관계인 대장 역시 손상을 입어 대소변에서 하혈 등이 나타난다. 또한 화기가 태과하여 흉중에 통증을 느끼거나 가슴, 등, 어깨 사이에 통증이 오고, 양팔 안쪽이 아프며, 몸에 열이 나는 등의 증상이 발생한다. 소양, 소음이 사천하면 만물이 메마르게 되어 광란(狂亂)이 발생하기도 한다.

b. 불급

육계년(六癸年)은 화운(火運)이 불급하기 때문에 한기(寒氣)가 유행하여 병이 생긴다. 증상으로는 가슴이 아프고, 옆구리가 그득하며, 가슴, 등, 어깨와 양쪽 팔의 안쪽에 통증이 생긴다. 또 머리와 눈이 어지러워 정신이 혼미해지고, 말을 못하는 등의 증상들이 생긴다. 나중에 토기(土氣)가 내복(來復)하면 설사, 복부 창만, 소화불량을 비롯해 사지(四肢)가 경련하는 등의 증상이 나타난다.

3. 토운

a. 태과

육갑년(六甲年)은 토운(土運)이 태과(太過)하여 비와 습기가 많아져 신수(腎水)가 사기(邪氣)를 받게 되어 병이 생긴다. 배가 아프고, 손발이 차고, 정서가 불안하고, 몸이 무거운 것이 그 증상이다. 또한 토운이 태과하므로 기육(肌肉)이 오그라들고, 다리가 약하고 힘이 없으며 경련을 일으키며, 식욕부진 등의 증상이 나타난다.

b. 불급

육기년(六己年)은 토운(土運)이 불급(不及)하여 풍기가 유행하여 병이 생긴다. 설사, 곽란, 복통, 근골의 경련, 기육의 시린 통증과 몸이 무겁거나 쉽게 화내는 등의 증상이 나타난다. 나중에 금기가 내복(來復)하면 가슴과 옆구리 통증, 소복부의 인통(引痛), 식욕부진 등의 증상이 나타난다.

4. 금운

a. 태과

육경년(六庚年)은 금운(金運)이 태과(太過)하여 조(燥)한 기운이 유행하므로 금극목이 되어 간목(肝木)이 사기를 받아 병이 생긴다. 증상으로는 양옆구리 아래와 아랫배가 아프고, 눈이 충혈되면서 아프고, 귀가 잘 들리지 않게 된다. 또한 금기가 심하게 되면 몸이 무겁고, 가슴 통증으로 인하여 등 부위가 아프고, 양옆구리 아래에 팽만감이 생긴다.

b. 불급

육을년(六乙年)은 금운이 불급(不及)하기 때문에 화기가 유행하여 병이 생긴다. 어깨와 등 부위가 무겁고, 코가 막히고, 혈변이 나오고, 물 같은 설사를 하는 등의 증상이 나타난다. 나중에 수기(水

氣)가 내복하면 머리 뒷부분의 통증이나 전신에 열이 나는 등의 증상이 나타난다.

5. 수운

a. 태과

육병년(六丙年)은 수운(水運)이 태과(太過)하여 한기(寒氣)가 유행하므로 수극화하여 심화(心火)가 손상을 받는다. 이에 따라 몸에 열이 나고, 가슴이 뛰고, 전신이 차고, 가슴이 아프고, 헛소리를 하는 등의 증상이 발생한다. 수운이 태과하면 복부가 팽창하고, 정강이가 붓고, 해수나 천식이 생기며 수면 시 땀을 흘리는 등의 증상이 나타난다.

b. 불급

육신년(六辛年)은 수운(水運)이 불급하기 때문에 습기(濕氣)가 유행하여 병이 생긴다. 복부의 팽창감과 설사, 몸이 무겁고 허리와 다리가 차고 힘이 없는 등의 증상이 나타난다. 나중에 목기가 내복하면 안색이 자주 변하고, 근골의 경련이 일어나고, 기육에 발진이 생기는 등의 증상이 있을 수 있다.

이상에서 오운(五運)의 태과(太過)와 불급(不及)은 모두 본(本)인 장부(臟腑)에 영향을 미치고 또한 승기(勝氣)와 복기(復氣)가 있어서 타 장부에도 영향을 미치게 되며 이러한 발병(發病)은 모두 오행(五行)의 생극제화(生剋制化)의 관계에 기초한다.

기운(氣運)의 성쇠와 질병

1. 궐음풍목의 사천기와 운(運)

지지(地支)가 사(巳), 해(亥)인 해와 결합하며 구체적인 내용은 아래와 같다.

a. 목운이 불급하고 풍목 사천, 상화 재천하면, 금기와 화기의 승복(勝復)이 같아져 목운의 평기(平氣)와 같은 해가 된다. 목운이 불급하면 금운이 승(勝)하여 목을 억제하면 목의 자(子)인 화(火)가 내복(來復)하여 금을 억제하므로 화와 금의 승복이 같아져 기후는 어느 쪽으로도 편향되지 않아 정상적으로 된다. 정사년과 정해년(모두 천부)이 해당한다.

b. 화운이 불급하고 풍목 사천, 상화 재천하면 수기(水氣)와 토기의 승복(勝復)이 같아진다. 화운이 불급하면 수기(水氣)가 성하여 화를 극하게 되고 화는 토를 생하여 수토의 승복(勝復)이 같게 된다. 계사년과 계해년(모두 동세회)이 해당한다.

c. 토운이 불급하고 풍목 사천, 상화 재천하면 목이 성하여 토를 극하고 토의 자(子)인 금이 내복(來復)하여 목금의 승복(勝復)이 같아진다. 기사년과 기해년이 해당한다.

d. 금운이 불급하고 풍목 사천, 상화 재천하면 화기와 수기의 승복이 같아져 목운의 평기년과 같으며 을사년과 을해년이 해당한다.
e. 수운이 불급하고 풍목 사천, 상화 재천하면 토기와 목기의 승복이 같아지며 신사년과 신해년이 해당한다.

f. 궐음풍목이 사천기일 때는 세운이 불급하여 기후변화가 대체로 늦게 된다. 질병은 하부(下部)에 열병이 나타나고 상부(上部)에서 풍병(風病)이 발생하고 중부(中部)에서 풍기와 조기의 승복(勝復)이 나타난다.

- 초지기 : 주기는 궐음풍목이고 객기는 양명조금이 되어 한기(寒氣)가 강하게 되며 질병은 우측 하부에서 발생한다.

- 이지기 : 주기는 소음군화이고 객기는 태양한수가 되어 한기(寒氣)가 사라지지 않고, 숙살지기가 행해지며 만약 양(陽)의 기운이 들어오면 내부에 열이 울(鬱)하는 질병이 발생한다.

- 삼지기 : 주기는 소양상화이고 객기는 궐음풍목이 되어 사천의 다스림, 즉 풍기의 작용으로 바람이 수시로 일고 질병으로는 눈물, 이명(耳鳴), 현훈(어지럼증) 등이 나타난다.

- 사지기 : 주기는 태음습토이고 객기는 소음군화가 되어 습(濕)

과 서열(暑熱)이 뒤섞이며 질병으로는 황달과 부종이 나타난다.

- 오지기: 주기는 양명조금이고 객기는 태음습토가 되어 조습(燥濕)이 교대로 성하며 조습의 중(重)한 음기(陰氣)가 퍼지고 한기(寒氣)의 영향을 받는 질병이 발생한다.

- 종지기 : 주기는 태양한수이고 객기는 소양상화가 되어 화기(火氣)가 크게 되어 동면하던 동물들이 도로 나오며 흐르는 물은 얼지 않고, 지(地)의 양(陽)도 커져 초목의 싹이 나오고 전염병이 나타난다.

g. 궐음풍목이 사천기일 때는 울(鬱)한 기운을 산(散)하여 운기가 잘 되게 해서 사기(邪氣)가 성하지 않게 하며 신미(辛味)로 사천의 풍기를, 함미(鹹味)로 재천의 화기(火氣)를 조화롭게 하여야 한다.

2. 소음군화의 사천기

지지(地支)가 자(子), 오(五)인 해와 결합하며 구체적인 내용은 다음과 같다.

a. 목운이 태과하고 군화가 사천, 조금이 재천인 해는 임자 임오년이다. 이때는 풍기가 요동치며 바람이 불어 나뭇가지가 흔들리고 식물의 싹이 트게 된다. 질병은 옆구리 아래가 그득한 것이다.

b. 화운이 태과하고 군화 사천, 조금이 재천하면 화열이 성하여 무더운 날씨가 되며 관련 질병은 상부에 열로 인하여 혈(血)이 넘치는 것이다. 무자년(천부)과 무오년(태일천부)이 해당한다.

c. 토운이 태과하고 군화 사천, 조금이 재천인 해는 습하고 비가 많이 내리며 관련 질병은 배가 창만(脹滿)하고, 몸이 무거운 것이다. 갑자년과 갑오년이 해당한다.

d. 금운이 태과하고 군화 사천, 조금이 재천인 해는 서늘하고 안개가 많고 만물이 시들어 떨어지며 관련 질병은 이변(二便)을 기화가 안 된 상태로 배설하며, 하체가 냉(冷)하게 되는 것이다. 경자년과 경오년(모두 동천부)이 해당한다.

e. 수운이 태과하고 군화 사천, 조금이 재천인 해는 한기(寒氣)가 성하여 기후는 얼음, 눈, 서리가 유행하며 관련 질병은 하지(下肢)가 냉한 것이다. 병자년(세회)과 병오년이 해당한다.

f. 소음군화가 사천기일 때는 운이 태과하여 기후변화가 하늘의 변화보다 빠르게 되며, 한(寒)와 열(熱)이 교차하고, 비와 습이 유행한다. 질병은 상부에서 해수와 천식, 코막힘, 재채기 등이 발생하고, 혈(血)이 넘쳐 눈이 충혈되며 눈꼬리의 창양과 함께 심통(心痛)이 있다. 또 요통, 복부 창만, 인후의 건조 등의 증상이 나타난다.

- 초지기 : 주기는 궐음풍목이고 객기는 태양한수가 되어 한기가

시작되어 물이 얼고, 서리가 내린다. 관련 질병은 양기(陽氣)가 울체되어 관절이 강직(强直)해지는 것이며, 요통, 창양 등이 발생한다.

- 이지기 : 주기는 소음군화이고 객기는 궐음풍목이 되어 양기(陽氣)가 퍼지고 풍기가 유행하여 봄의 기운이 정상으로 된다. 질병으로는 소변 임병(淋病), 시력 약화, 눈의 충혈 등을 들 수 있으며, 기가 울(鬱)하여 상부에서 열이 나기도 한다.

- 삼지기 : 주기는 소양상화이고 객기는 소음군화가 되어 화기가 크게 유행하여 만물이 무성하게 자란다. 질병은 기(氣)가 궐(厥)하여 오는 심통(心痛), 해수, 천식, 한열이 있고, 눈이 충혈되는 등의 증상이 나타난다.

- 사지기 : 주기는 태음습토이고 객기도 태음습토가 되어 아주 무덥고 비가 많으며 한열의 심하게 바뀐다. 질병으로는 한열이 왕래(往來)하고, 인후의 건조, 황달, 코피 등이 나타난다.

- 오지기: 주기는 양명조금이고 객기는 소양상화가 되어 기후가 서늘하지 않고 오히려 무더우며 만물이 번성하게 된다. 질병은 전염병이 나타난다.

- 종지기 : 주기는 태양한수이고 객기는 양명조금이 되어 오지기

의 상화의 여염(餘炎)이 남아 조금(燥金)의 양기(凉氣)가 성하지 못하게 된다. 질병으로는 상부의 부종, 해수, 천식 등이 생길 수 있으며 심하면 출혈이 발생한다.

g. 소음군화가 사천기일 때는 태과한 운기를 억제하고, 세운(歲運)이 극하는 기를 부조(扶助)하고, 울(鬱)한 기운을 풀고 먼저 생화의 원천을 도와 질병이 발생하지 않도록 하여야 한다. 함미(鹹味)로 상부를 조절하고, 심하면 고미(苦味)로 발산하여야 하며, 산미(酸味)로 수렴하고, 심하면 고미(苦味)로 배설한다. 운기(運氣)에 따라 약제의 다소를 정하는데 세운과 사천기가 동일하면 한량(寒凉)한 것을 택하고, 세운과 재천기가 동일하면 온열(溫熱)성의 약제를 선택한다.

3. 태음습토의 사천기

지지(地支)가 축(丑), 미(未)인 해와 결합하며 구체적인 내용은 아래와 같다.

a. 목운이 불급하고 습토가 사천, 한수(寒水)가 재천하는 해는 금기가 목을 극하고, 목의 자(子)인 화기가 내복(來復)하므로 금화의 승복(勝復)이 같아져 토운이 평기인 해와 같다. 정축년과 정미년이 해당한다.

b. 화운이 불급하고 습토가 사천, 한수가 재천인 해는 수토(水土)의 승복이 같아진다. 계축년과 계미년이 해당한다.

c. 토운이 불급하고 습토가 사천, 한수(寒水)가 재천인 해는 목금의 승복이 같아져 토운(土運)의 평기년과 같다. 기축년과 기미년(모두 태을천부)이 해당한다.

d. 금운이 불급하고 습토가 사천, 한수가 재천인 해는 화수(火水)의 승복이 같아지며 을축년과 을미년이 해당한다.

e. 수운이 불급하고 습토가 사천, 한수가 재천인 해는 토수(土水)의 승복이 같아져 토운의 평기년과 같다. 신축년과 신미년(모두 동세회)이 해당한다.

f. 태음습토가 사천기일 때는 세운이 불급하여 기후변화가 늦게 되며 습으로 인하여 안개, 구름이 많고 그리고 자주 비가 내린다. 질병은 한습 때문에 복부 창만, 전신의 부종, 한궐(寒厥) 등의 증상이 나타난다.

- 초지기 : 주기와 객기 모두 궐음풍목으로 같으며 기후는 한기가 물러가고 정상적인 봄기운이 되어 만물이 번성한다. 인체도 편안하게 되며 질병으로는 출혈, 근(筋)의 강직(强直), 관절의 불리(不利)가 나타나며, 몸이 무겁고 힘이 없는 등의 증상이 나타난다.

- 이지기 : 주기와 객기 모두 소음군화로 같으며 기후는 정상적이라 만물이 화생(化生)하며 사람도 편안하다. 습과 열이 만날 때 맞춰 비가 내리며 전염병이 크게 유행한다.

- 삼지기 : 주기는 소양상화이고 객기는 태음습토가 되어 습기는 하강하고 지기(地氣)는 상승하여 수시로 비가 내리고 한기(寒氣)가 따라 온다. 관련 질병은 한습을 받아 몸이 무겁고, 부종, 흉복이 그득한 것 등이 있다.

- 사지기 : 주기는 태음습토이고 객기는 소양상화가 되어 습과 열이 교대로 작용한다. 아침저녁으로 찬바람이 불고, 안개가 많으며 관련 질병은 출혈과 학질이 있다. 또 심복부가 그득하며 열이 나고 심하면 부종이 나타나기도 한다.

- 오지기 : 주기와 객기는 모두 양명조금이 되고 찬 이슬이 내리고 서리가 빨리 오며 초목은 떨어지고 한기가 인체에 미친다. 질병은 주리(腠理)에서 발생한다.

- 종지기 : 주기와 객기는 모두 태양한수가 되어 한기와 크게 성하고 습이 변하여 서리가 되고 얼음이 언다. 한(寒)의 영향으로 관절이 불리(不利)하고, 요통이 나타나는 등의 질병이 생긴다.

g. 태음습토가 사천기일 때는 울(鬱)한 기를 풀어 화생을 돕고, 불급한 세운을 부조(扶助)하여 사기가 성하지 않게 한다. 고미(苦味)로 건조하고 온(溫)하게 하며 심하면 발산하고 배설한다. 이렇게 하지 않으면 피부가 짓무르고 갈라진다. 화를 북돋아 한(寒)을 억제하려면 운기에 근거하여 약제의 과소(過少)를 정한다.

4. 소양상화의 사천기

지지(地支)가 인(寅), 신(申)인 해와 결합하며 구체적인 내용은 다음과 같다.

a. 목운의 태과하고 상화가 사천, 풍목이 재천인 해는 풍기가 동(動)하며, 미풍이 불고 가지의 싹이 튼다. 질병은 어지럼증, 옆구리가 창만한 증상이 나타난다. 임인년과 임신년(모두 동천부)이 해당한다.

b. 화운이 태과하고 상화가 사천, 풍목이 재천인 해는 무덥고, 화열이 성하고 열이 상부에 울(鬱)함으로 토혈(吐血), 코피, 심통(心痛) 등이 나타난다. 무오년과 무진년(모두 천부)이 해당한다.

c. 토운이 태과하고 상화가 사천, 풍목이 재천인 해는 장맛비가 내린다. 몸이 무겁고, 수액(水液)으로 심복(心腹)의 창만이 생기는 질병이 발생하며, 갑인년과 갑신년이 해당한다.

d. 금운이 태과하고 상화가 사천, 풍목이 재천인 해는 상화가 억제를 받아 금운의 평기년과 같다. 서늘하며 이슬이 내리고 질병은 어깨와 등, 흉중에서 생긴다. 경인년과 경신년이 해당한다.

e. 수운이 태과하고 상화가 사천, 풍목이 재천인 해는 한(寒)이 무섭게 성하며 질병은 한증(寒症), 부종(浮腫)이다. 병인년과 병신년이 해당한다.

f. 소양상화가 사천할 때 기후변화는 빨라지며 바람과 모래가 일고, 무덥고 비가 잦다. 사람들은 한기(寒氣)가 내부에 울(鬱)하여 설사와 창만이 생기고 외부에는 창양이 생긴다. 한열이 번갈아 작용하면 학질, 설사, 이목(耳目)의 질환, 구토 등이 발생한다.

- 초지기 : 주기는 궐음풍목이고 객기는 군화가 되어 풍기가 성하고 기후는 온화하며 초목이 시절보다 빨리 무성하다. 상부의 열로 인하여 출혈, 눈의 충혈, 해수, 두통, 옆구리 창만, 피부의 창양 등의 질병이 발생한다.

- 이지기 : 주기는 군화이고 객기는 습토가 되어 화기가 울결되고, 습기가 풍을 승(勝)하여 비가 내린다. 열이 상부에서 울(鬱)하여 해역구토(咳逆嘔吐)나 창양이 발생하고, 흉(胸)과 인(咽)이 불리(不利)하고, 두통, 신열(身熱) 등이 발생한다.

- 삼지기 : 주기와 객기 모두 소양상화로서 무덥고 비는 내리지 않는다. 열이 내부에 울결하여 눈이 어둡고, 이롱(耳聾), 출혈, 해수, 창양, 갈증 등이 나타나며 갑자기 죽기도 한다.

- 사지기 : 주기는 습토이고 객기는 조금이 되어 기후는 서늘하며 때때로 서염(暑炎)이 나타난다. 창만과 몸이 무거운 증상이 발생한다.

- 오지기 : 주기는 조금이고 객기는 한수가 되어 한기(寒氣)가 오며 비가 내리고 한사(寒邪) 때문에 질병이 발생한다.

- 종지기 : 주기는 한수이고 객기는 풍목이 되고 안개가 자주 낀다. 관련 질병은 양기(陽氣) 부족으로 발생하는 해수이다.

g. 소양상화가 사천기일 때는 해당하는 년에 함미(鹹味), 신미(辛味), 산미(酸味)로 이뇨, 통변(通便), 발한을 하며 기후에 따라 태과를 조절한다.

5. 양명조금의 사천기

지지(地支)가 묘(卯), 유(酉)와 결합하며 구체적인 정황은 아래와 같다.

a. 목운이 불급하고 조금 사천, 군화가 재천이면 금이 목을 승(勝)하고 목의 자(子)인 화가 생하여 금을 극하므로 금기와 화기가 승복(勝復)하여 금운의 평기년과 같아진다. 정묘 정유년이 해당한다.

b. 화운이 불급하고 조금 사천, 군화가 재천이면 목기와 토기의 승복(勝復)이 같아져 금운의 평기년과 같아지며 계묘년과 계유년(모두 동세회)이 해당한다.

c. 토운이 불급하고 조금 사천, 군화가 재천하면 목과 금의 승복이 같아지며 기묘년과 기유년이 해당한다.

d. 금운이 불급하고 조금 사천, 군화가 재천하면 화와 수의 승복이 같아져 금운의 평기년인 해와 같으며 을묘년(천부)과 을유년(세회면서 태을천부)이 해당한다.

e. 수운이 불급하고 조금 사천, 군화가 재천이면 토와 목의 승복이 같아지고 토운이 불급한 해와 같다. 신묘년과 신유년이 해당한다.

f. 양명조금이 사천기일 때는 운이 불급하여 기후의 변화가 느리며, 무더위가 성하고 만물은 마르고 단단해진다. 풍과 조(燥)가 대기 중에 횡행(橫行)하여 양기는 많고 음기는 적어지고, 구름이 모여들고 습기가 퍼져 습윤(濕潤)한 기후가 된다. 인후가 막히거나 해수, 급작스런 오한 발열, 대소변 불통 등의 질병이 발생한다.

- 초지기 : 주기는 풍목이고 객기는 습토이며 음기가 응축하고 천기가 숙살(肅殺)하여 물이 얼고, 차가운 비가 내린다. 이때는 얼굴과 눈이 붓고, 잠자기를 좋아하며, 코가 막히는 증상이 나타난다. 또 코피, 재채기, 하품, 구토 등이 잦으며 심하면 소변이 불리(不利)하게 된다.

- 이지기 : 주기는 군화이고 객기는 상화이며 양기(陽氣)가 퍼져 만물이 번창하다가도 전염병이 퍼져 갑자기 죽게 된다.

- 삼지기 : 주기는 상화이고 객기는 조금이 되어 양(凉)한 기후가

되고 조(燥)와 열(熱)이 서로 합하여 조가 극에 이르면(끝나면) 윤택하게 되며 질병은 한열병이 발생한다.

- 사지기 : 주기는 습토이고 객기는 한수가 되어 찬비가 내린다. 이때는 갑자기 쓰러져 떨면서 헛소리하고, 기운이 부족하며 인후부가 말라 물을 켜는 증상이 나타난다. 심하면 심통에 이르고 옹종, 창양, 학질, 골위(骨痿 : 뼈가 저리고 약해짐), 변혈(便血) 등이 발생한다.
- 오지기 : 주기는 조금이고 객기는 풍목이 되어 가을에 도로 봄기운이 되어 초목이 다시 자란다.
- 종지기 : 주기는 한수이고 객기는 군화가 되며 겨울에 오히려 온(溫)하게 되고 전염병이 발생한다.

g. 양명조금이 사천기일 때는 그 해당하는 년에 함미(鹹味), 고미(苦味), 신미(辛味)로 발한하고, 열을 내리고, 한기(寒氣)를 산(散)하여 불급한 운기에 대응하여 사기(邪氣)를 받지 않게 한다. 약제는 한열의 경중에 따라 양을 정한다.

6. 태양한수의 사천기

지지(地支)가 진(辰), 술(戌)인 해와 결합하며 구체적인 내용은 아래와 같다.

a. 목운이 태과하고 한수 사천, 습토가 재천인 해는 바람이 불고 만물이 열린다. 어지럼, 경련이 나타나고 사물이 흐리게 보이는

증상이 생길 수 있다. 임진년과 임술년이 해당한다.

b. 화운이 태과하고 한수 사천, 습토가 재천인 해는 화운의 평기년과 같으며 질병은 열이 울(鬱)하는 증(症)이다. 무진년과 무술년이 해당한다.

c. 토운이 태과하고 한수 사천, 습토가 재천인 해는 비가 내리고 습사(濕邪)로 인하여 하체가 무겁게 된다. 갑진년과 갑술년이 해당한다.

d. 금운이 태과하고 한수 사천, 습토가 재천인 해는 양(凉)하다. 질병 증세로는 건조함과 등과 배가 그득한 것이다. 경진년과 경술년이 해당한다.

e. 수운이 태과하고 한수 사천, 습토가 재천인 해의 운은 한(寒)하며 질병은 한사(寒邪)가 근육과 관절에 있게 된다.

f. 태양한수가 사천기이면 기후변화가 빠르며 한기(寒氣)가 성하여 양기(陽氣)는 펼쳐지지 못한다.

- 초지기 : 주기는 궐음풍목이고 객기는 소양상화인데 기후는 아주 온(溫)하고 초목은 빨리 번창한다. 전염병이 돌고 신열(身熱), 두통, 구토 기부(肌膚)에 창양 등이 나타난다.
- 이지기 : 주기는 소음군화이고 객기는 양명조금이며 계절과 다

르게 많이 양(凉)하며 이때 질병은 화기의 억제로 기(氣)가 중초에 울(鬱)하여 창만하게 된다.

- 삼지기 : 주기는 소양상화이고 객기는 태양한수로서 한기가 성(盛)하고 비가 내리고 질병은 한(寒)으로 인하나 내부는 열이 재(在)하고 옹저, 심열(心熱) 등이 발생하며 치료하지 않으면 죽는다.

- 사지기 : 주기는 태음습토이고 객기는 궐음풍목이 되어 풍과 습이 서로 오간다. 대열(大熱)과 기운이 없고, 기육(肌肉)이 마르고, 다리가 약해지는 등의 증상이 나타난다.

- 오지기 : 주기는 양명조금이고 객기는 소음군화가 되며, 양기(陽氣)가 다시 회복하여 초목이 자라고 사람들도 편안하게 된다.

- 종지기 : 주기는 태양한수이고 객기는 태음습토가 되며 습이 성하며 사람은 추위에 떤다.

g. 태양한수가 사천기일 때 그 해당하는 년에는 고미(苦味)로 건조하며 온(溫)하게 한다. 태과의 운기를 억제하고 불급한 운기는 부조하여 질병을 예방하여야 한다. 운기의 상이함으로 약제의 다소(多少)를 정한다.

육기(六氣)년의 질병

1. 사해(巳亥)년
　사해년에는 궐음(厥陰)이 사천(司天)하고 소양(少陽)이 재천(在泉)하며 풍기가 성하게 된다. 목극토하므로 풍기로 인하여 비(脾)가 손상을 받아 음식불화, 구토, 복통과 옆구리 통증, 복부의 팽만감등의 증상이 나타난다. 하반년에 소양상화가 재천하면 화기가 성하여 적백(赤白)의 설사, 아랫배의 통증, 혈변이나 소변이 적(赤)한 증상이 나타난다.

2. 자오(子午)년
　자오년에는 소음(少陰)이 사천(司天)하고 양명(陽明)이 재천(在泉)하여 화기가 성하게 된다. 화극금하므로 화기로 인하여 폐(肺)가 손상을 받게 되는데 증상으로는 가슴에 열감이 있고, 인후부가 마르고, 피부의 통증, 해수, 천식, 코피, 구토 등이 나타난다. 하반년에 양명조금이 재천하면 조기(燥氣)가 성하여 발열, 구토, 한숨, 옆구리 통증 등이 나타나며 조기가 심하게 되면 진액을 상(傷)하므로 입이 마르고, 피부나 얼굴의 윤택이 없어지는 등의 증상이 나타난다.

3. 축미(丑未)년

축미년에는 태음이 사천(司天)하고 태양이 재천(在泉)하여 습기가 성하게 된다. 토극수하여 습기로 인하여 신수(腎水)가 손상을 받게 되어 부종, 대변 불통, 허리와 척추의 통증 등이 나타나며 비(脾)가 손상되면 식욕감퇴, 설사 등이 나타난다. 하반년에 태양이 재천하면 한기가 성하여 아랫배의 통증, 고환과 척추의 인통(引痛) 등이 나타난다. 또 수기가 과(過)하게 되면 심(心)과 소장(小腸)에도 병변이 미치게 된다.

4. 인신(寅申)년

인신년에는 소양(少陽)이 사천(司天)하고 궐음(厥陰)이 재천(在泉)하여 화기가 성하게 된다. 화기는 위로 올라가므로 두통, 발열, 오한 등의 증상이 나타나며 학질이 되기도 한다. 화기가 폐로 침범하면 얼굴과 몸의 부종, 가슴의 열증, 해수, 토혈 등이 나타난다. 하반기에 궐음이 재천하면 풍기가 성하여 비위를 상하는데 흉중의 번열감, 음식 불하(不下), 전신이 무겁고 식후에 구토하는 등의 증상이 나타난다.

5. 묘유(卯酉)년

묘유년에는 양명(陽明)이 사천(司天)하고 소음(少陰)이 재천(在泉)하여 조기(燥氣)가 성하게 된다. 조기가 편승(偏勝)하면 간기(肝氣)가 억제되어 좌측 옆구리의 통증이 발생하고, 여기에 외감(外感) 한사(寒邪)를 받으면 해수(咳嗽), 설사, 인후부의 건조, 요통 등의 증상이 나타나며 배에서 소리가 난다. 하반년에 소음이 재천하면 화기가 성해져 복통, 심한 천식, 한열, 피부통, 치통 등의 증상이 나타난다.

6. 진술(辰戌)년

진술년에는 태양이 사천(司天)하고 태음이 재천(在泉)하여 한기가 성하게 된다. 수극화하므로 심화(心火)가 손상되어 심통, 얼굴이 붉어지는 것과 손바닥 열감, 흉복의 팽만감 등의 증상이 나타난다. 하반기에 태음이 재천하여 습기가 성하게 되면 음식 불화, 심통 등이 나타나고 습열이 상부에 영향을 미치면 인후부가 붓고, 토혈, 변혈(便血), 두통 등의 증상이 나타난다.

이상에서 본 바와 같이 사천과 재천기에 따라 기후가 다르며 이로 인하여 자연계가 영향을 받듯 인체도 똑같이 영향을 받아 여러 병증을 보이게 된다. 매년 기후변화를 예측하여 질병의 유행을 미리 알 수 있고 또한 운기의 결합으로 순역(順逆)이 생기므로 이를 통해서도 기후변화와 질병의 유관(有關)함을 찾을 수 있다.

각년(各年)의 질병과 처방

1. 갑자년, 갑오년

갑자년과 갑오년은 소음군화가 사천하여 화기가 성(盛)하게 되므로 약제는 오행상 수에 속하는 함미(鹹味)와 한성(寒性)을 사용하여 화기를 억제하여 심기(心氣)를 편안하게 해야 한다.

세운은 토가 태과하여 태궁(太宮)이 되고 습과 열이 오가게 되며 비와 습이 유행하므로 습을 말리는 고미(苦味)의 약제로 습을 다스린다.

하반년은 조금(燥金)이 재천하므로 양(凉)하게 되므로 산미(酸味)의 약제로 음혈을 보(補)하고 조(燥)를 다스리며, 양기(凉氣)는 온성(溫性)의 약제로 극하게 한다.

2. 을축년, 을미년

을축년과 을미년은 태음습토가 사천하여 습기가 성(盛)하게 되므로 약제는 오행상 화에 속하는 고미(苦味)를 선택하여 습을 말려야 된다.

세운은 금이 불급하여 소상(少商)이 되며, 화열(火熱)이 성(盛)하게 되므로 산미(酸味)의 약제로 수강(收降)하게 하여 열중의 음(陰)을 다스린다.

하반년은 한수(寒水)가 재천하여 기후가 한(寒)하게 되므로 토에 속하는 감미(甘味)나 열성(熱性)의 음식 혹은 약제로 한기(寒氣)를 다스린다.

3. 병인년, 병신년

병인년과 병신년은 소양상화가 사천하여 화열(火熱)이 성(盛)하게 되므로 약제는 군화와 마찬가지로 함미(鹹味)와 한성(寒性)을 선택하여 열을 사(瀉)하고 화를 내려야 한다.

세운은 수가 태과하여 태우(太羽)가 되며, 과한 수기(水氣)는 신(腎)을 손상시키므로 함미(鹹味)와 온성(溫性)의 약제를 사용하여 한사(寒邪)를 물리쳐야 한다.

하반년은 풍목(風木)이 사천하여 풍기가 유행하므로 신미(辛味)의 약제로 풍기를 산(散)하고, 온성(溫性)의 약제로 습을 화(化)하게 한다.

4. 정묘년, 정유년

정묘년은 세회에 해당하고 기후의 변화가 대체로 정상이라 질병 역시 완만하게 된다.

정묘년과 정유년은 양명조금이 사천하고 목운이 불급하여 조기(燥氣)가 유행하여 기후가 양(凉)하게 되므로 약제는 고미(苦味)와 온(溫)한 성질을 선택하여 양기(凉氣)를 다스린다.

세운은 목(木)이 불급하여 소각(少角)이 되며, 금(燥)이 목을 극하여 양기(凉氣)가 지배하므로 간목(肝木)이 울체될 수 있으니 신미(辛味)의 약제로 간기의 발산을 도와야 된다.

하반년은 군화가 재천하여 열기가 유행하므로 한성(寒性)의 약제로 열을 내려 심기를 편안하게 해야 된다.

5. 무진년, 무술년

두 해는 제화에 해당하여 기후의 변화가 극제(克制)를 받아 심하지 않으므로 질병도 완만하게 된다.

무진년과 무술년은 태양한수가 사천하여 한(寒)이 유행하므로 약제는 고미(苦味)와 온성(溫性)을 선택하여 습을 말리며 한(寒)으로 인한 신(腎)의 손상을 막아야 한다.

세운은 화가 태과하여 태치(太徵)가 되어 열이 성하므로 약제는 감미(甘味)와 한성(寒性)을 사용하여 열을 내리고 중화해야 한다.

하반년은 습토가 재천하여 습이 유행하므로 약제는 감미(甘味)와 온성(溫性)을 사용하여 비(脾)를 보(補)하며, 습을 말려야 한다.

6. 기사년, 기해년

기사년과 기해년은 궐음풍목이 사천하여 풍(風)이 유행하므로 약제는 신미(辛味)와 양성(凉性)을 선택하여 풍기를 흩뜨리고 온기(溫氣)를 극(克)하게 한다.

세운은 토가 불급하여 소궁(少宮)이 되어 토기가 약하므로 감미(甘味)와 중화(中和)의 약제를 사용하여 비위의 손상을 막고, 목이 극하는 것을 중화시켜야 한다.

하반년은 상화가 재천하여 화기가 유행하므로 약제는 함미(鹹味)와 한성(寒性)을 사용하여 화열을 내려야 한다.

7. 경오년, 경자년

두 해는 동천부에 해당하여 기후의 변화가 대체로 심하고 질병 역시 심하게 된다.

경오년과 경자년은 소음군화가 사천하여 화열(火熱)이 유행하므로 약제는 함미(鹹味)와 한성(寒性)을 사용하여 열을 내려야 한다.

세운은 금이 태과하는 태상(太商)이 되어 양기(凉氣)가 성하므로 약제는 신미(辛味)와 온성(溫性)을 사용하여 양기(凉氣)를 극하며 온(溫)으로 양(凉)을 중화해야 한다.

하반년은 조금이 재천하여 양기(凉氣)가 유행하므로 약재는 산미(酸味)와 온성(溫性)을 사용하여, 목(木)을 보하고 양기(凉氣)를 다스려야 한다.

8. 신미년, 신축년

두 해는 동세회에 해당하고 기후변화가 대체로 정상이라 질병도 완만하게 된다.

신미년과 신축년은 태음습토가 사천하여 습기(濕氣)가 유행하므로 약제는 고미(苦味)와 열성(熱性)을 사용하여 습을 말리고 화(化)하여야 한다.

세운은 수가 불급하여 소우(少羽)가 되어 습이 성하고, 수운(水運)이 불급하여 열도 같이 성하게 되므로 약제는 고미(苦味)와 중화(中和)제를 사용하여 습을 말리며 과(過)한 토기를 조화롭게 해야 한다.

하반년은 한수가 재천하나 수기(水氣)가 불급하여 습이 유행하게 되므로 약재는 고미(苦味)와 열성(熱性)을 사용하여 습을 말리며 한(寒)을 다스려야 한다.

9. 임신년, 임인년

두 해는 모두 동천부에 해당하여 기후변화가 대체로 심하고 따라서 질병도 극렬하게 된다.

　임신년과 임인년은 소양상화가 사천하여 열기(熱氣)가 유행하므로 약제는 함미(鹹味)와 한성(寒性)을 사용하여 화를 극하며 열을 내려야 한다.

　세운은 목이 태과하여 태각(太角)이 되어 풍기가 성(性)하므로 약제는 산미(酸味)를 사용하여 넘치는 간기(肝氣)를 사(瀉)한다.

　하반년은 풍목이 재천하여 풍이 성하므로 신미(辛味)와 양성(凉性)의 약제를 사용하여 풍기를 극하고 온열을 내려 조화를 이룬다.

10. 계유년, 계묘년

　두 해는 동세회에 해당하여 기후변화가 심하지 않으며 질병도 완만하게 된다.

　계유년과 계묘년은 양명조금이 사천하여 양기(凉氣)가 유행하므로 약제는 고미(苦味)와 온성(溫性)을 사용하여 양기(凉氣)의 중화를 이뤄야 한다.

　세운은 화가 불급하여 소치(少徵)가 되며, 수기(水氣)가 성하게 되어 비와 습이 유행하므로 약제는 함미(鹹味)와 온성(溫性)을 사용하여 신(腎)을 보(補)하여 손상을 막는다.

　하반년은 군화가 재천하여 열기가 성하므로 함미(鹹味)와 한성(寒性)의 약제를 사용하여 화열을 산(散)하는 방법으로 치료한다.

11. 갑술년, 갑진년

　두 해는 동천부와 세회에 해당하여 기후의 변화가 그리 심하지 않으므로 질병도 완만하게 된다.

　갑술년과 갑진년은 태양한수가 사천하여 한기(寒氣)가 유행하므로

로 약제는 고미(苦味)와 열성(熱性)을 사용하여 습을 말리고 한(寒)을 풀어 준다.

　세운은 토가 태과하여 태궁(太宮)이 되어 습기가 성하므로 약제는 고미(苦味)와 온성(溫性)을 사용하여 습을 말리고 비(脾)를 보호한다.

　하반년은 습토가 재천하여 습기가 성하므로 고미(苦味)와 온성(溫性)의 약제를 사용하여 습을 말리고 중화(中和)를 도모하여 비(脾)를 회복시킨다.

12. 을해년, 을사년

　을해년과 을사년은 궐음풍목이 사천하여 풍기가 유행하고 더구나 세운이 금운 불급하여 목기가 더 성하게 되므로 약제는 신미(辛味)와 양성(凉性)을 사용하여 풍기를 극하고 온기를 약하게 한다.

　세운은 금이 불급하여 소상(少商)이 되어 목화의 기(氣)가 성하므로 약제는 산미(酸味)와 중화(中和)제를 사용하여 간기를 사(瀉)해서 토와 중화를 이루게 한다.

　하반년은 상화가 재천하여 열이 성하므로 함미(鹹味)와 한성(寒性)의 약제를 사용하여 열을 내리게 한다.

13. 병자년, 병오년

　병자년은 세회에 해당하고 기후의 변화가 그리 심하지 않으므로 질병도 완만하게 된다.

　병자년과 병오년은 소음군화가 사천하여 화열(火熱)이 유행하므로 약제는 함미(鹹味)와 한성(寒性)을 사용하여 화를 극하게 한다.

　세운은 수가 태과하여 태우(太羽)가 되어 한(寒)이 유행하므로 약제는 함미(鹹味)와 열성(熱性)을 사용하여 심(心)을 보(補)하고 신(腎)병을 치료한다.

하반년은 조금이 재천하여 조(燥)와 한(寒)이 성하므로 산미(酸味)와 온성(溫性)의 약제를 사용하여 간혈(肝血)을 보(補)하고 양기(凉氣)를 극하게 한다.

14. 정축년, 정미년

정축년과 정미년은 태음습토가 사천하여 습기(濕氣)가 편성(偏盛)하므로 약제는 고미(苦味)와 온성(溫性)을 사용하여 습을 말리고 중화해야 한다.

세운은 목이 불급하여 소각(少角)이 되어 비습(脾濕)이 유행하므로 약제는 신미(辛味)와 온성(溫性)을 사용하여 간(肝)을 보(補)하고 습을 말려 비(脾)를 보하게 한다.

하반년은 한수(寒水)가 재천하여 한(寒)이 성하고 또한 목운이 불급하여 습도 성하므로 약제는 감미(甘味)와 열성(熱性)을 사용하여 습을 말리고 한기(寒氣)를 완화한다.

15. 무인년, 무신년

두 해는 천부에 해당하여 기후의 변화가 아주 심하므로 질병도 극렬하게 된다.

무인년과 무신년은 소양상화가 사천하여 화열이 성하게 되고, 세운도 화운이 태과하여 화열이 아주 편성(偏盛)하게 된다. 약제는 함미(鹹味)와 한성(寒性)을 사용하여 화(火)를 극하여 신(腎)을 보호한다.

세운은 화가 태과하여 태치(太徵)가 되어 화가 유행하므로 상화의 사천에 준한 방법으로 약제를 사용한다.

하반년은 풍목이 재천하여 풍이 성하고 또한 세운과 상생하여 온열(溫熱)이 성하게 되므로 약제는 신미(辛味)와 양성(凉性)을 사용하여 풍과 온열을 극하여 조화를 꾀한다.

16. 기묘년, 기유년

기묘년과 기유년은 양명조금이 사천하여 양(凉)하게 되므로 약제는 고미(苦味)와 온성(溫性)을 사용하여 양기(凉氣)를 극한다.

세운은 토가 불급하여 소궁(少宮)이 되어 목이 성하므로 약제는 감미(甘味)와 중화(中和)제를 사용하여 비(脾)를 보(補)한다.

하반년은 군화가 재천하여 열이 성하므로 함미(鹹味)와 한성(寒性)의 약제를 사용하여 화기를 극한다.

17. 경진년, 경술년

경진년과 경술년은 태양한수가 사천하여 한(寒)이 성(盛)하므로 약제는 고미(苦味)와 열성(熱性)을 사용하여 습을 말리고 한(寒)을 극한다.

세운은 금이 태과하여 태상(太商)이 되어 양기(凉氣)가 성하므로 약제는 신미(辛味)와 온성(溫性)을 사용하여 목(木)기를 보하고 양(凉)을 극하게 한다.

하반년은 습토가 재천하여 습이 성하고 또한 금기와 합하여 한습(寒濕)이 되므로 감미(甘味)와 열성(熱性)의 약제를 사용하여 습기를 극하고 한(寒)이 풀어지게 한다.

18. 신사년, 신해년

 신사년과 신해년은 궐음풍목이 사천하여 풍기가 유행하므로 약제는 신미(辛味)와 양성(凉性)을 사용하여 풍과 온을 극한다.

 세운은 수가 불급하여 소우(少羽)가 되고 습열이 성하게 되므로 약제는 고미(苦味)와 중화(中和)제를 사용하여 습을 말리고 열을 내려 조화를 꾀한다.

 하반년은 상화가 재천하여 화가 성하므로 함미(鹹味)와 한성(寒性)의 약제를 사용하여 화기를 극하고 열을 내리게 한다.

19. 임오년, 임자년

 임오년과 임자년은 소음군화가 사천하여 열기(熱氣)가 유행하므로 약제는 함미(鹹味)와 한성(寒性)을 사용하여 화기를 극하며 열을 내린다.

 세운은 목이 태과하여 태각(太角)이 되고 목기가 성하므로 약제는 산미(酸味)와 양성(凉性)을 사용하여 목기를 극하고 온열을 내리게 한다.

 하반년은 조금(燥金)이 재천하여 양(凉)이 성(盛)하면서 동시에 세운으로 온기도 성(盛)하게 되므로 산미(酸味)와 온성(溫性)의 약제를 사용하여 목기가 성하는 것을 막고 양기(凉氣)도 극하게 한다.

20. 계미년, 계축년

 계미년과 계축년은 태음습토가 사천하여 습기(濕氣)가 성하고, 세운에 화운이 불급하여 한(寒)이 생(生)하게 되고 한과 습으로 치우치기 쉬우므로 약제는 고미(苦味)와 온성(溫性)을 사용하여 습을 말리며 한을 풀어준다.

세운은 화가 불급하여 소치(少徵)가 되고 금기가 성하여 한량(寒凉)하게 되므로 약제는 함미(鹹味)와 온성(溫性)을 사용하여 신(腎)을 보하고 한습을 극한다.

하반년은 한수(寒水)가 재천하여 한(寒)이 유행하므로 감미(甘味)와 열성(熱性)의 약제를 사용하여 습을 중화하고 한기를 극한다.

21. 갑신년, 갑인년

갑신년과 갑인년은 소양상화가 사천하여 화열이 유행하므로 약제는 함미(鹹味)와 한성(寒性)을 사용하여 화를 극하여 열을 내린다.

세운은 토가 태과하여 태궁(太宮)이 되고 토기가 성하나, 상화의 사천으로 온열이 성하게 되어 약제는 함미(鹹味)와 중화(中和)제를 사용하여 신(腎)을 보하며 비(脾)를 조화롭게 한다.

하반년은 풍목이 재천하여 풍기가 성하므로 신미(辛味)와 양성(凉性)의 약제를 사용하여 풍기를 흩어지게 하며 온기를 극하게 한다.

22. 을유년, 을묘년

을유년은 태을천부에 해당하여 기후변화가 아주 심하여 질병도 극렬하게 된다.

을유년과 을묘년은 양명조금이 사천하여 양기(凉氣)가 유행하나 금이 불급하여 열도 같이 성하게 되므로 약제는 고미(苦味)와 온성(溫性)을 사용하여 열을 내리고 양기(凉氣)를 극하게 한다.

세운은 금이 불급하여 소상(少商)이 되며 화와 풍이 같이 성하므로 약제는 고미(苦味)와 중화(中和)제를 사용하여 열을 내리고 간기(肝氣)를 극하여 조화를 이룬다.

하반년은 군화가 재천하여 화열이 유행하므로 함미(鹹味)와 한성

(寒性)의 약제를 사용하여 화를 억제하고 열을 내리게 한다.

23. 병술년, 병진년

두 해는 천부에 해당하여 기후의 변화가 아주 심하여 질병 역시 심하게 된다.

병술년과 병진년은 태양한수가 사천하여 한기가 유행하므로 약제는 고미(苦味)와 열성(熱性)을 사용하여 한기를 극하게 한다.

세운은 수가 태과하여 태우(太羽)가 되고 한수(寒水)가 성하므로 약제는 함미(鹹味)와 온성(溫性)을 사용하여 신(腎)을 보(補)하며 비(脾)를 중화시킨다.

하반년은 습토가 재천하여 한수(寒水)가 유행하므로 감미(甘味)와 열성(熱性)의 약제를 사용하여 한기를 극하여 토와 조화를 이룬다.

24. 정해년, 정사년

두 해는 천부에 해당하여 기후의 변화가 대체로 심하여 질병도 심하게 된다.

정해년과 정사년은 궐음풍목이 사천하여 풍기가 유행하여야 하나, 세운에서 목운이 불급하여 풍기가 성하지 못하게 되어 약제는 신미(辛味)와 양성(凉性)을 사용하여 약한 풍기는 보(補)하고 온기는 극하게 한다.

세운은 목이 불급하여 소각(少角)이 되며 사천의 불급한 풍기를 보하여 평기(平氣)가 된다. 약제는 신미(辛味)와 중화(中和)제를 사용하여 풍기를 극하여 비(脾)와 조화를 이룬다.

하반년은 상화가 재천하여 열이 유행하므로 함미(鹹味)와 한성(寒性)의 약제를 사용하고 화기(火氣)를 억제하여 열을 내린다.

25. 무자년, 무오년

　무자년은 천부에 해당하여 기후의 변화가 심하여 질병도 심하게 되며, 무오년은 태을천부에 해당하여 기후의 변화가 아주 극심하여 질병 또한 맹렬하게 된다.

　무자년과 무오년은 소음군화가 사천하여 화열이 유행하므로 약제는 함미(鹹味)와 한성(寒性)을 사용하여 화를 극하여 열을 내린다.

　세운은 화가 태과하는 태치(太徵)로 사천의 군화와 같은 기운이라 기후가 심하게 변한다. 약제는 감미(甘味)와 한성(寒性)을 사용하여 극심한 변화를 중화시키고 화열을 내리게 한다.

　하반년은 조금이 재천하여 양기(凉氣)가 유행하므로 산미(酸味)와 온성(溫性)의 약제를 사용하여 간의 혈을 보(補)하고 양기(凉氣)를 극하게 한다.

26. 기축년, 기미년

　두 해는 세회와 태을천부에 해당하여 기후변화가 아주 극심하여 질병 또한 극심하게 된다.

　기축년과 기미년은 태음습토가 사천하여 습이 유행하므로 약제는 고미(苦味)와 열성(熱性)을 사용하여 습을 말리고 습이 한(寒)으로 화(化)하는 것을 막는다.

　세운은 토가 불급하여 소궁(少宮)이나 사천의 기를 받으므로 평기가 된다. 약제는 감미(甘味)와 중화(中和)제를 사용하여 비토(脾土)의 조화를 꾀한다.

　하반년은 한수가 재천하여 한습이 유행하므로 감미(甘味)와 열성(熱性)의 약제를 사용하여 한(寒)과 습(濕)을 중화하게 한다.

27. 경인년, 경신년

경인년과 경신년은 소양상화가 사천하여 화열이 유행하므로 약제는 함미(鹹味)와 한성(寒性)을 사용하여 화기를 극하게 하여 평(平)을 이룬다.

세운은 금이 태과하여 태상(太商)이 되어 양기(涼氣)와 사천의 열기가 같이 성하므로 약제는 신미(辛味)로 온기(溫氣)를 누르고, 온성(溫性)을 사용하여 양기(涼氣)를 풀어준다.

하반년은 풍목이 재천하여 풍기가 유행하므로 신미(辛味)와 양성(涼性)의 약제를 사용하여 풍기를 억제하고 온열을 극한다.

28. 신묘년, 신유년

신묘년과 신유년은 양명조금이 사천하여 양(涼)한 기후가 되나, 세운의 수(水)가 불급하여 화열이 생(生)하므로 약제는 고미(苦味)와 온성(溫性)을 사용하여 조화를 이루게 한다.

세운은 수가 불급하여 소우(少羽)가 되나 운기의 결합으로 화열도 생(生)하므로 약제는 고미(苦味)와 중화(中和)제를 사용하여 양기(涼氣)와 화기(火氣)를 평하게 한다.

하반년은 군화가 재천하여 화열이 유행하므로 함미(鹹味)와 한성(寒性)의 약제를 사용하여 화를 내린다.

29. 인진년, 임술년

임진년과 임술년은 태양한수가 사천하여 한기(寒氣)가 유행하므로 약제는 고미(苦味)와 온성(溫性)을 사용하여 한(寒)을 극하게 한다.

세운은 목이 태과하여 태각(太角)이 되어 온기(溫氣)가 성(盛)하므로 약제는 산미(酸味)와 중화(中和)제를 사용하여 간기(肝氣)를 억제하고 혈(血)을 보하며 간비(肝脾)의 조화를 꾀한다.

하반년은 습토가 재천하여 습기가 유행하므로 감미(甘味)와 온성(溫性)의 약제를 사용하여 간비(肝脾)를 평(平)하게 한다.

30. 계사년, 계해년

계사년과 계해년은 궐음풍목이 사천하여 온기(溫氣)가 유행하므로 약제는 신미(辛味)와 양성(凉性)을 사용하여 풍기를 억제하고 온기를 극하게 한다.

세운은 화가 불급하여 소치(少徵)가 되며 수기(水氣)가 생(生)하게 되므로 약제는 함미(鹹味)와 중화(中和)제를 사용하여 수를 극하고 조화를 이룬다.

하반년은 상화가 재천하여 화열이 유행하므로 함미(鹹味)와 한성(寒性)의 약제를 사용하여 화(火)를 누르고 열을 내리게 한다.

제17장 역학을 넘어서

《카오스》라는 책을 본 적이 있다. 변화의 내용인데 기초 값이 정해지면 그 결과를 정확히 예측할 수 있어야 함에도 결과가 다르게 나와 과학자는 혼란에 빠지게 된다는 것이다. 아마도 결과에 영향을 미치는 제3의 물질이나 기운처럼 현재의 과학 수준으로 측정할 수 없는 무엇인가가 존재할지도 모를 일이다. 눈에 보이는 세상이 전부가 아님에도 과학이 만능이라 믿을 때 미신이 되어 버린다.

오운육기는 수천 년 전에 눈에 보이지 않는 기운을 논하고 이것이 천지간에 운영되는 방식을 통해 같은 봄이라도 매년 기후가 달라지는 이유를 설명한다. 또한 자연은 일기(一氣)의 변화이므로 인체의 변화도 이것으로 설명된다. 만약 운기학이 없었다면 우리는 매년 달라지는 기후변화와 질병의 상관관계를 영원히 밝히지 못했을지도 모른다.

음양오행은 한 세대의 변화 과정을 설명한다. 씨앗에서 꽃이 되고 꽃에서 다시 씨앗이 되고, 흙에서 사물이 탄생하고, 사물이 다시 흙이 되는 과정은 알 수 있지만 이 경계선 너머의 세상은 알지 못한다. 3차원에서 알 수 없는 것들이 모른다 하여 존재하지 않는 것은 아닐 것이다. 다만 우리의 오감으로, 경험으로, 지혜로 얻을 수 없을 뿐이다. 지금까지의 지식을 토대로 이후에 연결될 내용들을 생각해 보자.

〈하나〉

우리가 사는 세상은 마술의 연속이다. 매일 엄청난 물이 하늘로 올라가고, 그만큼의 양이 하늘에서 땅으로 내려오고, 바람은 쉼 없이 불고, 돌보는 이 없어도 산야의 초목은 자란다. 재앙을 일으킬 정도로 막대한 자연의 에너지가 매일매일 펼쳐진다.

역학을 배우는 이유 중 하나는 자연의 오묘한 이치를 우리의 일상에 활용하기 위해서이다.
그것은 우주 만물과 인간의 변화 이치가 같기에 가능하다. 천체와 지구 자연계 그리고 인간은 동일한 변화 법칙을 따르는데, 자연 상태의 우주를 대우주라 한다면 인간은 소우주에 해당하며 대소의 차이는 단지 물리적일 뿐 변화하는 방식은 같다. 대우주와 소우주의 상통함이란 서로가 영향을 주고받으며, 서로에게 화(化)하는 존재임을 말하는데 우리가 숨 쉬고 먹고 마실 수 있는 것은 대우주와 소우주인 인체가 서로 상통하기에 가능한 것이다.

대우주와 소우주의 관계에 대해 그리고 자연의 이치를 《반야심경》만큼 심오하게 표현한 것도 없다. 여기서 잠시 서로 상통하는 것에 대해, 대우주의 순환에 대해 그리고 시간적인 변화에 대해 《반야심경》 중 가슴에 와 닿을 만한 몇 구절을 보자.

색불이공(色不異空)
눈에 보이는 사물의 모습과 실체가 없는 것(보이지 않는 것)은 다르지 않으며
공불이색(空不異色)
사물의 실체가 없으나 눈에 보이는 모습과 다르지 않다.
색즉시공(色卽是空)
눈에 보이는 모습이 허상과 같은 것이며
공즉시색(空卽是色)

볼 수 없는 것 또한 볼 수 있는 형상인 것이다.

불생불멸(不生不滅)

실체가 생겨나는 것도 아니고 사라지는 것도 아니고(탄생도 없고 죽음도 없는 것이고)

불구부정(不垢不淨)

더럽게 보여도 더러운 것이 아니고 깨끗하게 보여도 깨끗한 것이 아니며

부증불감(不增不減)

늘어나는 것도 아니며 줄어드는 것도 아니다.

제목은 대우주와 소우주로 하였지만 윗글을 보면 실상은 서로를 분리할 수 없으며 모두가 하나인 듯 보이나 동시에 사방팔방에 흩어지는 존재이고, 다만 시간적인 차이로 색이 공으로, 공이 색으로 되는 현상만 존재하는 것이지 세상에 절대적으로 영원불멸하는 것은 없으며, 지구 상에 혼자만의 영역을 가지고 존재하는 것 역시 없음을 알 수 있다.

무상(無常)은 끊임없이 변하여 모든 것(유무형)이 계속 같은 모습을 지키지 못하는 것이다. 상하로 이어지는 곡선, 소리의 높낮이, 여름과 겨울을 비롯해 어느 것도 한 시점에 멈추어 정지하는 것은 없으며 이러한 것은 무상(無常)의 상태를 말하며 이 또한 역의 연구 대상이다. 역은 변화에 있어 사물의 질(質)보다는 기운과 현상을 연구하는 것이다. 무상은 불교적 용어이나 자연의 일반적 현상을 설명하기에 충분하며 역의 명제로 쓰여도 전혀 어색하지 않다. 무상에 대해 극명하게 설명해 놓은 것이 이 《반야심경》인데 《반야심경》은 수치화되지 않은 물리학이며, 자연의 이법(理法)이며, 음양오행이다.

색즉시공 공즉시색(色卽是空 空卽是色)은 산(散)하면 공(空)이고, 합(合)하면 색(色)이 됨을 말한다.

이것은 종교의 가르침 이전에 모든 생명체에 해당하는 불변의 진리이고 자연의 이치이다. 세상의 모든 것이 형상을 갖추려면 우선 질(質)이 있어야 하고, 이를 변화시킬 에너지가 필요하다. 땅이라는 거대한 물질이 있고 에너지는 하늘에 있어서 이 둘이 합해져 여러 형상을 만든다. 무(無)에서 형상이 만들어지는 것은 색(色)이고 이것이 다시 산(散)하면, 즉 분리되면 땅의 질이 되고, 하늘의 기운이 되면 공(空)이 되는 과정은 수없이 반복된다. 그리하여 색(色)이 공(空)이고 공(空)이 색(色)이 되는 것이므로 서로 다르지 않은 것이다. 《의역동원》에 박(薄)하면 상승하고, 중(重)하면 하강한다고 한 것 또한 박(薄)하면 공(空)이고, 중(重)하면 색(色)이 되는 같은 이치를 다르게 표현한 것이다. 색즉시공 공즉시색도 하나의 변화인데 저절로 되는 것이 아니니 이렇게 변하는 과정이 바로 음양오행이다. 본질을 깨우치면 모든 것이 하나의 이치로 운영됨을 볼 수 있고, 음양오행, 태극의 범위를 벗어나지 못한다는 점을 알 수 있다.

불생불멸(不生不滅)은 탄생도 없고 사라짐도 없다는 것이다.

이는 색즉시공 공즉시색과 연결되는데 생(生)은 색(色)이 되는 시간이고, 멸(滅)은 공(空)이 되는 시간이다. 동식물이 색의 시간에 있는 것이고 공의 시간이 되면 모두 사라진다. 우리는 영원을 보는 것이 아니라 현상을 보는 것이다. 지구가 끊임없이 색→공→색→공…을 되풀이하는 과정을 생(生)하고 멸(滅)한다고 하지만 해가 지는 것은 멸(滅)이 아니고 다음 날 아침의 생(生)을 위함이다. 그렇기 때문에 근본은 생도 없고 멸도 없다.

불구부정(不垢不淨)은 더러움도 없고 깨끗함도 없다는 것인데 보통 편견 때문에 구(垢 : 더럽다의 뜻)와 정(淨 : 깨끗하다는 뜻)의 구분이 생긴다. 깨끗하게 보이는 어떤 것은 과거에 오물의 한 부분이었을 수도 있고, 반대로 오물의 한 부분은 과거에 청정한 것이었을 수도 있다. 다만 현재 구정(垢淨)으로 갈린 것일 뿐이다. 우리가 사물의 근본을 보지 못하면 일평생 외형에 속으며 살지도 모를 일이다.

부증불감(不增不減)은 지구의 모든 사물은 항상 변하지만 전체 질량은 동일함을 설명하는데, 이는 질량불변의 법칙과 동일하다. 지구의 수량(水量)은 지구의 탄생 이래 동일하다. 지상과 대기권에 있는 한열의 교감으로 끊임없이 상하로 이동하지만 결코 증감은 발생하지 않는다. 한겨울에 성냥불을 켠다 해도 어떤 영향도 미치지 못하겠지만 그렇다고 완전히 0(영)이 되는 것은 아니다. 열기는 공중으로 날아가 미미하지만 에너지가 되어 사물의 변화에 영향을 주고, 재는 땅에 흩어져 흙의 일부가 될 것이다. 비록 그 영향이 하잘 것 없더라도 수치적으로 존재한다. 그렇기에 지구의 창조 이래 수많은 동식물이 지구에서 탄생과 사멸을 되풀이하더라도 항상 질량은 동일하게 유지되었다.

색즉시공 공즉시색, 불생불멸, 불구부정, 부증불감은 어찌 보면 모두 하나의 논리로 해석한 것일지도 모른다. 그러기에 공중무색 무수상행식(空中無色無受想行識)이라 하여 공(空)의 세계에서는 당연히 색(色)이 없을 것이므로 또한 감각, 지각, 의지적 충동, 식별 작용도 없다는 것이다. 공의 세계는 산(散)한 상태이므로 눈으로 볼 수 없고, 손으로 만질 수 없으니 자연히 식별할 대상도 없는 것이다. 색의 세계에 사는 우리는 공의 세계를 생각지 못해 우리 스스로가 속으며 사는지도 모른다. 우주 만물은 무상의 세계라 우리의 시계(視界)에 보이는 것들은 공(空)의 세계로 들어가기 위해 끊임없이 변화한다. 우리는 가상(假象)의 것에 울고 웃으며 살아간다. 《반야심경》은 이러한 것을 깨달아야 고통에서 벗어나 열반에 들 수 있다고 하였다.

불교의 핵심은 자비와 해탈이다. 자비는 사랑이니 이는 궁극적으로 타인보다 자기 자신을 위한 것이며, 해탈은 끊임없이 되풀이되는 윤회에서 벗어나 또 다른 곳으로 가는 것이다. 자비, 즉 사랑해야 하는 이유는 자(子)에 나온 바대로다. 사랑하며 사는 사람은 가장 현명한 인생을 사는 것이며, 가장 얻는 것이 많고, 가장 욕심이 많은 사람이다. 이는 인생의 마지막을 볼 줄 아는 지혜로운 자만이 할 수 있는 것이다.

해탈은 진실로 경험한 자만이 그 경지를 알 수 있을 것이다. 아마도 보통의 인간이 가지는 육체적, 정신적 한계와 가치관을 뛰어넘는 차원이리라. 해탈을 통해 이미 현세에서 사후의 세계가 요구하는 한 차원 높은 가치관을 형성하는 것이므로 사후에는 충분히 다른 세계로 들어갈 자격이 있다.

〈둘〉

이번에는 성경의 전도서 1장에 나오는 구절을 보자.

- 전 1:1 다윗의 아들 예루살렘 왕 전도자의 말씀이라.

전도서는 솔로몬 왕의 기술이라는 것에 논란이 있으나 어쩌면 당대 최고의 부귀영화를 누린 왕이 말년에 인생에 회의를 품는 것이 많은 이들의 공감을 더 극대화했으리라 생각한다.

- 전 1:2 전도자가 가로되 헛되고 헛되며 헛되고 헛되니 모든 것이 헛되도다.

- 전 1:3 사람이 해 아래서 수고하는 모든 수고가 자기에게 무엇이 유익한고.
본래의 해석은 사람들이 살기 위해 하는 수고가 하나님과 함께하지 않으면 아무 유익이 없다는 것이다. 범위를 좀 더 넓혀 보면 우리가 현존하는 것은 색(色)의 시간이니 언젠가 공의 세계로 들어가는 운명은 누구도 피할 수 없다. 현재 충실한 것은 색의 시간에 머무는 순간을 연장하기 위한 것인데 그 시간이 길다하여 무슨 유익이 있겠는가. 색(色)과 공(空), 생과 사는 차원이 다른 세계다. 한 방울의 물방울이 지표에 머무는 조건과 대기로 상승하는 조건은 다르다. 열반, 천국에 가려면 그곳에 맞는 조건을 갖춰야 한다. 해 아래서 하는 수고가 공의 세계로 갈 조건을 충족하기 위함이 아니면 무슨 가치가 있겠는가. 그런 생활이 아니면 일평생 부와 권력을 가져도 모두 헛되다고 한 것이다.

- 전 1:4 한 세대는 가고 한 세대는 오되 땅은 영원히 있도다.
세대와 세대가 이어짐은 자(子)에서 출발하여 자(子)에서 끝나며 동시에 새로운 출발이 되는 것이고 토지는 공(空)의 세계로 가는 세대를 화(化)하며, 동시에 다음 세대의 탄생도 화(化)한다. 또한 현세대는 수(水)의 세계로, 곤(坤)의 세계로 가고 다음 세대는 수(水)에서, 곤(坤)에서 나오는 것이다. 한 세대가 간다는 것은 무상(無常)함이며 땅이 영원함은 항상(恒常)함이다. 인간의 유한(有限)함과 땅의 영원이 대비되어 허무함이 강조되나 다른 차원에 들어갈 자격을 갖추면 이 또한 허무에서 기쁨으로 바뀌지 않겠는가.

- 전 1:9 이미 있던 것이 후에 다시 있겠고 이미 한 일을 후에 다시 할지라 해 아래는 새것이 없나니
- 전 1:10 무엇을 가리켜 이르기를 보라 이것이 새것이라 할 것이 있으랴

우리 오래전 세대에도 이미 있었느니라.
"이미 있었던 것이 후에 다시 있겠고"는 순환을 나타낸다. 코스모스는 해마다 피고 지기를 반복하는데 하나의 개체가 영원불멸하는 것이 아니고 순환함으로써 그 종(種)이 명맥을 잇는다. "해 아래 새 것이 없다"는 말도 이러한 순환의 법칙상 여러 인자들이 모이고 흩어지는 현상으로 《의역동원》에는 산(散)하고 합(合)하는 과정으로 표현하고 있다. 새것이란 인자들이 합(合)하여 상수 1이 된 상태이다. 인간의 육신과 지구의 모든 사물은 똑같은 모습을 영원히 유지할 수는 없고 언젠가 다시 자연으로 돌아가야 한다. 자연→사물→자연의 순환에서 우리가 보고 있는 것은 사물이 된 한순간이다. 형체를 가진 사물은 자신이 스스로 인자를 창조하고 자신이 생명을 만들어 존재하는 것이 아니다. 모든 것은 자연에서 나오고 생명은 창조 시 입력된 프로그램에 따른다. 형체의 탄생은 홀로그램처럼 한순간의 현상일 뿐 다시 자연으로 돌아가게 되므로 시간을 길게 보면 생도 사멸도 없는 셈이다.

– 전 1:11 이전 세대를 기억함이 없으니 장래 세대도 그 후 세대가 기억함이 없으리라.

사람은 본능을 충족하려는 행동이 잠재의식에 있다. 대표적인 것이 부와 명예와 권력에 대한 추구이다. 생전(生前)에는 무한정으로 자신의 욕심을 채우려 하고, 사후에는 자신의 이름이 길이 남기를 원한다. 생전에 수많은 사람을 만나고 서로의 기억에 저장되나 시간이 지남에 기억의 연줄은 하나씩 끊어진다.

대체로 횡적인 기억이며 소수의 종적인 기억도 소수자가 사라지면서 기억역시 사라진다. 그럼에도 기억되길 원하는 것은 인간의 부질없는 욕망에 부합되는 것일 뿐 창조주가 원하는 것은 아니다. 솔로몬이 인간사가 헛되다 한 것은 우리가 평생 이룩한 것이 창조주가 보기에는 어린애가 모래성을 쌓고 만족하는 것과 같기 때문일 것이다.

- 전 1:14 내가 해 아래서 행하는 모든 일을 본즉 다 헛되어 바람을 잡으려는 것이로다.
- 전 1:15 구부러진 것을 곧게 할 수 없고 이지러진 것을 셀 수 없도다.
- 전 1:16 내가 마음 가운데 말하여 이르기를 내가 큰 지혜를 많이 얻었으므로 나보다 먼저 예루살렘에 있던 자보다 낫다 하였나니 곧 내 마음이 지혜와 지식을 많이 만나 보았음이로다.
- 전 1:17 내가 다시 지혜를 알고자 하며 미친 것과 미련한 것을 알고자 하여 마음을 썼으나 이것도 바람을 잡으려는 것인 줄을 깨달았도다.

해 아래서 하는 행위는 모두 물질을 위한 것인즉 물질은 아무리 쌓아도 하나님이 원하시는 바가 아니며 자신의 만족을 위함이다. 아무리 노력해도 한계가 있으며 모든 것을 채울 수 없다. 개미처럼 밤낮없이 일하며 채우고 또 채우려는 것을 바람을 잡으려는 것으로 표현한다. 그리고 솔로몬은 학식에 대한 자부심이 대단하여 예루살렘 역사상 제일의 지혜를 가졌다고 스스로 생각하지만 세상의 미친 것과 미련한 것을 알려 하는 것은 부질없음을 깨닫는다. 현자(賢者)의 판단과 경험에서 나온 최고의 결정이 이러하다면 우리가 어떤 판단을 하는 것이 옳겠는가.

〈셋〉

사람도 자연의 한 부분이다.

거울에 비친 모습은 합(合), 색(色)이 된 상태이고 시간이 지나면 산(散), 공(空)이 된다.
이치상 그리되어야만 하는 것이 필연적인 운명이다.

삶의 목적은 사람에 따라 천차만별이다.
크게 본능, 이성, 영성 중 강한 기운에 이끌려 살아간다.
살면서 축적된 천함과 귀함, 선과 악, 상과 벌로 나뉜 조각들은 내 몸을 만들고, 내 영혼을 만든다.

숲이 바다에서 울창할 수 없고 물이 산 위에 모일 수 없듯 유유상종하므로 같은 류(類)의 인간이 모인 세상에 살게 된다.

임팔라가 치타에 물려 발버둥치다 죽듯, 어디로 가는지도 모르고 어느 날 마지막 숨이 끊긴다면 부와 명예만 좇으며 살아온 지난날이 무슨 가치가 있겠는가.

현생이 전생의 업이 화(化)한 것이듯, 사후의 세계도 현생의 업에 의해 결정된다.

인간의 죄는 근본적으로 자연이 심판하게 됨은 자(子)에 나온 대로다.

세인(世人)의 눈은 속일 수 있을지라도 자연은 속일 수 없고 심판받는 것은 자연이 중화하기 위함이며 그래야만 대우주의 존재가 가능하다.

제17장 역학을 넘어서

인간의 생은 일방이다.

한번 지나가면 다시 돌아오지 못한다.

그러나 대우주는 계속 "0"을 만든다.

시간이 흘러도 출발점으로 돌아오므로 영원성을 유지할 수 있다.

《반야심경》의 일부에서 보았듯이 제한된 공간에서 끊임없이 순환한다. 이것이 태극이고 이의 이치가 오행이다.

《반야심경》에서도 현상을 설명했다시피 이는 지구가 탄생할 때 입력된 프로그램이다.

해탈은 윤회의 고리를 끊고 다른 차원으로 가는 것이다.

자력(自力)으로만 도달할 수 있으며 충분히 존경의 대상이다.

기독교는 믿음으로 구원을 얻는다.

자연의 이치상 기운에 따라 탄생하는 것이 순리이고, 과학인데 이를 벗어나 믿음만으로 윤회를 끊고 새로운 차원으로 들어가는 것은 자연의 운행에 배치(背馳)된다.

기독교에서 하나님을 "전지전능하신"이라고 표현한다.

전지(全知)란 모든 것을 아는 것이고, 전능(全能)이란 모든 것을 행할 수 있음을 뜻한다.

이 한 단어가 모든 것을 평정한다.

종교는 우리의 모든 한계를 뛰어넘는 것이므로 가르침에 대해 논해서는 안 된다.

종교의 교리를 이기려는 것은 돌기둥을 씨름으로 넘어뜨리려는 것과 같다.

전지전능하므로 불가능을 가능으로 바꿀 수 있다.
자연법칙에 어긋나 한쪽으로 축이 기울지만 중화할 수 있다는 것이다.

영생(永生)이라는 말도 등장한다.
이 역시도 자연의 순환을 부정하고 "0"이 아닌 무한대의 세상으로 가게 한다.
우리에게는 자유의지가 주어졌지만 무조건적인 공짜가 아니고 선택에 따른 책임이 동반된다.

내 어머니가 태어났고 내가 태어난 곳,
내 어머니가 다시 돌아가는 그곳으로 나 또한 돌아가리니.
무엇이 애달픈가.

원래 내 것이 아니기에
잃을 것도 없는데
무엇이 허무한가.

생전에
깨꽃의 달콤함을
한 번 맛본 것만으로도
충분히 기쁘지 아니한가.

- 전 3:20 다 흙으로 말미암았으므로 다 흙으로 돌아가나니 다 한 곳으로 가거니와
- 전 12:14 하나님은 모든 행위와 모든 은밀한 일을 선악 간에 심판하시리라.
- 요 3:16 하나님이 세상을 이처럼 사랑하사 독생자를 주셨으니 이는 저를 믿는 자마다 멸망치 않고 영생을 얻게 하려 하심이니라.

후기

공부하는 과정에서 몇 가지 풀리지 않는 매듭이 있었다. 알지만 도저히 그 이상은 표현이 불가(不可)하기에 그대로 쓸 수밖에 없었다. 물(物)을 문자화하기는 쉬우나 관념을 문자화하는 것은 쉽지 않다. 그중에 어떤 부분은 반드시 관념 대 관념으로만 전해져야 하는 부분이 있다. 이러한 것은 누구나 스스로의 노력으로 터득해야 한다. 자동차로 달리다 보면 때때로 좋은 경치를 만나지만, 길이 없으면 그곳에 들어갈 수 없듯이 글을 쓰면서 여러 가지가 보이는데도 글 속으로 들어갈 수 없는 느낌이 들 때가 있다. 그저 외적인 묘사밖에 할 수 없는 경우도 허다하다.

이 책에 나온 내용들이 비록 완전하다고는 할 수 없으나 음양오행, 하도, 운기를 제대로 이해했다면 역의 원리는 물론 침에 대해서도 나름대로 관(觀)을 가졌으리라 생각한다. 본서의 이론을 연장하면 사암침에 도달할 수 있을 것이나 필자가 아직 임상으로 실증해 보지 않았기에 싣지 않았다. 이 역시도 체용에 관계되며 체로서의 장부와 용으로서의 경락에 대해 구분할 수 있다면 사암침도 어렵지 않게 이해되리라 본다. 그리고 근본은 같으나 사암침의 내용과 조금 다를 수도 있을 것이다.

마지막까지 이해를 다한 이는 본서의 모든 내용이 음양이라는 집을 나와 한판 놀다 다시 음양이라는 집으로 돌아가는 느낌을 받을 것이다. 그리고 이해를 조금 넓혀 보면 종교의 가르침까지 연결할 수 있을 것이다. 만물의 변화라 했지만 단순한 물(物)

의 변화를 포함하여 형이상학까지를 범주로 하기 때문이다.

이 글을 읽으면서 깨우친 이들은 똑같은 글을 여러 번 되풀이한다고 생각할지도 모르겠다. 하지만 지구의 기온에서 나온 이치가 음양, 오행, 하도, 상수 등으로 똑같이 이어지는 것을 어쩌겠는가. 이를 통하여 역의 이치가 하나의 이론으로 모든 것에 대입할 수 있다는 결론에 이르게 된다.

본서에도 나왔지만 지금까지 역학이 필요 이상으로 추상적이고 난해하였던 것도 실체 없이 이론만으로 설명하다 보니 그리된 것이라 생각한다. 본서가 여타 책보다 쉽다고 자부하는 것은 음양체용도를 통하여 천체의 실체와 이해를 역학에 그대로 이어지게 하기 때문이다. 그래서 역학에 대한 이해가 부족해도 천체 운행만 잘 이해하면 그것이 곧 역과 연결되기에 여러모로 도움이 될 것이다.

필자가 종정 사견(私見)을 제시한 것은 이 부분이 순수 역학 분야라 완전히 이해해야 한다고 보기 때문이다. 하지만 이 부분에 대한 자료가 없는 것이 아쉬워 혹 다른 이도 이 부분을 고민하지 않을까 하는 마음에 부족하지만 나름대로 생각한 것을 싣게 되었다. 역을 공부하면서 느끼는 것은-모든 공부가 그렇겠지만-새로운 용어를 접하고 이해해 가는 과정이라는 점이다. 현대와 과거를 여러 면에서 비교할 수 있겠지만 현대는 무엇보다 학문이 다양하고, 깊이가 있어 그만큼 새로운 단어의 출현과 사용 빈도가 높고 사고도 그만큼 진보되는 것으로 생각한다.
만약 운기가 형성되던 시절에 지금처럼 정보가 대중화, 다양화 되었더라면 운기를 표현하는 단어도 훨씬 풍부했을 것이다. 당시는 물리학이 없던 시절이라 질량, 운동량, 에너지 등에 대해 인식했을지라도 이를 제대로 표현할 단어가 없다 보니 학자의 의도와 실제의 표현이 달라질 수도 있다는 가정을 해 볼 수 있다. 소리의 높낮이를 오선지에 그리면 간단하나 이를 글로써 설명하게 되면 전달자나 피전달자 모두가 난감하게 된다. 모두가 공유할 수 있는 보편적인 경험은 서로의 의사로 전달이 가능하나 이를 넘어선 미세한 느낌은 공유가 어렵다. 이런 이유로 역이 형성되고 기록되는 과정에서 학자의 의도와 세월이 지나 이를 대하는 우리의 관점이 완전히 일치하는지에 대해 의문이 드는 것은 어쩔 수 없는 것 같다.
책을 내면서 괜히 설익은 음식을 내놓는 기분이다. 좀 더 시간을 두고 가다듬고 싶었으나 시간이 지나도 어차피 내용은 크게 다를 것 같지 않았다. 공부하면서 주역이나 침을 새로운 시각으로 대할 수 있을 것 같아 하루 빨리 그쪽을 연구하고픈 마음에 우선 음양오행부터 완성코자 하였다. 역을 공부하는 이들에게 조금이나마 이해를 돕고, 시간을 아끼고, 사물에 대한 시선을 넓히는 책이 되었으면 하는 바람이다. 본서를 읽으신 독자들께 감사드린다.

참고문헌
이정래, 《동의요체진전》, 동양학술원, 1996
이정래, 《의역동원》, 동양학술원, 1993
배병철, 《국역 황제내경》, 성보사, 1999
한동석, 《우주변화의 원리》, 대원기획출판, 1994, p.103
권의경, 김은하 역, 《오운육기학 해설》, 법인문화사, 2000
윤창렬, 〈십간과 십이지에 대한 고찰(十干과 十二支에 對한 考察)〉, 대전대학교 한의학연구소, 1996년